Nicole Hagen

WEIHNACHTS-STERNE

einfach nachhaltig

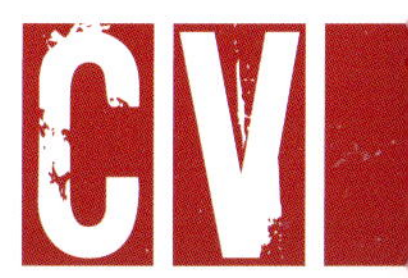

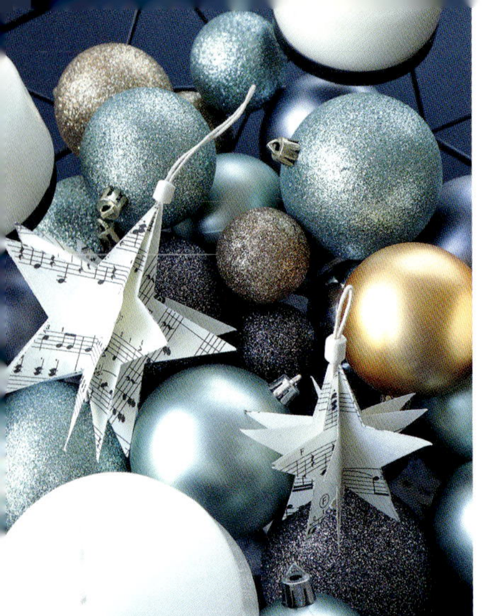

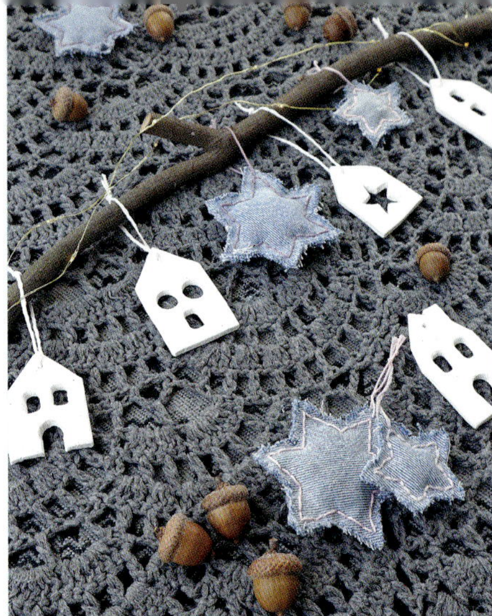

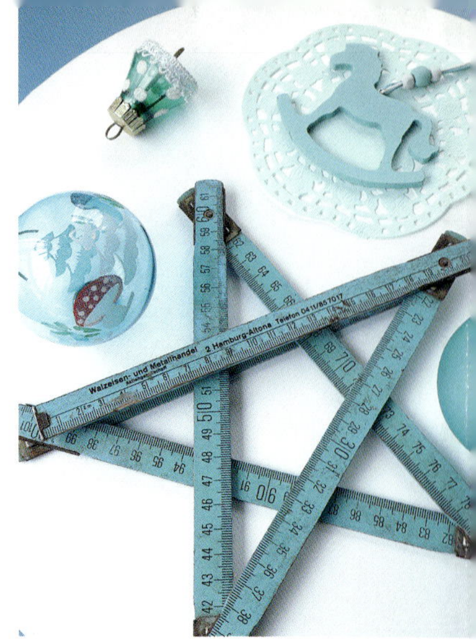

Vorwort 5

Für den weihnachtlichen Einstieg 6

Rezeptidee: Sternkekse – die besten Kekse überhaupt! 6

Werkstoffe gleich Wertstoffe 9

Plisseestern aus Zeitungspapier 10

Sternanhänger aus Getränkekarton 12

Zackige Zackensterne aus Papprollen 16

Gebogener Stern aus einem Drahtbügel 18

Uriger Holzstern aus einem alten Zollstock 19

Fächerstern aus einem alten Notenheft 20

Achtzackige 3D-Sterne aus alten Buchseiten 22

Farbenfrohe Aquarellsterne aus leeren Filzstiften 24

Tütensterne – ganz ohne Tüten! aus alten Buchseiten 26

Pergamentsterne mit Locher-Konfetti 28

Besprühte Geschenkverpackung aus Getränkekarton 32

Rezeptidee: Lebkuchen-Crumble 37

Sternenstempel 1.0 aus Papprolle 38

Zweiteilige Sterne aus alten Notenheften 42

Rezeptidee: Gebrannte Mandeln 45

Makrameesterne aus alten T-Shirts 46

Papierperlen-Stern aus einer alten Zeitung 50

Origami 1: Gesteckter Stern aus einem alten Notenheft 54

Rezeptidee: Klassische Zimtsterne 57

Vintage Prägesterne aus leeren Alutuben 58

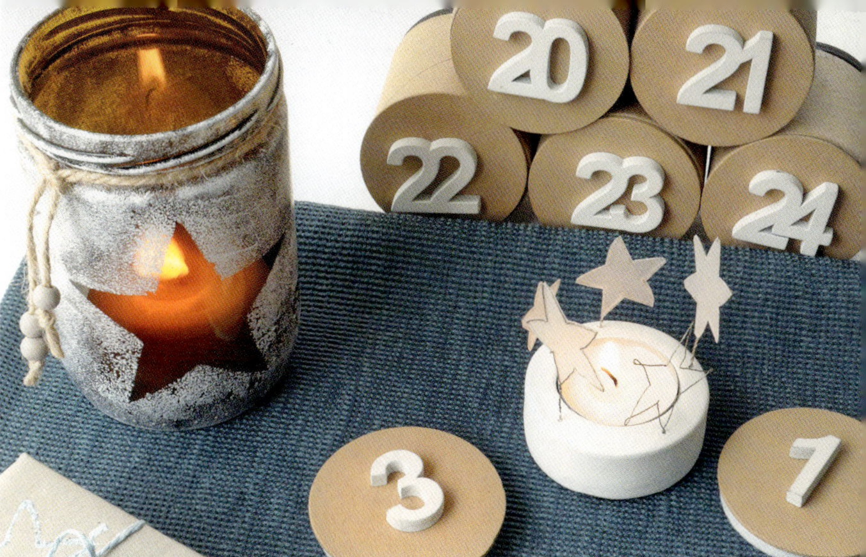

Origami 2: Streudeko-Sterne aus Papierresten 62

Eleganter Stern aus alten Buchseiten 64

Drahtsterne aus alten Kabeln 66

Drahtstern als Pentagramm 70

Kleine »Strohsterne« aus alten Buchseiten 72

Große »Strohsterne« aus Zeitungspapier 74

Umwickelte Pappsterne aus Versandkartons 76

Teelicht aus Altglas 78

Noch mehr Drahtsterne aus alten Kabeln 80

Pappstreifen-Sterne aus Papprollen 82

Origami 3: Gesteckter Stern mit acht Zacken aus Packpapier 84

Fransige Stoffsterne aus einer alten Jeans 88

Ziehharmonikastern mit Rand aus einem alten Notenheft 92

Rezeptidee: Super leckere Karamellos 95

Filigran gedrillter Stern aus Packpapier 96

Sternenlaterne aus einer Parmesandose 98

Rezeptidee: Heiße weiße Schokolade 99

Zeitlos: Der Fröbelstern aus dem Rest einer Geschenkpapierrolle 100

Sternenstempel 2.0 aus Schuhsohle 104

Stabile Papiertüte aus Zeitungspapier 108

Sternenmobile aus alten CDs 110

Ohrringe aus PET-Flasche & Getränkekarton 114

Vorlagen 120

Danke 124

Impressum 126

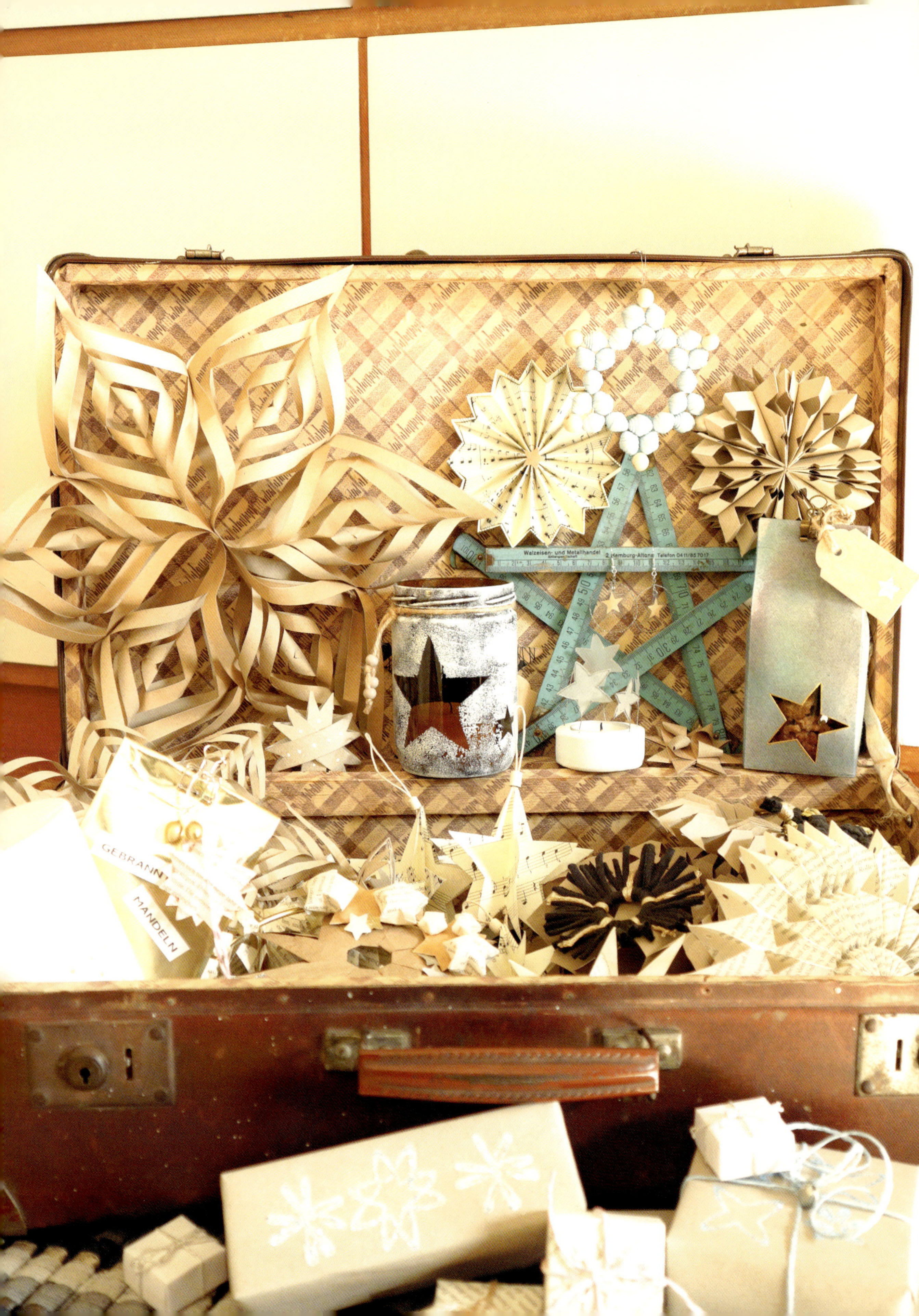
Walzeisen- und Metallhandel
2 Hamburg-Altona Telefon 0411/85 7017
GEBRANNT
MANDELN

STERNE! STERNE! STERNE!

In diesem Buch erwartet dich ein Koffer voller Ideen rund um das Thema »Sterne«. Ich habe mich bemüht, eine abwechslungsreiche Mischung aus den unterschiedlichsten Materialien zusammenzustellen. Hierfür wurden viele Klassiker durch Upcycling neu interpretiert, zudem zeige ich dir weitere spannende Sternideen, die dein Zuhause gemütlicher machen. Geschenkverpackungen und Geschenkvorschläge vervollständigen die vorliegende Sammlung. So bereitest du dir selbst und anderen eine große Freude. Immer wieder wird dir im Buch die Kategorie »On Top« über den Weg laufen. Das heißt nichts anderes als noch mehr spannende, weihnachtliche Vorschläge für dich!

Mir ist es besonders wichtig, dass du sofort mit den Projekten loslegen kannst, ohne dir erst etwas Spezielles dafür besorgen zu müssen. Denn darum sollte es beim Upcycling gehen: mit dem zu arbeiten, was da ist. Sei erfinderisch und flexibel bei den Materialien, verziere die Projekte weiter oder wandle sie ab! Die Anleitungen dafür dürfen dich inspirieren, sollen dich jedoch nicht einengen. Am Ende dieses Buches findest du ein paar Vorlagen mit verschiedenen Sternen. Entscheide selbst, welche Größen und Formen du nimmst. Passe an und kombiniere – ganz nach deinem Geschmack.

Ich wünsche dir mit diesem Buch und den Projekten darin viel Spaß und hoffe du findest reichlich Inspiration und Ideen für die beste, gemütlichste und kreativste Zeit im Jahr.

Falls du Fragen oder Anregungen loswerden möchtest, schaue gern in meinem kleinen kreativen Zuhause auf *zobelhase.de* vorbei und schreibe mir dort eine Nachricht. Ich freue mich immer über Besuch!

Nicole Hagen

FÜR DEN WEIHNACHT-LICHEN EINSTIEG

Bevor du gleich mit dem Buch so richtig loslegst, mache es dir erst einmal gemütlich und schaffe dir eine behagliche Weihnachtsstimmung. Mit selbst gebackenen Kleinigkeiten funktioniert das am allerbesten. Deshalb wirst du zu manchen Projekten in diesem Buch auch kleine Rezeptideen finden, welche dir die Zeit bis Weihnachten – zusätzlich zum kreativen Gestalten – versüßen werden. Ich wünsche dir viel Spaß beim Nachbacken!

Rezeptidee

STERNKEKSE – DIE BESTEN KEKSE ÜBERHAUPT!

ZUTATEN

- 125 g Butter
- 100 g Zuckerrübensirup
- 125 g Zucker
- 1 gehäufter EL Zimt
- ½ TL gemahlener Ingwer
- ½ TL gemahlene Nelken
- 50 ml Wasser
- 350 g Mehl
- 1 TL Backpulver

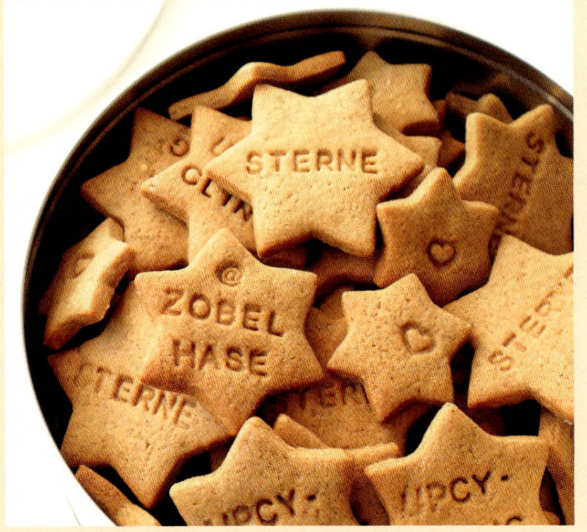

ZUBEREITUNG

Gib Butter, Sirup und Zucker in einen Topf und schmelze alles bei mittlerer Hitze. Rühre zwischendurch immer wieder um. Anschließend kommen die Gewürze hinzu, gut umrühren. Lasse die Masse etwas abkühlen und rühre das Wasser unter. Nun fügst du das Mehl, vermengt mit Backpulver, hinzu und rührst so lange, bis ein geschmeidiger Teig entsteht. In einer luftdichten Box ruht er über Nacht im Kühlschrank.

Am nächsten Tag rollst du ihn auf einer bemehlten Arbeitsfläche aus. Stich die Formen mit Keksausstechern aus und verteile die Sterne auf mit Backpapier ausgelegte Backbleche. Bei 180 °C (Umluft: 160 °C) werden die Kekse nun für ca. 10 Minuten im vorgeheizten Backofen gebacken.

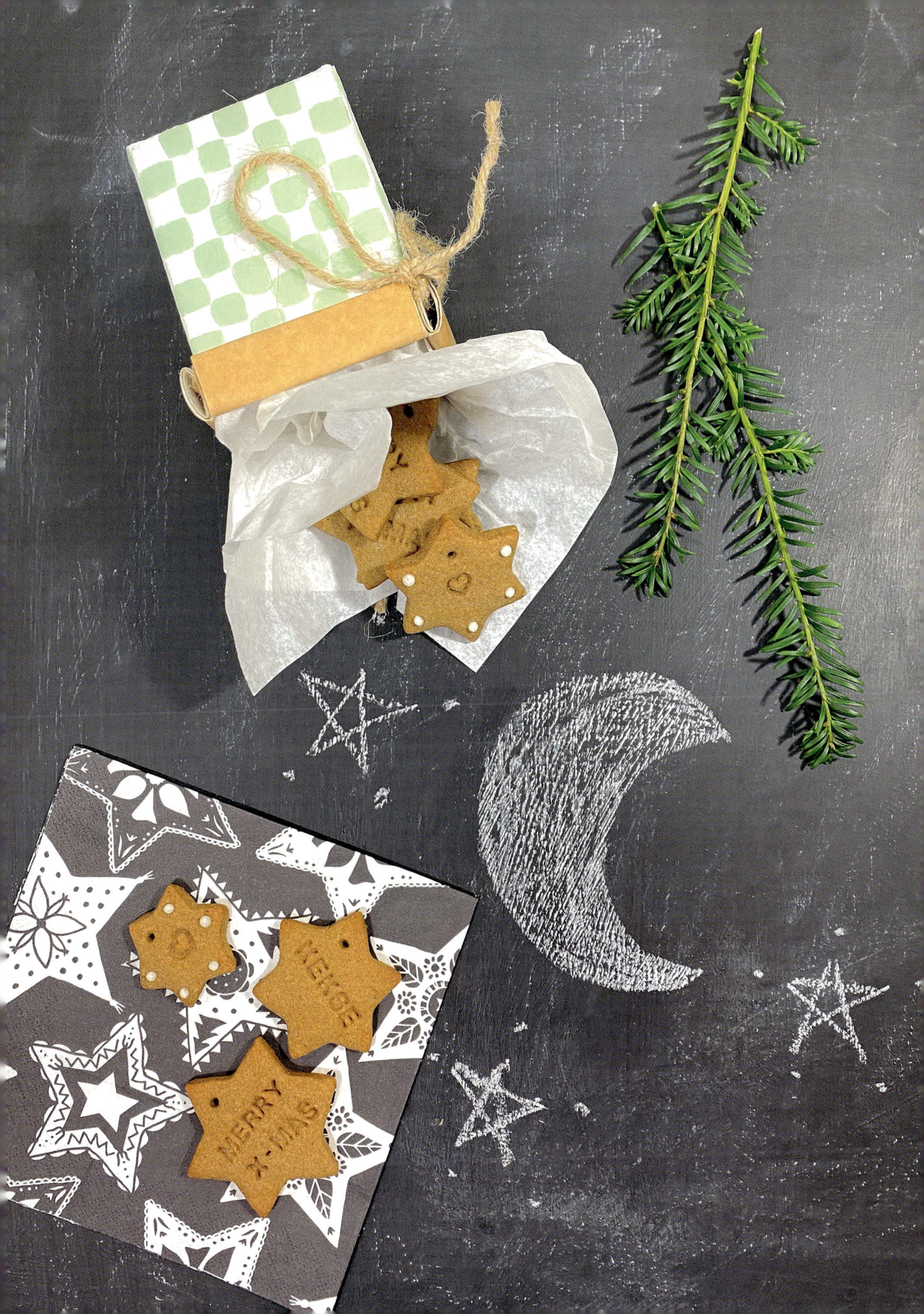
KEKSE
MERRY X-MAS

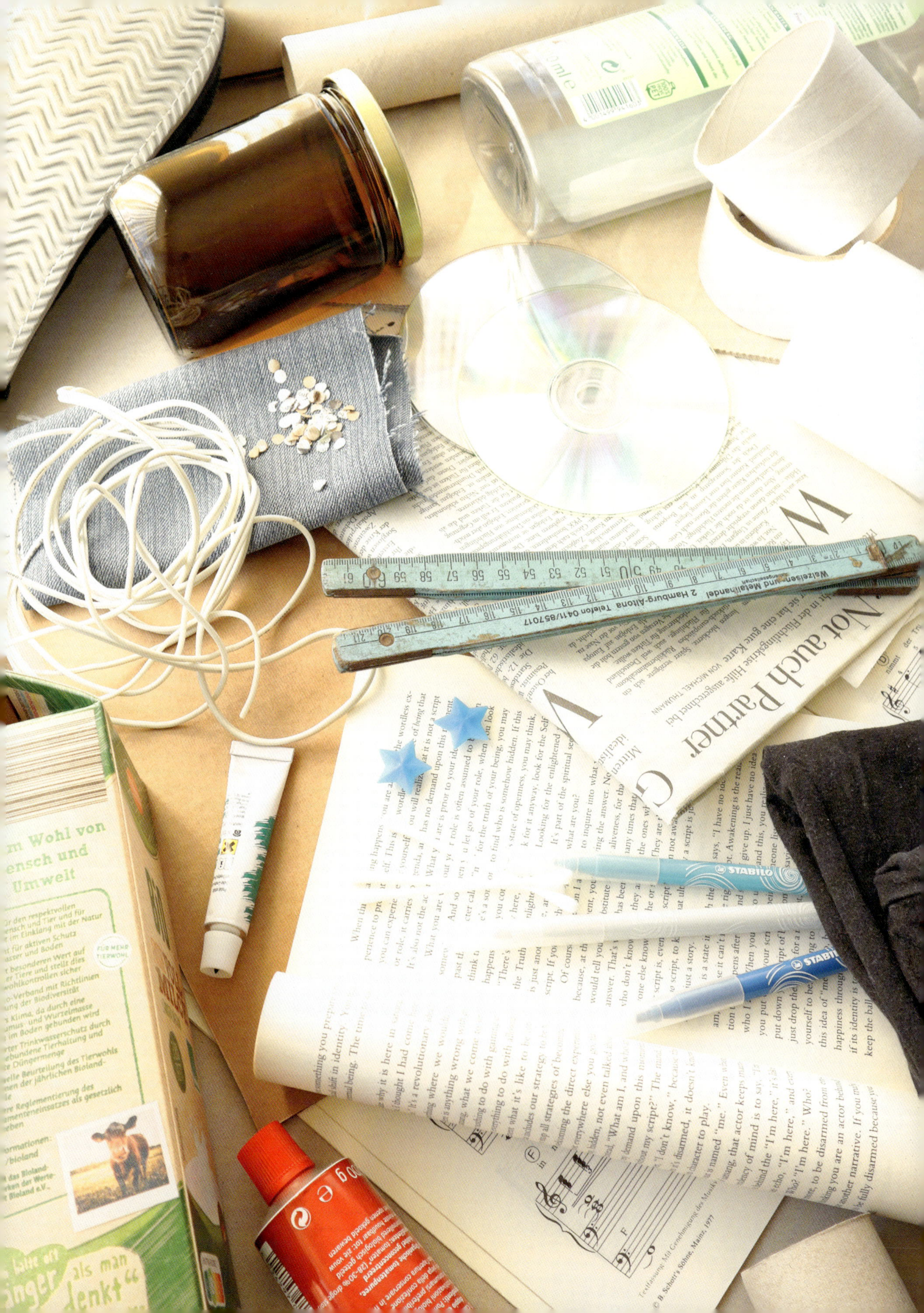

Not auch Partner
VON MICHAEL THOMANN
Weizeisen und Mehlhandel 2 Hamburg-Altona Telefon 0411/857017
STABILO
STABILO
m Wohl von
ensch und
Umwelt

WERKSTOFFE GLEICH WERTSTOFFE

Als Ausgangsmaterial ist beim Thema Upcycling alles erlaubt, was nach dem Aufräumen normalerweise im Müll landen würde. Denn es lassen sich ganz einzigartige Dinge daraus gestalten!

Lege dir eine kleine Wertstoff-Sammlung an: z. B. aus Packpapier, alten Büchern in verschiedenen Größen und Papprollen. Suche ein paar zerkratzte, nicht mehr abspielbare CDs heraus und vielleicht findest du sogar ein altes Notenheft.

Abgetragene Schuhe, T-Shirts und Jeans? All das kann noch verwendet werden. Selbst leere Filzstifte und ein defektes Metermaß haben eine zweite Chance verdient. Entdecke unbedingt den Inhalt deines Lochers! Und glaube mir: Ein altes Kabel ist ein hervorragendes Ausgangsmaterial für viele kreative Projekte.

Bevor du dein Altglas oder Altpapier wegbringst: Schau kurz nach, ob sich hier nicht noch ein kleiner Schatz verbirgt, aus dem sich etwas ganz Wunderbares zaubern lässt.

Du wirst überrascht sein, aus welch einfachen Materialien du Sinnvolles zur Dekoration oder zum Verschenken gestalten kannst. Du lebst in einer Welt voller kreativer Zutaten. Entdecke sie, experimentiere mit ihnen und erwecke sie zu etwas ganz Besonderem!

PLISSEESTERN
AUS ZEITUNGSPAPIER

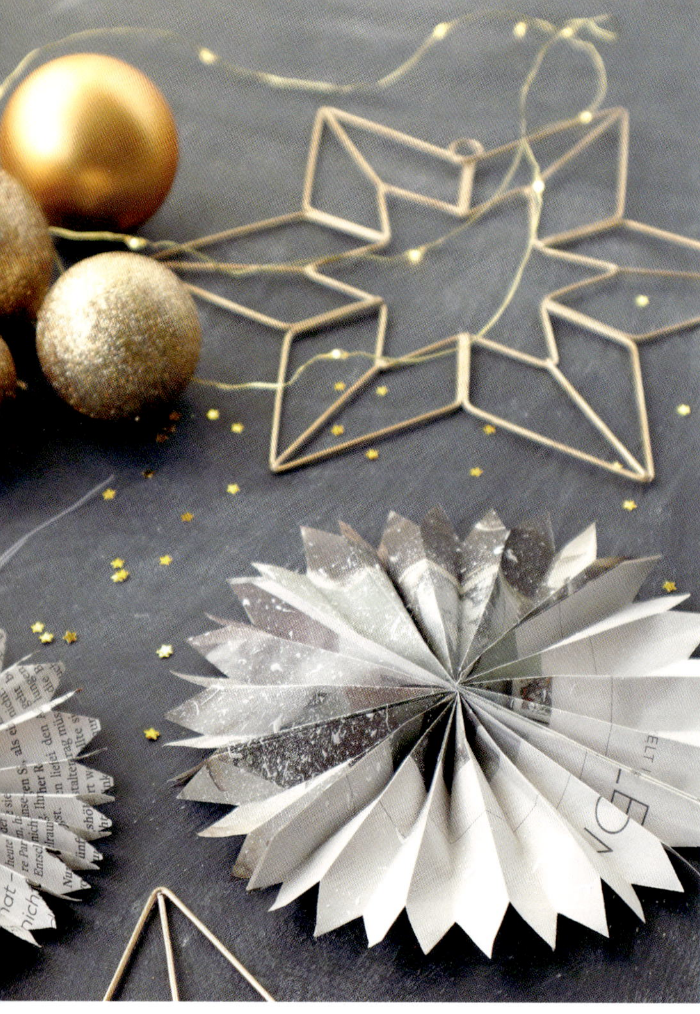

WAS DU BRAUCHST

- Alte Zeitungen mit interessanten, z. B. sehr dunklen Motiven
- Bleistift & Lineal
- Schere
- Klebestift
- Dünne Schnur zum Aufhängen
- Klammern
- Weiße Acrylfarbe
- Pinsel mit harten Borsten

MASSE DER STREIFEN

Groß: 15 cm x 55 cm
Filigran: 11 cm x 39 cm
Mini: 7,5 cm x 35 cm

TIPP

Auf S. 50 siehst du eine Variante des Plisseesterns, welche aus Packpapier besteht. Zudem wurden hierfür die Kanten mit kleinen Zacken eingeschnitten, wie es auch bei den Tütensternen auf S. 26 gemacht wird. Die Vorlage dafür findest du auf Seite 120.

WIE ES GEHT

1. Bereite dir aus Zeitungspapier einen Streifen vor. Diesen Papierstreifen faltest du über die kurze Seite wie eine Ziehharmonika. Wie du die Abstände akkurat hinbekommst, erfährst du auch in der Anleitung auf S. 92.

2. + 3. Anschließend knickst du die Ziehharmonika einmal in der Mitte und knotest einen Faden zum späteren Aufhängen um den Knick herum. Gestalte die Spitzen, indem du dich nach und nach durch die Lagen schneidest. Die Step-Bilder zeigen dir unterschiedliche Spitzen-Varianten. Verklebe nun die eine Seite, so dass der Faden straff darin liegt und oben herauskommt. Trocknen lassen.

4. Als Nächstes fächerst du den Stern ganz auf und verklebst die andere Seite. Fixiere sie mit Klammern, bis der Kleber erneut getrocknet ist. Nun nimmst du viel Farbe auf einen Pinsel und spritzt (z. B. in der Spüle oder in einem Karton) die »Schneeflöckchen« auf. Nach dem Verknoten dient die heraushängende Schnur als Aufhänger.

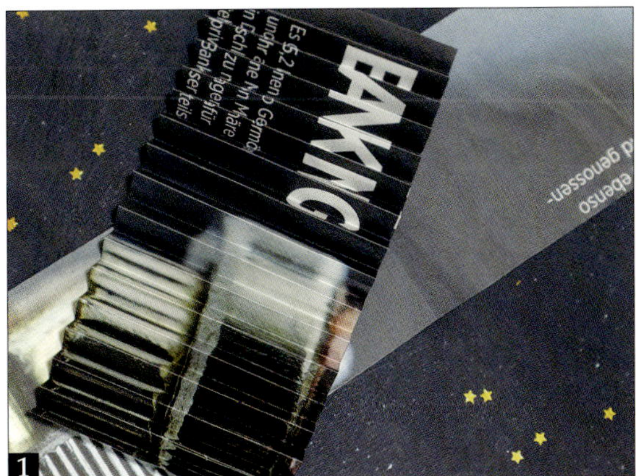
1

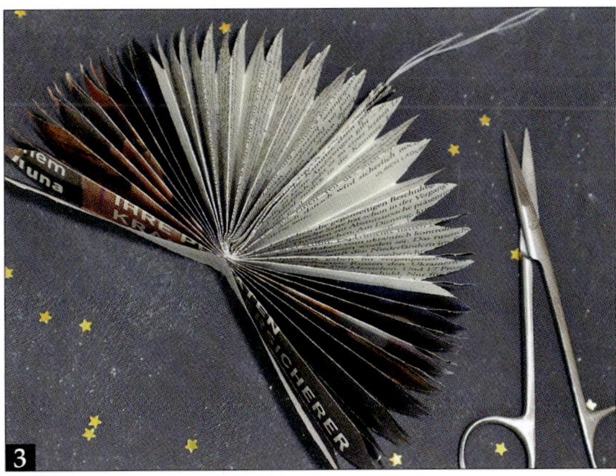
3

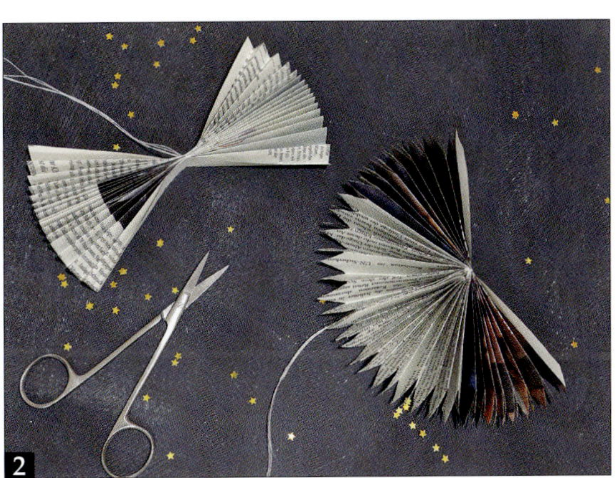
2

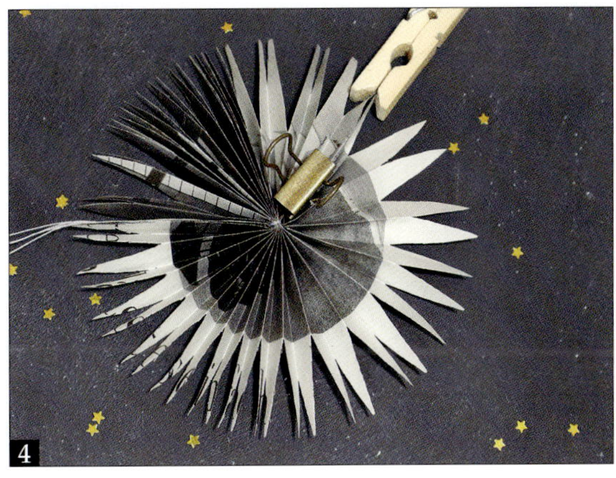
4

STERNANHÄNGER
AUS GETRÄNKEKARTON

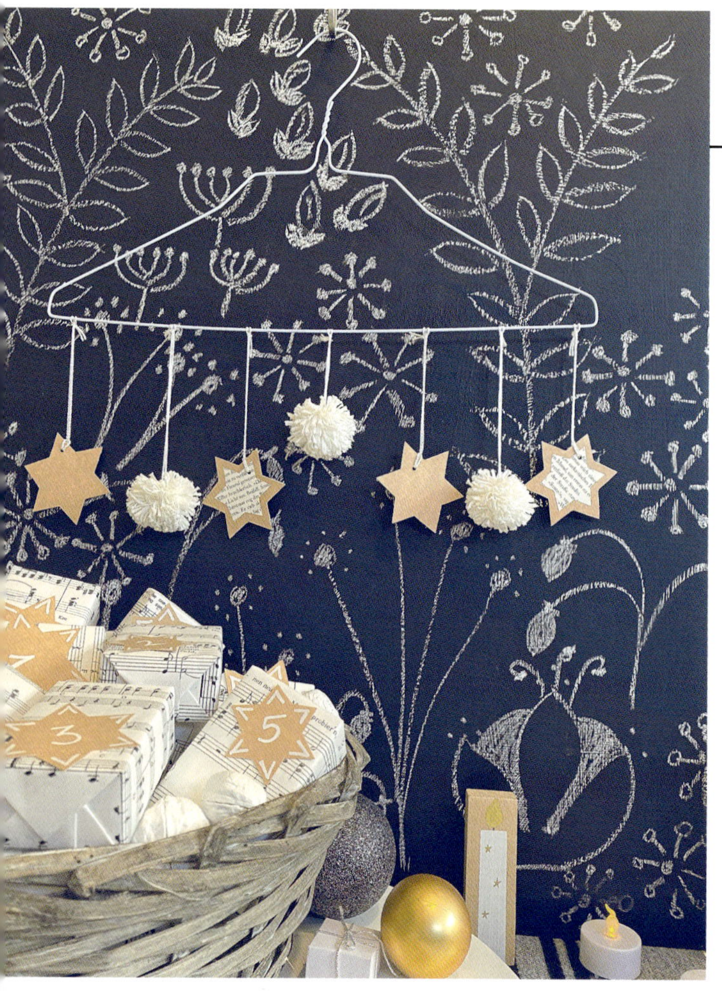

WAS DU BRAUCHST

- Leeren, ausgewaschenen Getränkekarton
- Cuttermesser oder Bastelskalpell
- Klebestift
- Seiten aus einem alten Buch
- Unterschiedlich große Keksausstecher in Sternform
- Bleistift
- Nadel
- Schere
- Lochzange
- Schnur

TIPP

Wie wäre es, die Sternanhänger mit kleinen Pompon-Schneeflocken auf einem Drahtbügel aufzureihen? Oder die Sterne aus Getränkekarton für die Beschriftung eines DIY-Adventskalenders zu benutzen?

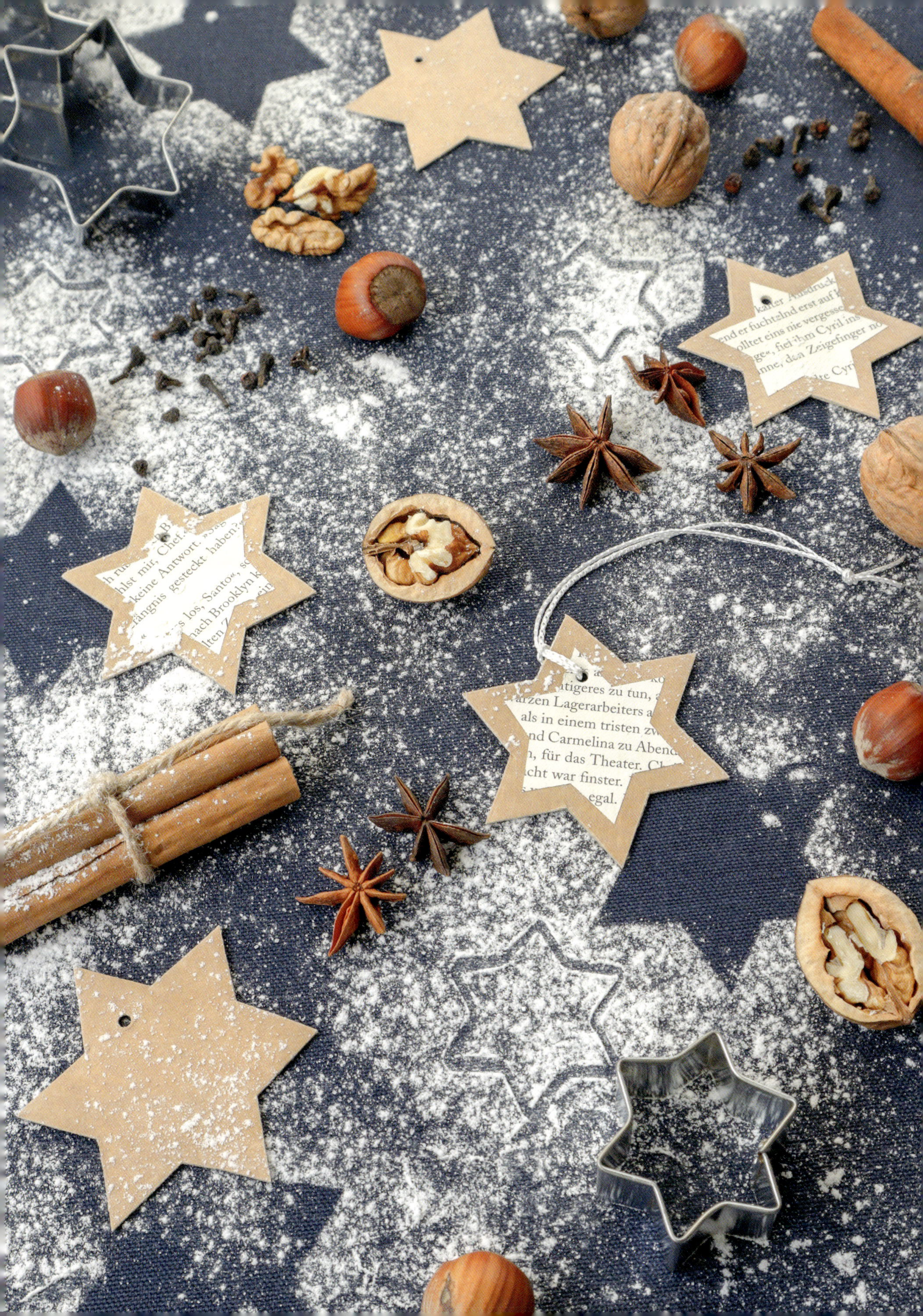

tigeres zu tun,
zen Lagerarbeiters
als in einem tristen
d Carmelina zu Abend
, für das Theater.
cht war finster.
egal.

WIE ES GEHT

1. + 2. Von dem gesäuberten Getränkekarton löst du mit einem Cuttermesser das Dach und den Boden.

3. Öffne den Karton mit dem Cutter an einem Seitenknick und schneide die einzelnen Seiten heraus.

4. Löse nun die oberste bedruckte Schicht vom Karton ab und klebe jeweils zwei Karton-Teilstücke an ihren abgezogenen Seiten mit Klebestift zusammen.

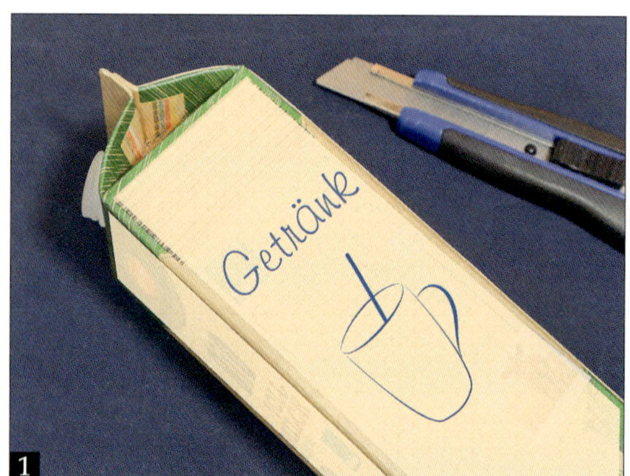

1

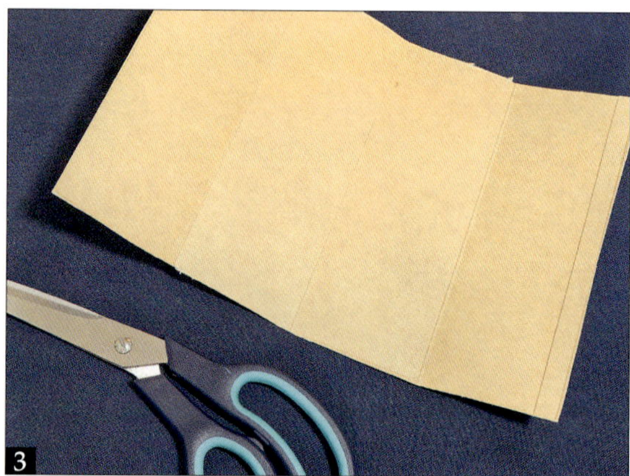
3

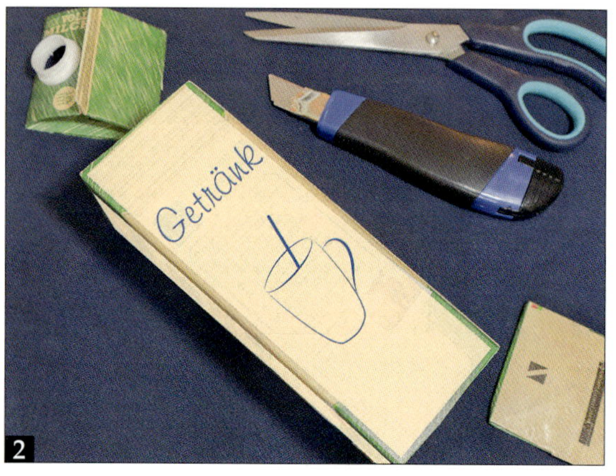

2

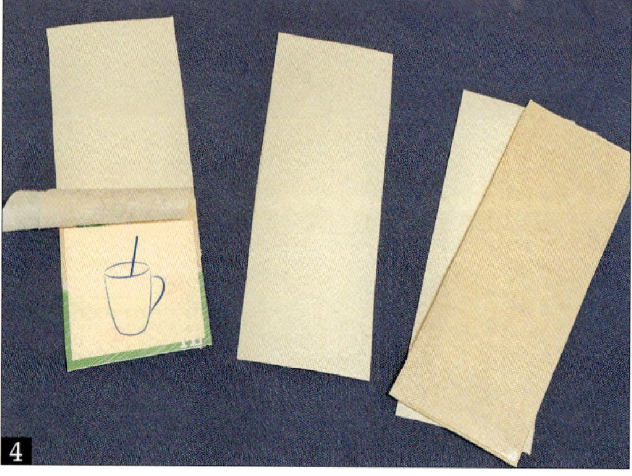
4

5. Mit Keksausstechern überträgst du die Sternform jeweils auf Getränkekarton und Buchseite. Die sehr glatte Oberfläche des Kartons lässt sich gut mit einer Nadel einritzen, anstatt mit einem Stift darauf zu malen. Für die Buchseiten nimmst du einen Bleistift. Achte darauf, dass du für den Karton einen größeren Stern nimmst als für die Buchseite.

6. + 7. Schneide alles aus und klebe die kleineren Sterne auf die größeren. Anschließend stanzt du mit der Lochzange das Loch für die Aufhängung in einen der Zacken.

8. Lege ein Stück Schnur zu einer Schlaufe zusammen und verknote das offene Ende. Jetzt schiebst du die Schlaufe durch das Loch im Stern und dann das verknotete Ende durch die Schlaufe – festziehen. Wiederhole dies bei allen Sternen. Nun sind sie bereit zum Aufhängen; entweder einzeln als Geschenkanhänger oder auch z. B. für eine Girlande.

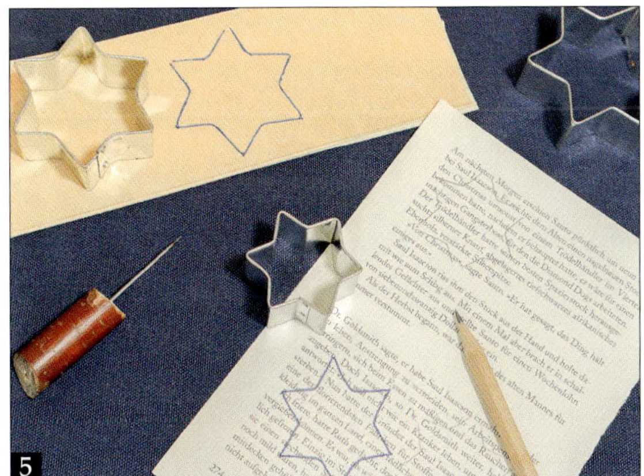

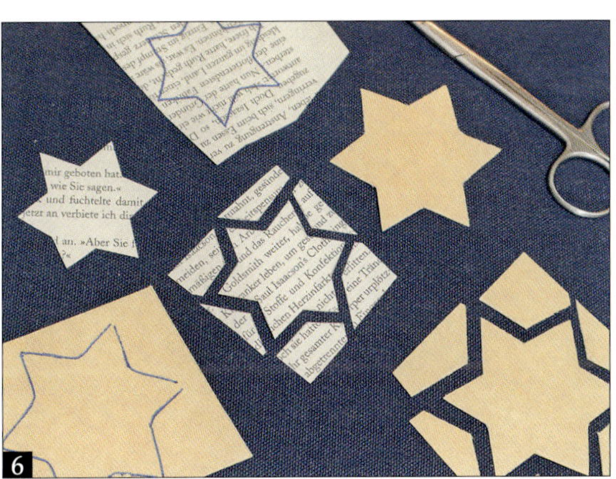

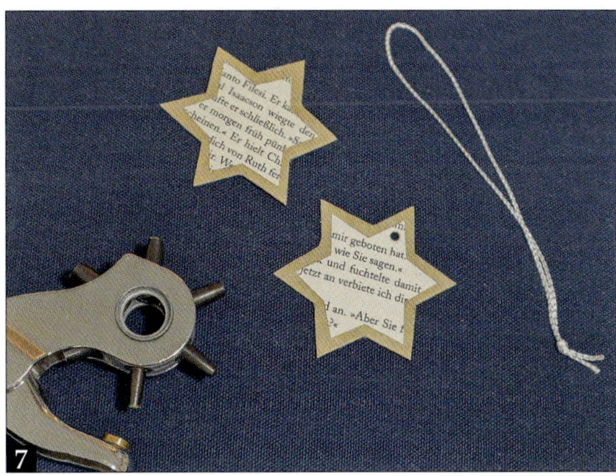

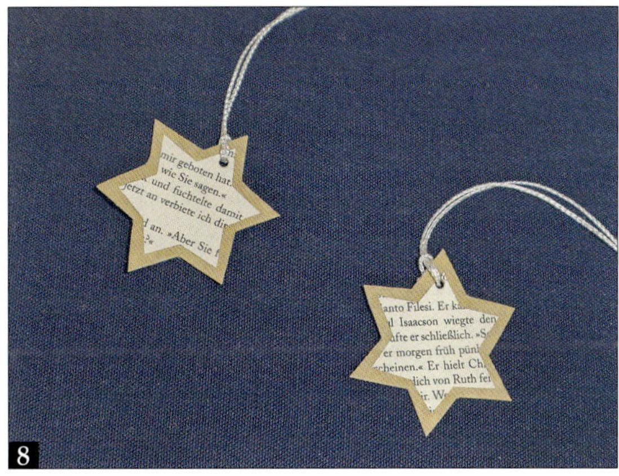

ZACKIGE ZACKENSTERNE

AUS PAPPROLLEN

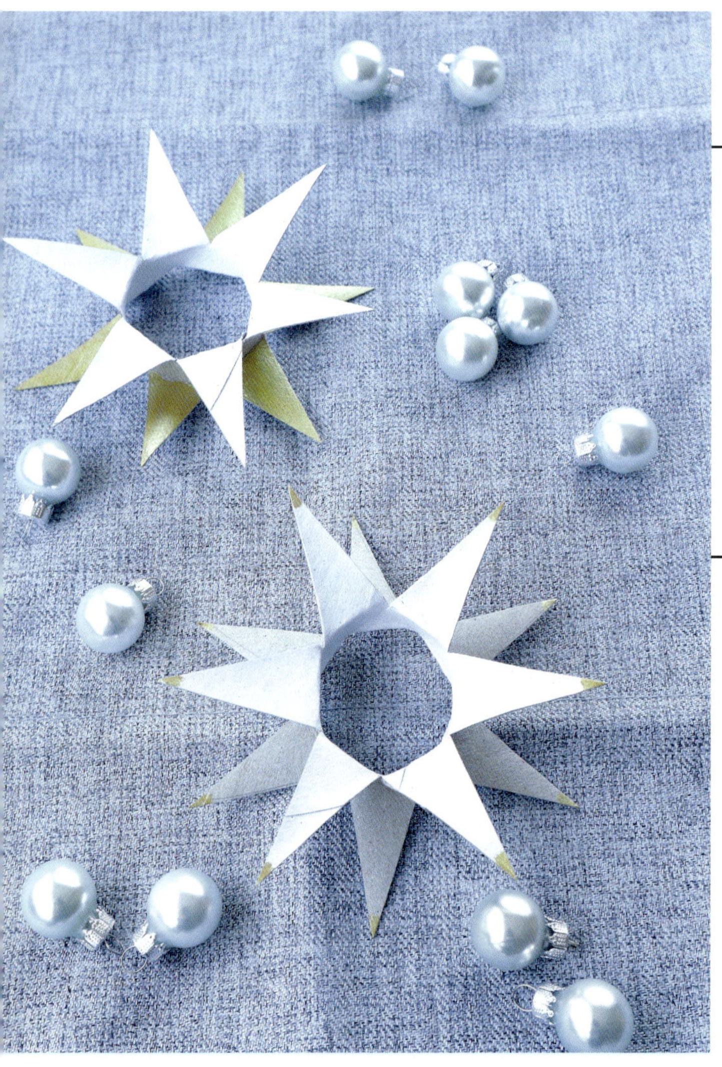

WAS DU BRAUCHST

- Dreiecksvorlage
- Eine leere Toilettenpapierrolle
- Bleistift
- Schere
- Acrylfarbe, z. B. in Gold

DREIECKSVORLAGE

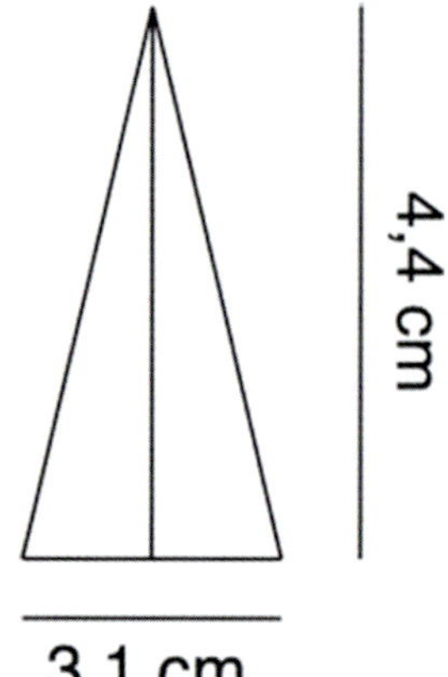

WIE ES GEHT

1. Bereite dir aus der Dreiecksvorlage eine stabile Schablone vor.

2. Zeichne dann auf der Papprolle gleichmäßig verteilt die Zacken zum Herausschneiden an.

   Lege dazu die Schablone mit der kurzen Seite an den Rollenrand an und zeichne ein Dreieck ein, lege die Schablone neben das gezeichnete Dreieck, zeichne wieder an und fahre so lange damit fort, bis du einmal um die Rolle herum bist. Gegebenenfalls muss die Schablone auf die jeweilige Rollengröße angepasst werden. Auf der gegenüberliegenden Seite der Rolle werden die Dreiecke versetzt eingezeichnet. Die Spitze zeigt hierbei immer in die Mitte der zwei gegenüberliegenden Dreiecke.

3. Schneide alle Dreiecke aus und knicke die entstandenen Zacken nach außen. Anschließend kannst du sie nach Belieben mit Acrylfarbe verzieren.

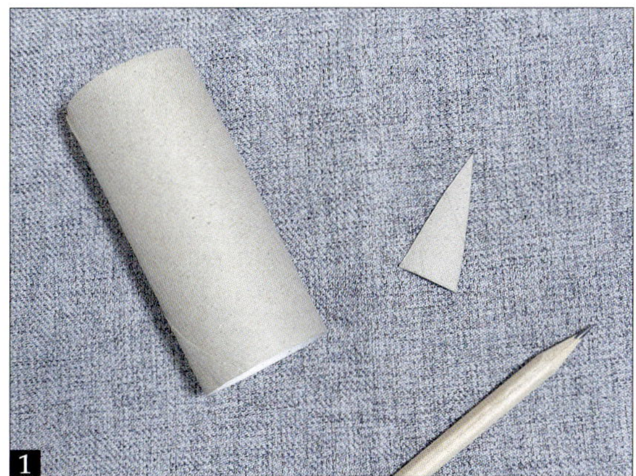
1

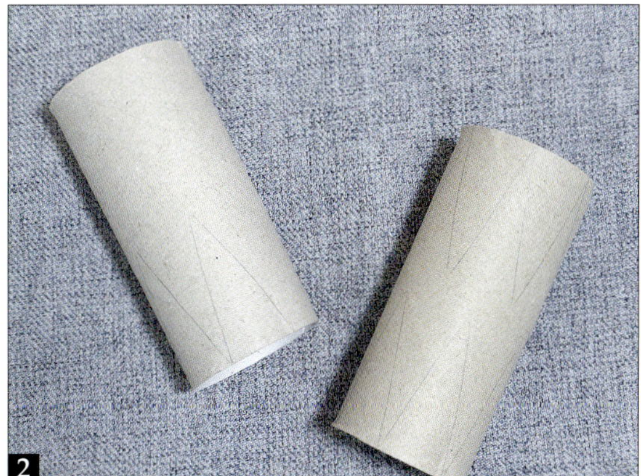
2

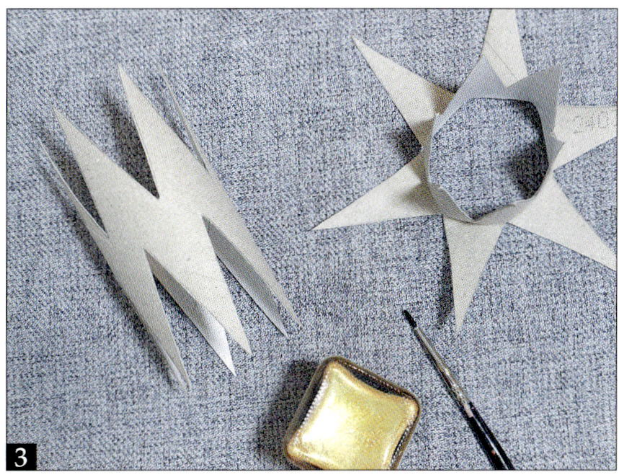
3

GEBOGENER STERN
AUS EINEM DRAHTBÜGEL

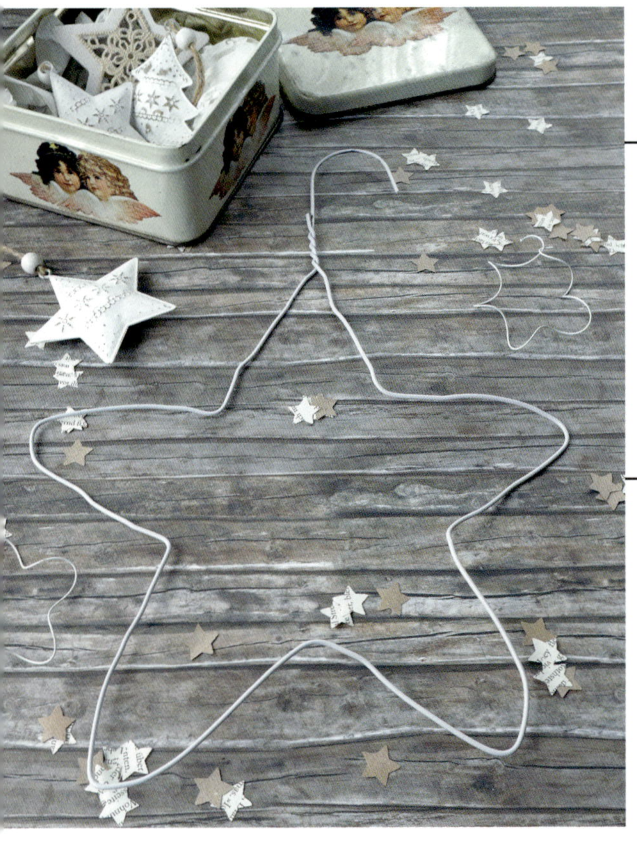

WAS DU BRAUCHST

- Drahtbügel, z. B. aus der Reinigung
- Ein wenig Kraft in den Händen

WIE ES GEHT

Nimm dir den Bügel und biege ihn mit Gefühl aber auch Kraft in eine Sternform. Arbeite dich hierfür langsam vor. Biege nicht zu viel, sonst bricht die Lackierung oder gar der Bügel. Deine Faust als Abstandsmaß hilft, die Zacken ähnlich groß werden zu lassen. Und auch ein nicht symmetrischer Stern sieht wunderschön aus! Der Haken des Bügels dient gleich als Aufhängung.

TIPP

Ausgediente und ausgeleierte Fahrradspeichen-Sterne passen perfekt auf Drahtbügel! Probiere doch einmal einen Weihnachtsbaum aus solch einem Bügel zu biegen und diesen mit Sternen zu verzieren.

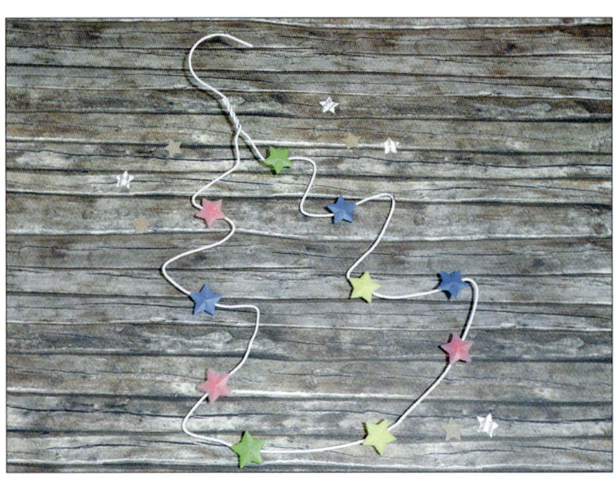

URIGER HOLZSTERN
AUS EINEM ALTEN ZOLLSTOCK

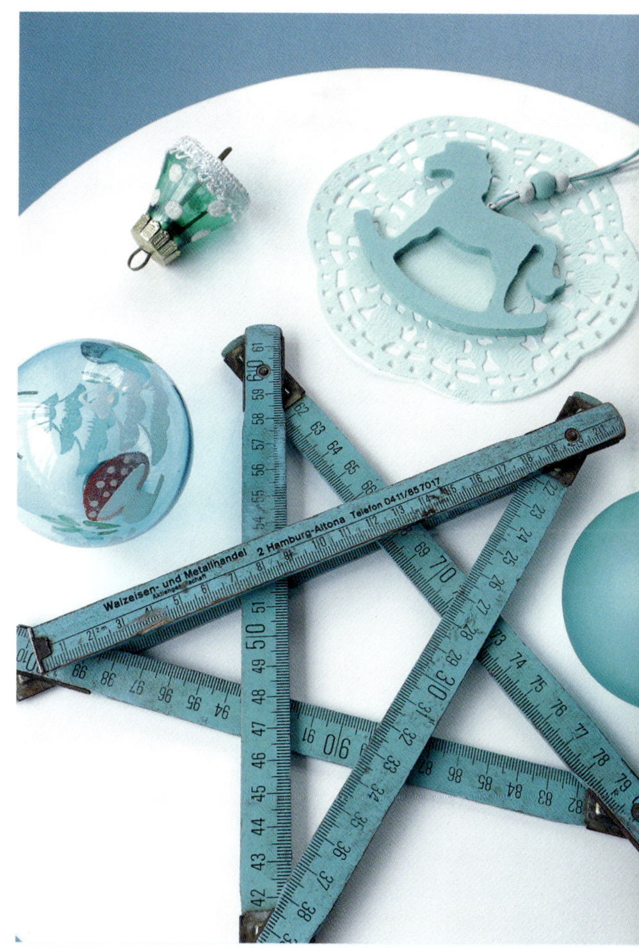

WAS DU BRAUCHST

- Einen defekten oder alten Zollstock aus Holz
- Liebe für das Ungewöhnliche

WIE ES GEHT

Diese DIY-Idee ist schnell umgesetzt. Alles, was du von deinem Zollstock brauchst, sind fünf bis sechs noch aneinanderhängende Segmente, welche du wie bei einem gezeichneten Pentagramm in die typische Form bringst. Im gezeigten Bild liegen das Anfangs- und Endsegment übereinander.

FÄCHERSTERN
AUS EINEM ALTEN NOTENHEFT

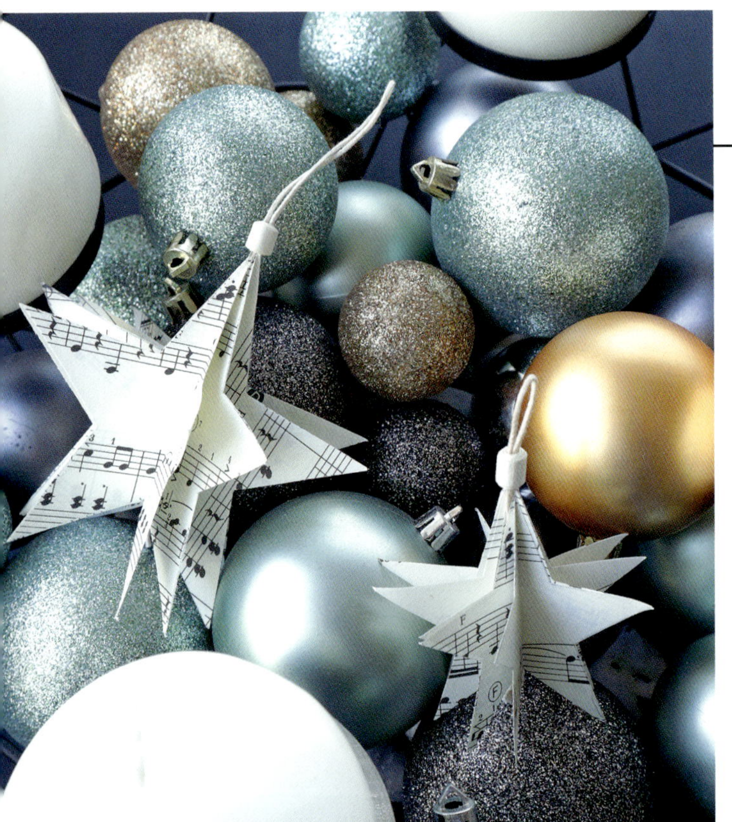

WAS DU BRAUCHST

- Sternvorlage (S. 122/123)
- Notenpapier
- Bleistift & Schere
- Klebestift
- Schnur
- Einfarbigen Streifen Papierrest
- Holzspieß

PAPIERPERLEN

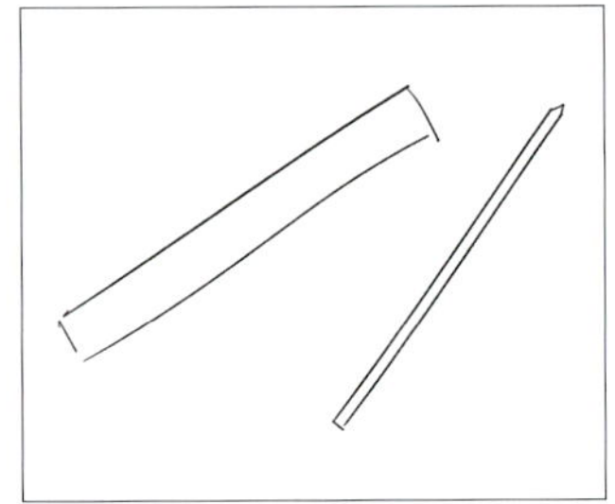

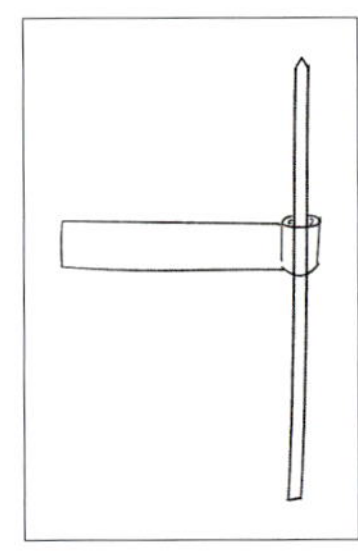

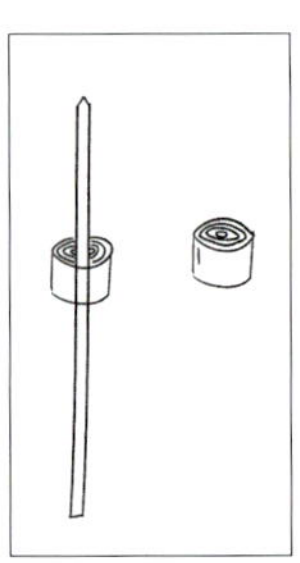

WIE ES GEHT

1. + 2. Schneide dir mithilfe einer Sternschablone acht gleich große Sterne aus Notenpapier aus und falte sie alle einmal in der Mitte.

3. Die halbierten Sterne werden nun deckungsgleich aufeinandergelegt und miteinander verklebt. Bevor du die letzten zwei Hälften verklebst, knotest du dir aus der Schnur eine Schlaufe zurecht, die du in die Sternmitte legst. Der Knoten liegt eng an der unteren Kante an und verhindert, dass die Schnur herausrutscht.

4. Verklebe nun auch die letzten zwei Hälften miteinander.

Papierperlen Aus einem Streifen (Rest-)Papier rollst du mithilfe eines Holzspießes eine kleine Papierperle. Verklebe ihr Ende und ziehe sie über die Schlaufe.

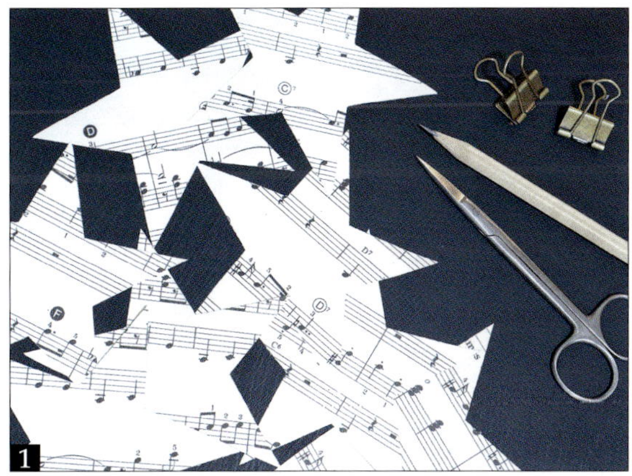
1

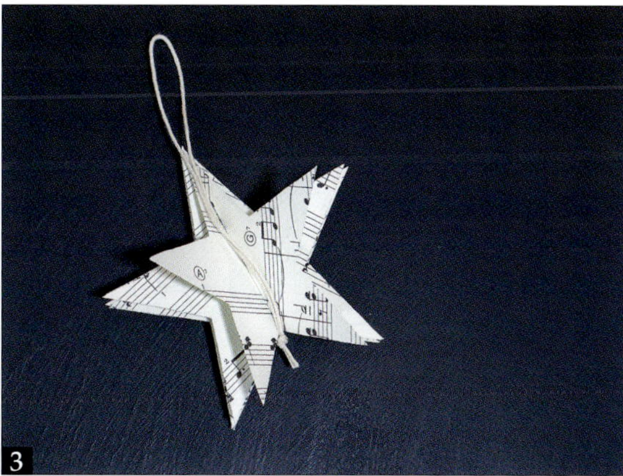
3

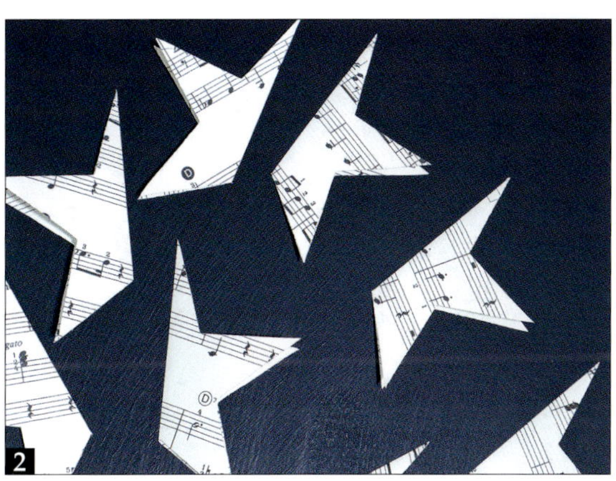
2

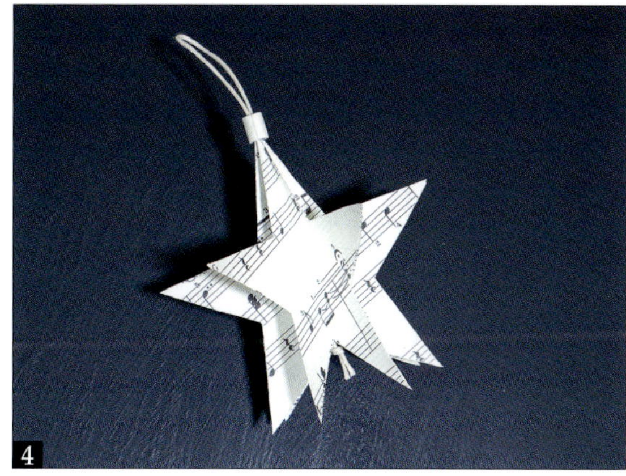
4

ACHTZACKIGE 3D-STERNE

AUS ALTEN BUCHSEITEN

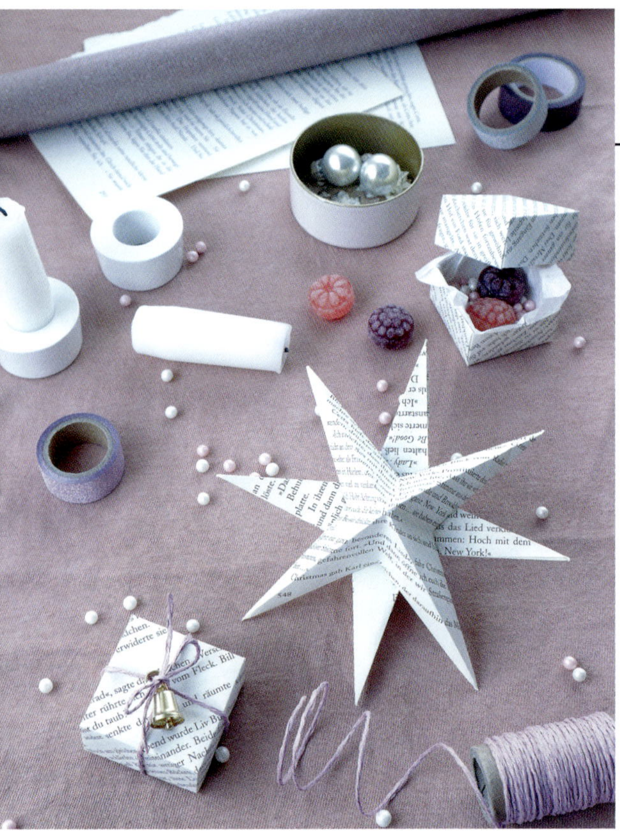

WAS DU BRAUCHST

- Seiten aus einem alten Buch
- Schere
- Klebestift
- Bastelkleber

WIE ES GEHT

Bereite dir zwei gleich große Quadrate aus Buchseiten vor. Folgende Schritte führst du für beide Papiere durch:

1. + 2. Knicke beide Diagonalen des Quadrates. Wende das Papier und falte die beiden Hälften.

3. Die halbierenden Knicklinien schneidest du nun etwas weniger als ein Viertel der Seitenlänge ein.

4. Falte, wie auf dem Bild gezeigt, die eingeschnittenen Seiten jeweils zum diagonalen Falz hin. Mit einem Klebestift verklebst du die schraffierte Fläche mit dem benachbarten Dreieck. So entsteht der erste Zacken.

5. + 6. Verfahre für die anderen Ecken genauso. Hast du beide Quadrate auf diese Weise gefaltet, kannst du sie aufeinander kleben. Übe zuerst »trocken«, um zu sehen, wo die beiden Sternhälften sich berühren. Dorthin träufelst du anschließend punktuell den Bastelkleber.

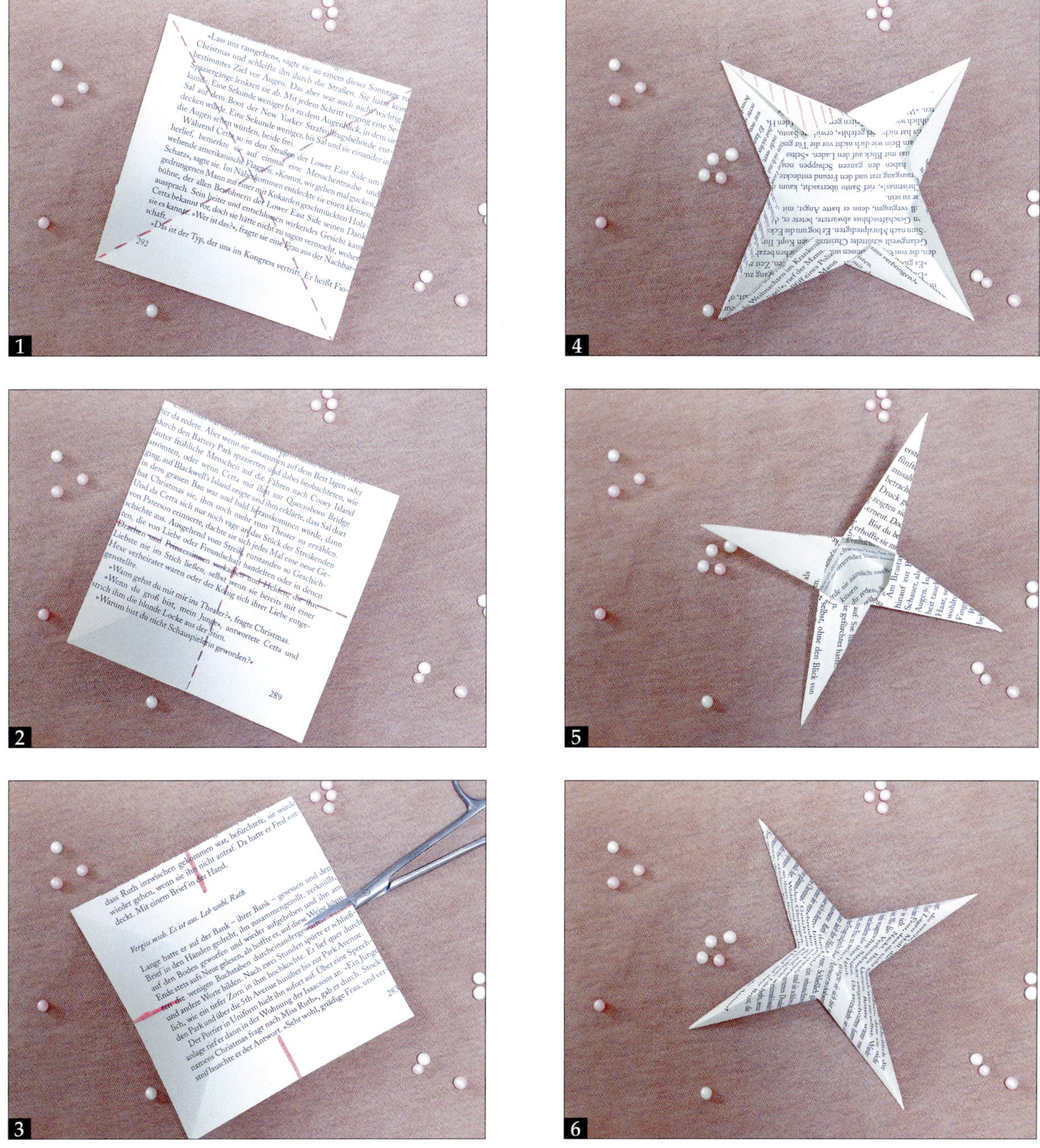
1
4
2
5
3
6

FARBENFROHE AQUARELLSTERNE

AUS LEEREN FILZSTIFTEN

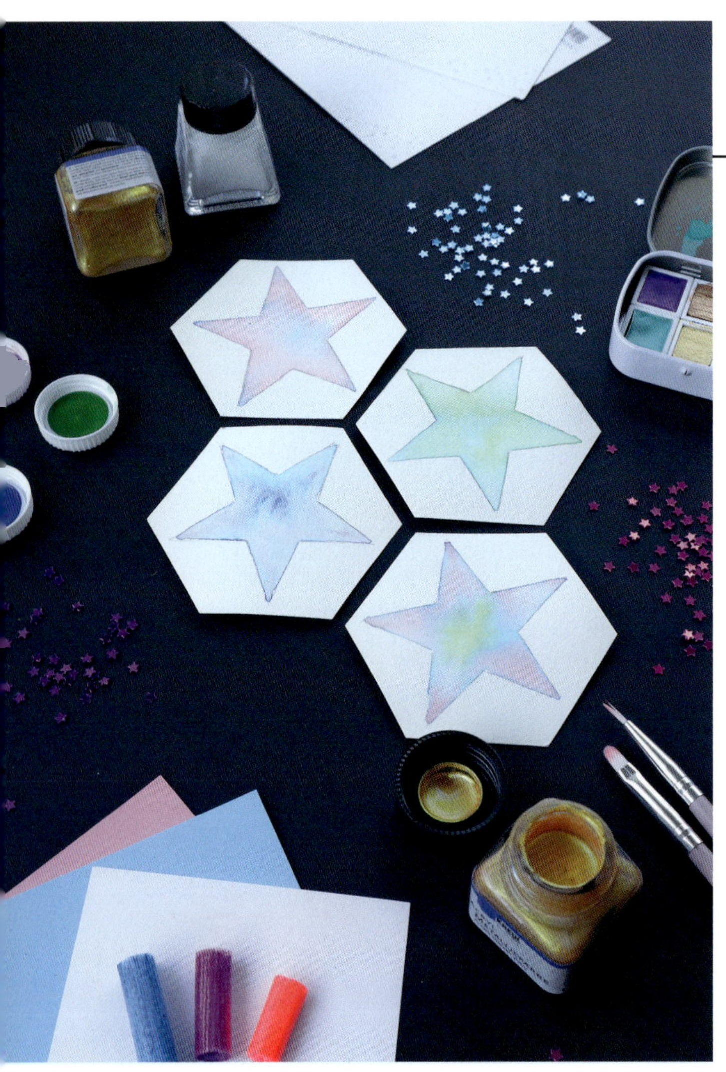

WAS DU BRAUCHST

- Mienen & Kartuschen leerer Filzstifte
- Zange & evtl. Seitenschneider (Drahtzange)
- Wasser
- Kleine Gefäße
- Bleistift & Schere
- Aquarell-Papier (abgezogener Getränkekarton funktioniert auch ganz wunderbar!)
- Vorlagen: Stern & Sechseck (S. 122/123)
- Pinsel

WIE ES GEHT

Die Größen der Sterne kannst du variabel an deine eigenen Bedürfnisse anpassen.

1. Zunächst stellst du dir die DIY-Farbe her. Dafür ziehst du mit einer Zange die Mienen aus der Spitze des Filzstiftes. An die Kartusche im Inneren kommst du, indem du mit der Zange die Kappe am Ende des Stiftes abziehst. Ist die Kappe verklebt, entferne sie mit einem Seitenschneider.

   Die Mienen und Kartuschen legst du für mindestens eine Stunde in Wasser. Jede Farbe bekommt ein eigenes Gefäß. Je länger du wartest, desto intensiver wird die Farbe. Mit dem eingefärbten Wasser kannst du wunderbar, wie mit flüssigen Aquarell-Farben, malen.

2. Auf Aquarell-Papier zeichnest du dir den Stern mithilfe der Vorlage und einem Bleistift vor und malst ihn mit der DIY-Farbe nach Herzenslust aus:

3. + 4. Für die sogenannte Nass-in-Nass-Technik, bei welcher die Farben ineinander verlaufen, füllst du die Fläche des Sterns zunächst mit farblosem Wasser. Anschließend gibst du punktuell die Farbe hinzu. Nach dem Trocknen schneidest du den Stern mithilfe einer Sechseck-Schablone aus.

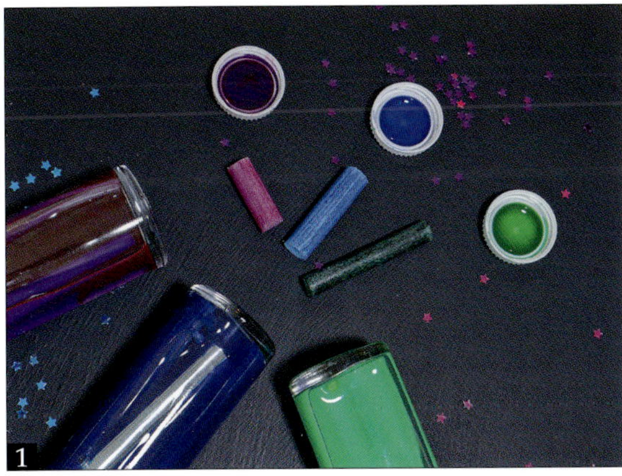

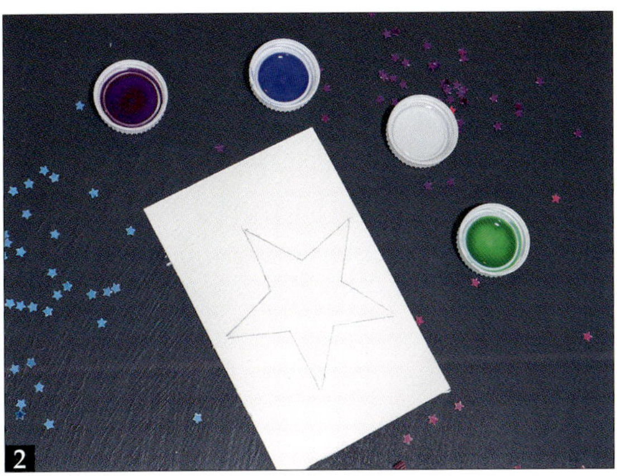

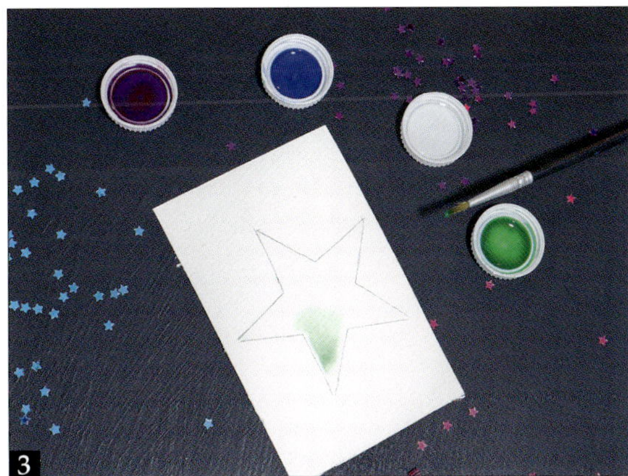

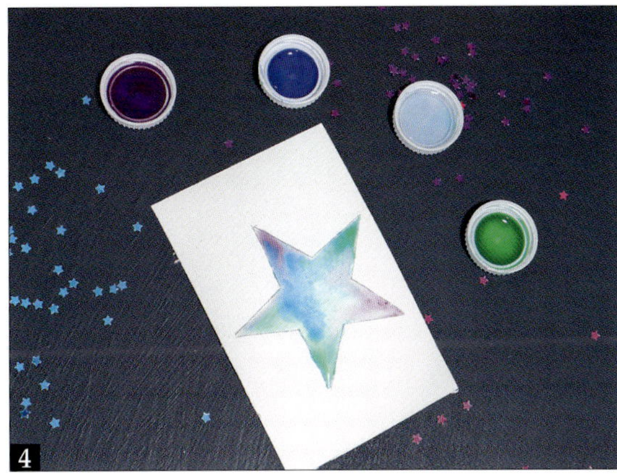

TÜTENSTERNE – GANZ OHNE TÜTEN!

AUS ALTEN BUCHSEITEN

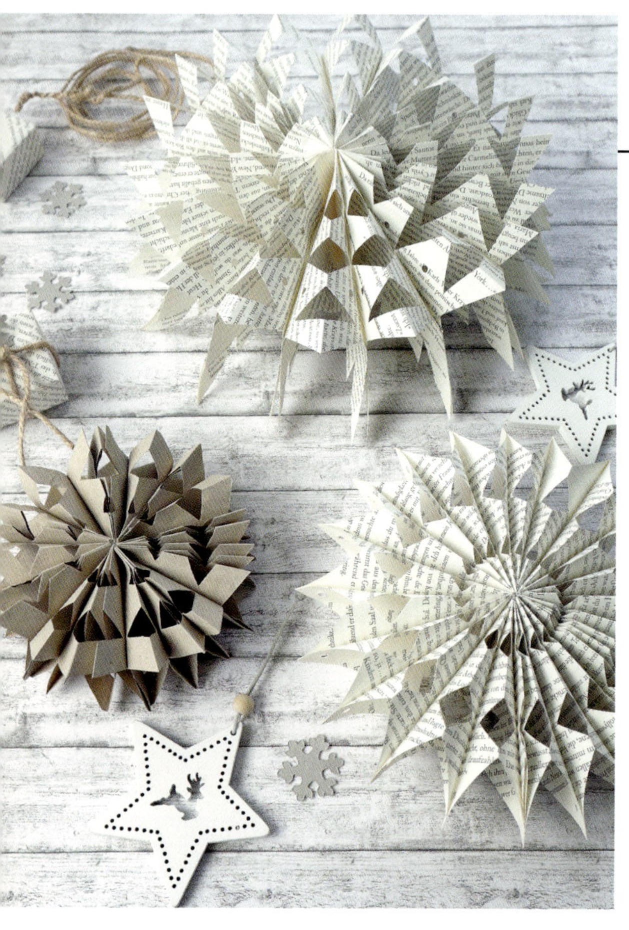

WIE ES GEHT

1. + 2. Halbiere neun bis zwölf Buchseiten. Je größer die Buchseiten sind, desto mehr wirst du brauchen. Die halbierten Seiten knickst du im Querformat links und rechts so zusammen, dass sie mittig überlappen. Für gleich breite Ergebnisse nimm dir eine Plastikkarte als Abstandshalter und falte so Tüten ohne Boden.

3. Um saubere Schnittergebnisse zu bekommen, legst du jeweils DREI »Tüten« übereinander und verklebst sie miteinander. Verteile den Kleber wie im Bild gezeigt, als würdest du ein umgedrehtes »T« zeichnen.

WAS DU BRAUCHST

- Buchseiten
- Schere
- Klebestift
- Plastikkärtchen als Abstandshalter
- Papier für eine Schablone
- Vorlage (S. 120)

TIPP

Variiere auch mit anderen Materialien und anderen Größen! Für kleinere Sterne kannst du z. B. ein Lineal als Abstandshalter nehmen, für größere Projekte bietet sich eine Postkarte an.

4. Auf diesen Stapel legst du dir eine Schablone. Beispiele dafür findest du auf Seite 120. Oder du denkst dir selbst etwas aus. Egal wie du es machst, die Ergebnisse sind immer wunderschön. Halte alles gut fest, damit die Schablone nicht verrutscht und schneide das Muster aus. Verfahre mit den restlichen »Tüten« genauso. Klebe dann ALLE entsprechend dem Muster zusammen. Der Kleber wird wieder wie ein umgedrehtes »T« aufgetragen. Lasse alles trocknen.

5. Zum Schluss verklebst du nach dem gleichen Prinzip noch die letzten zwei Seiten miteinander, indem du die »Tüten« vorsichtig auseinanderziehst und den Stern so komplett auffächerst. Solltest du hier merken, dass sich der Stern nicht schließen lässt, falte noch schnell zwei, drei Buchseiten nach!

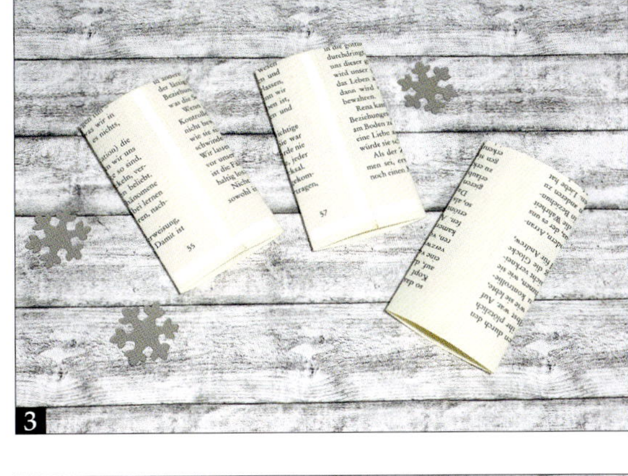
3

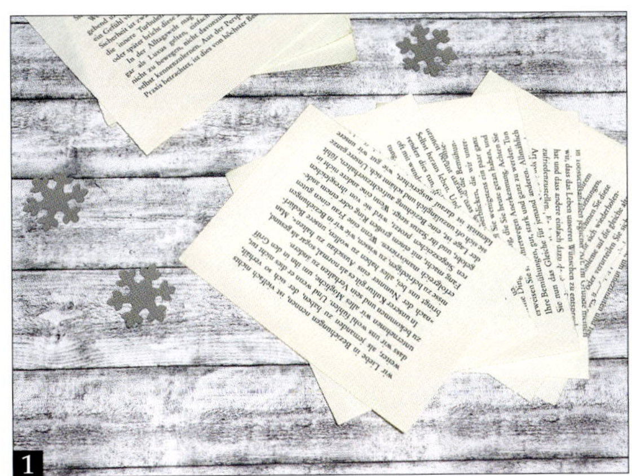
1

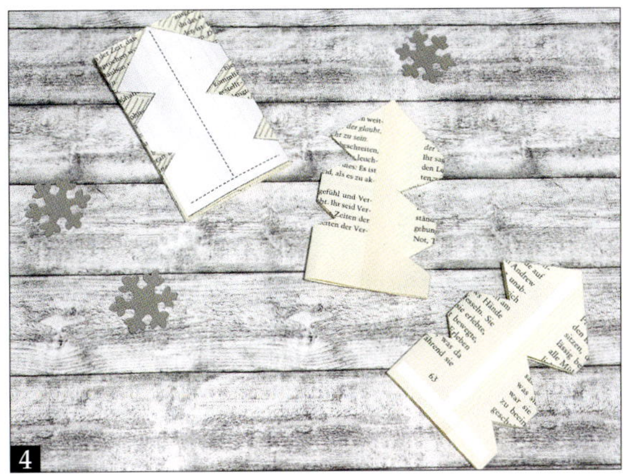
4

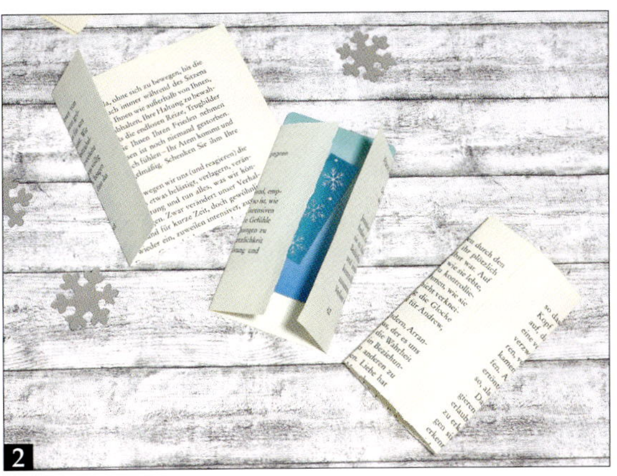
2

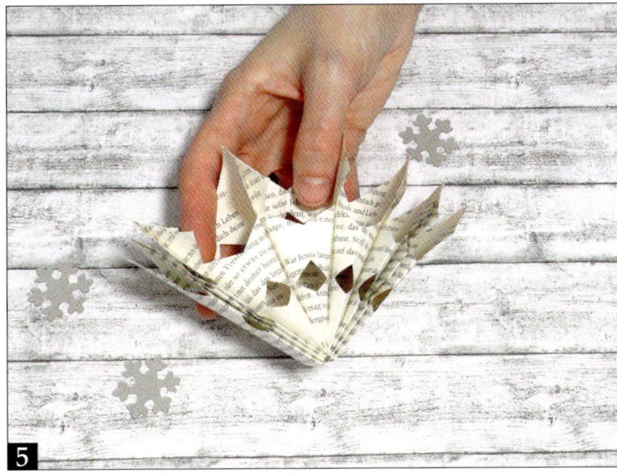
5

PERGAMENTSTERNE
MIT LOCHER-KONFETTI

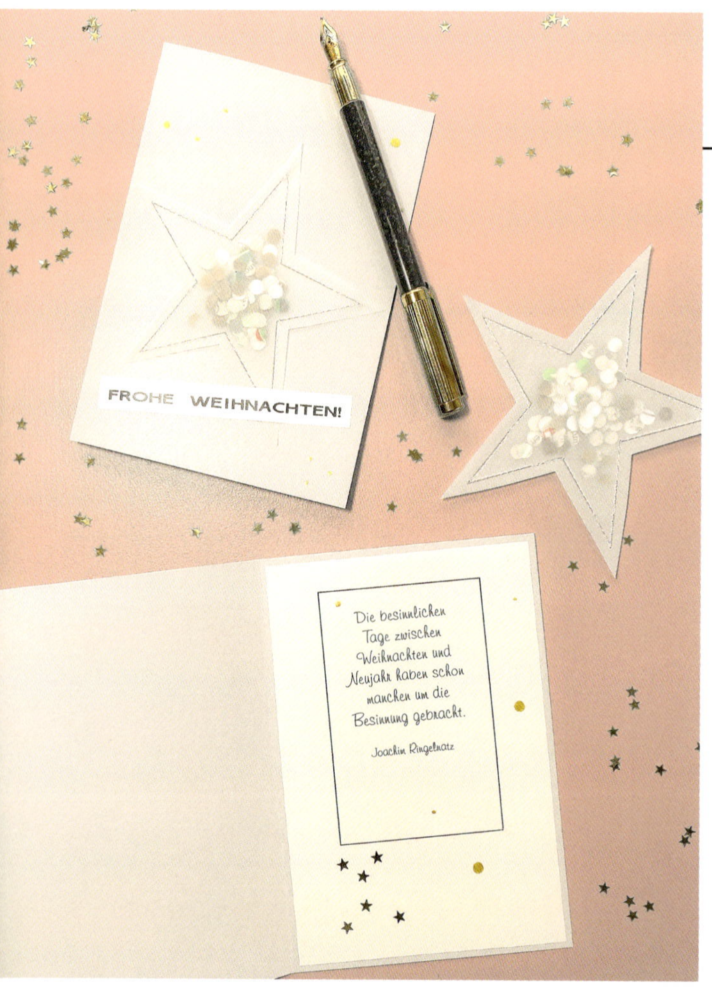

WAS DU BRAUCHST

- Pergamentpapier
- Sternvorlagen (S. 122/123)
- Bleistift & Schere
- Klebestreifen
- Nadel & Faden oder eine Nähmaschine
- DIY-Konfetti aus dem Locher

TIPP

Sehr praktisch ist, dass diese flachen Papiersterne in Briefumschläge passen. Benutze sie, um z. B. DIY-Weihnachtskarten zu gestalten, oder lege die Sterne direkt als kleines Geschenk in deine Adventspost.

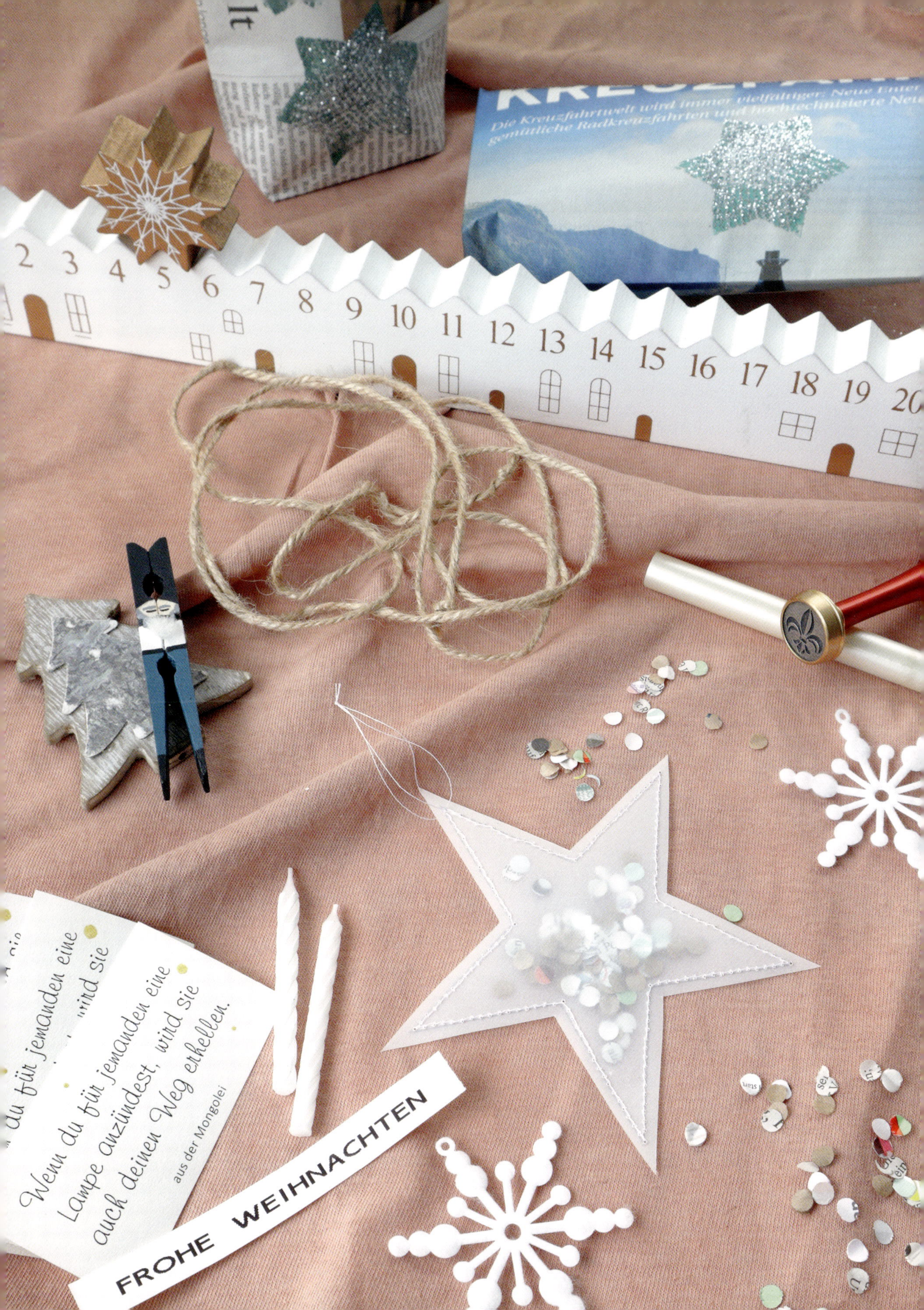
Wenn du für jemanden eine
Lampe anzündest, wird sie
auch deinen Weg erhellen.
aus der Mongolei
FROHE WEIHNACHTEN

WIE ES GEHT

1. Auf ein Blatt Pergamentpapier überträgst du dir Sterne in verschiedenen Größen. Lasse genug Abstand zwischen ihnen.

2. Lege hierauf ein weiteres Blatt Pergament. Damit nichts verrutscht, klebst du die beiden Pergamentpapiere an den Kanten mit Klebestreifen zusammen.

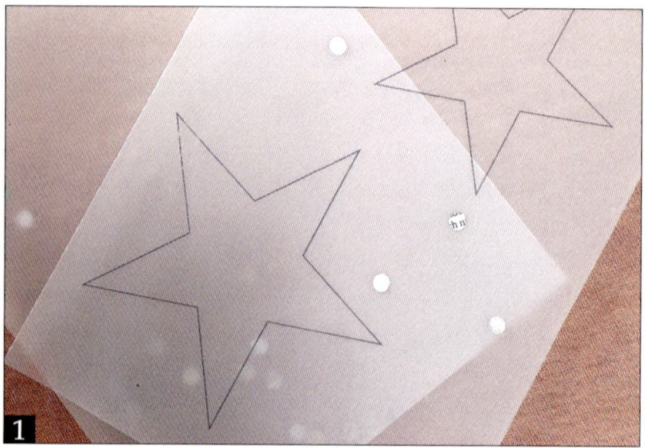

3. Schneide die einzelnen Sterne grob aus und klebe, falls nötig, weitere Kanten mit Klebestreifen ab.

4. Beginne an einer Zacke und nähe die Papiere entlang der aufgezeichneten Sternenlinie zusammen. Kurz vor Schluss kommt das Konfetti hinein. Nähe den Stern fertig bis zur Anfangszacke. So kann der überstehende Nähfaden gleich zum Aufhängen benutzt werden.

5. Zum Schluss wird der Stern, etwa 0,5 cm von der Naht entfernt, sauber ausgeschnitten.

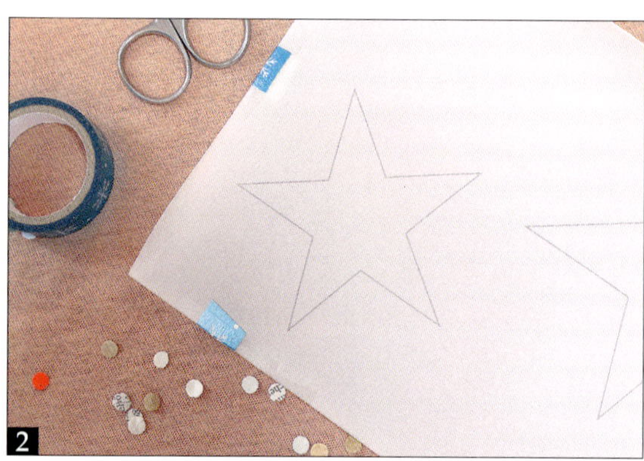

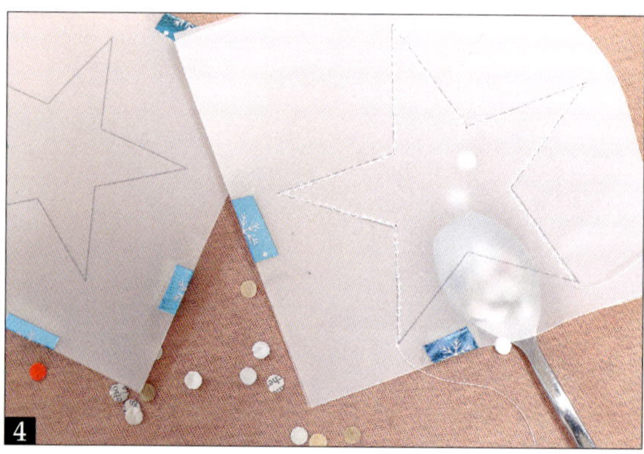

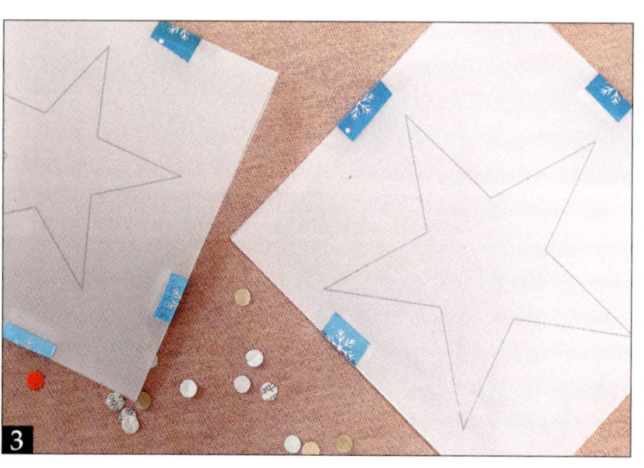

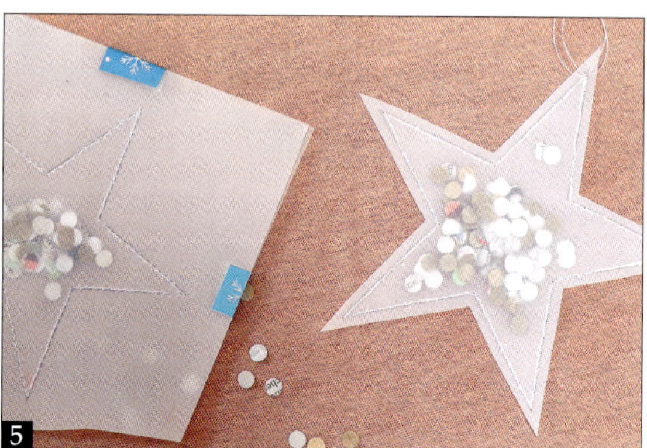

DIY-KONFETTI

Konfetti lässt sich schnell selbst machen. Der eine Teil dafür befindet sich bereits in deinem Locher. Für eine abwechslungsreiche Mischung lochst du zusätzlich bunte Reste von gebrauchtem Geschenkpapier, Packpapier, Zeitungen und Zeitschriften.

ON TOP: NUSSKNACKER AUS EINER WÄSCHEKLAMMER

Entferne von einer Holzwäscheklammer die Metallfeder in der Mitte. Klebe nun die einzelnen Hälften mit Bastelkleber zusammen und bemale den kleinen Mann ganz nach deinem Geschmack. Zum Schluss zwirbelst du ein Stück Wollschnur auseinander, sodass feine, flauschige Fäden entstehen, und klebst sie in das kleine Loch in der Mitte. Nun fehlen noch ein paar Schnitte mit der Schere für die richtige Bartfrisur und fertig ist der Mini-Nussknacker.

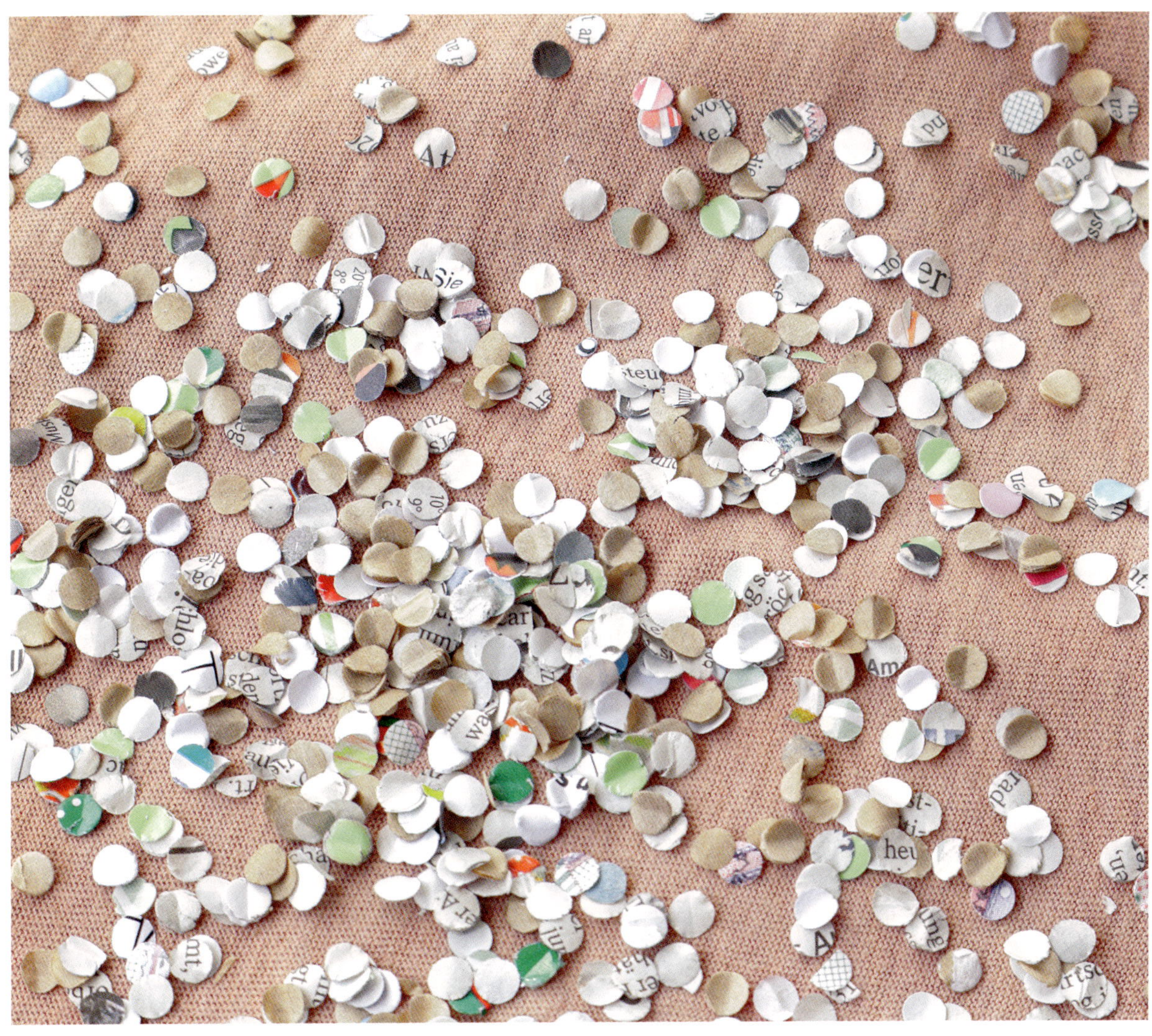

BESPRÜHTE GESCHENKVERPACKUNG
AUS GETRÄNKEKARTON

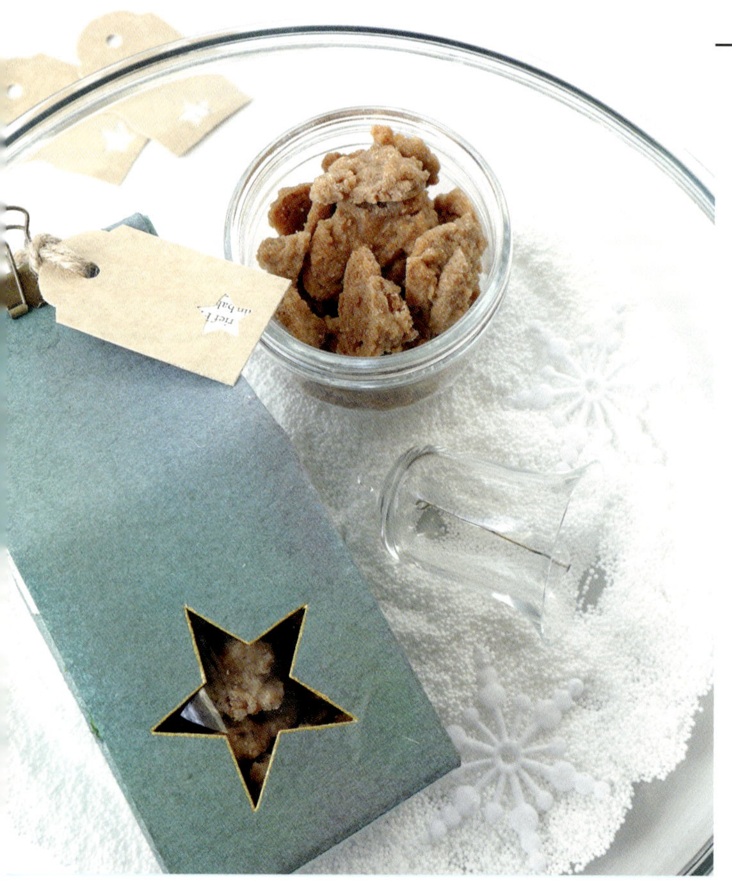

WAS DU BRAUCHST

- Leeren, ausgespülten Getränkekarton
- Sternvorlagen (S. 122/123)
- Papier, Bleistift & Schere
- Klebestift
- DIY-Farbe aus leeren Filzstiften (S. 24) in blau, lila, grün & schwarz
- Kleine Sprühflaschen (z. B. leere Deos)
- Küchenkrepp
- Klammer zum Verschließen
- Optional: goldene Acrylfarbe & Pinsel
- Optional: Schraubglas (passend für den Getränkekarton)

TIPP

Wenn du magst, kannst du die Rückseite der Geschenktüte mit einem sternförmigen Fenster verzieren. Wie das geht, erfährst du auf S. 35. Diese Verzierung ist auch für eine eigene Geschenktüte umsetzbar.

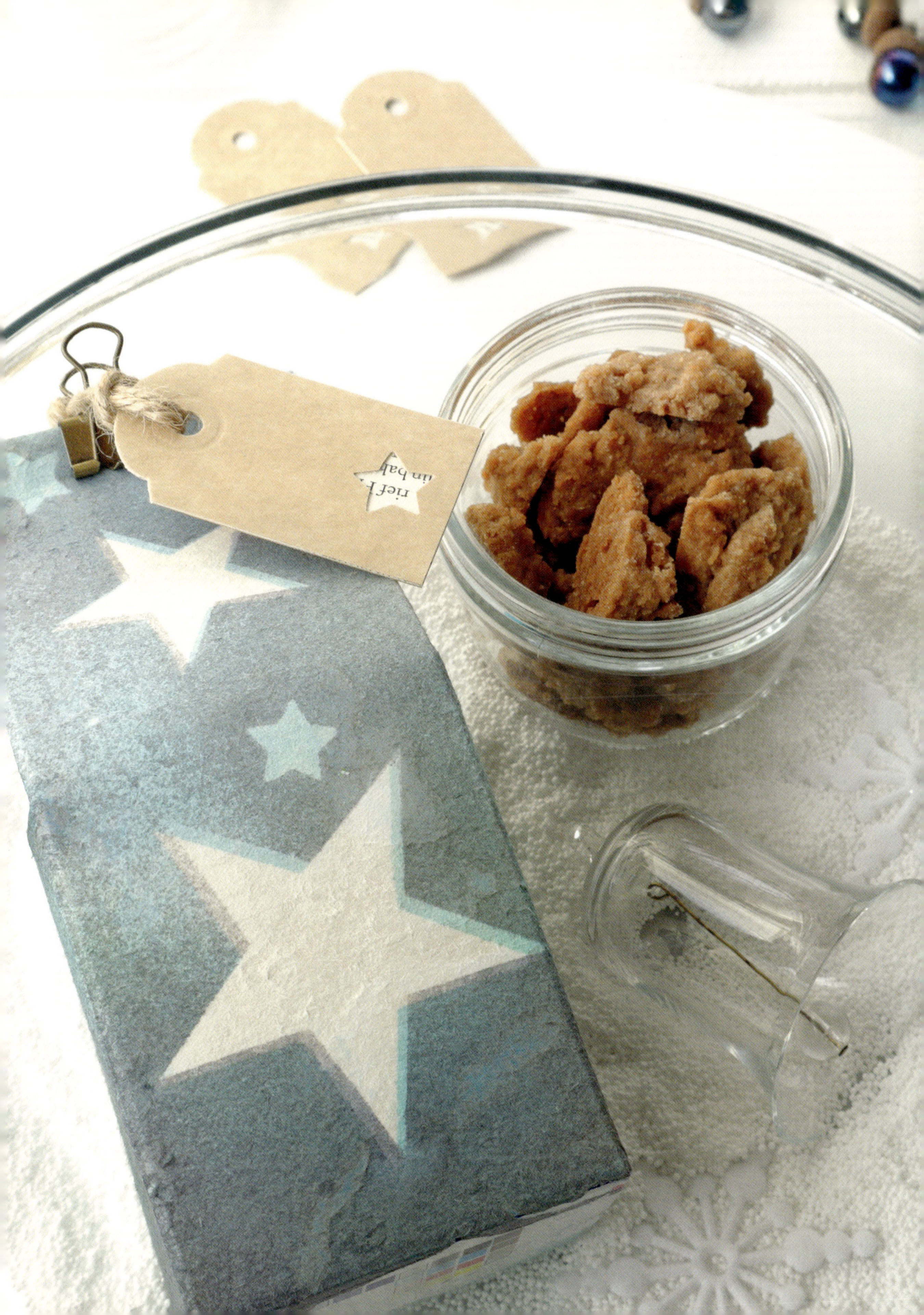

WIE ES GEHT

GESPRÜHTE SCHATTEN-STERNE

1. Präpariere den Karton wie auf Seite 14. Der Boden bleibt dieses Mal jedoch dran. Bereite dir außerdem mithilfe der Sternvorlagen auf Seite 122/123 zwei Schablonen in unterschiedlichen Größen vor. Hast du die bedruckte Schicht vom Getränkekarton abgezogen, klebst du die zwei Sternschablonen mit Klebestift auf.

2. Fülle deine DIY-Farben jeweils in eine leere Sprühflasche und besprühe den Karton von allen Seiten mit lila, grün und blau. Hast du keine Sprühflaschen, kannst du die Farbe auch auftropfen oder tupfen und überschüssige Farbe mit einem Küchenkrepp abnehmen. Lasse alles gut trocknen. Anschließend werden die Papiersterne entfernt.

3. Um einen Schatten-Effekt zu bekommen, klebe neue gleich große Papiersterne nochmals fast auf ihre alte Position, nun jedoch leicht versetzt. Kleine aufgeklebte Sternschablonen sorgen für weitere Akzente.

4. Besprühe jetzt alles mit ein wenig Schwarz und tupfe überschüssige Farbe mit Küchenkrepp ab. Entferne alle Papiersterne.

Knicke den oberen Rand um und verschließe sie mit einer Klammer.

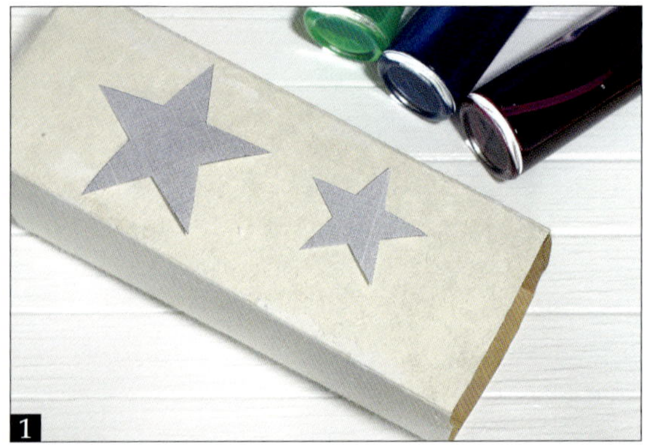
1

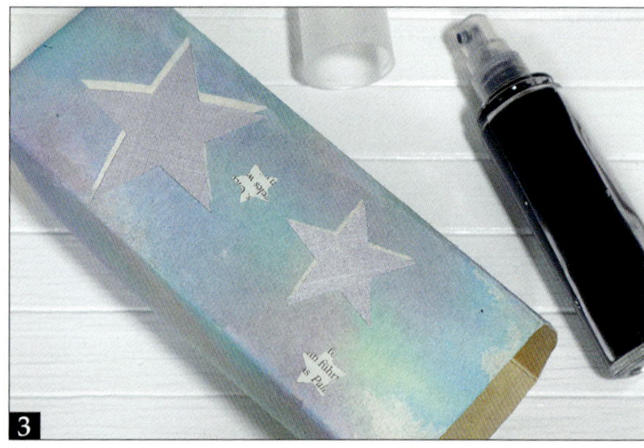
3

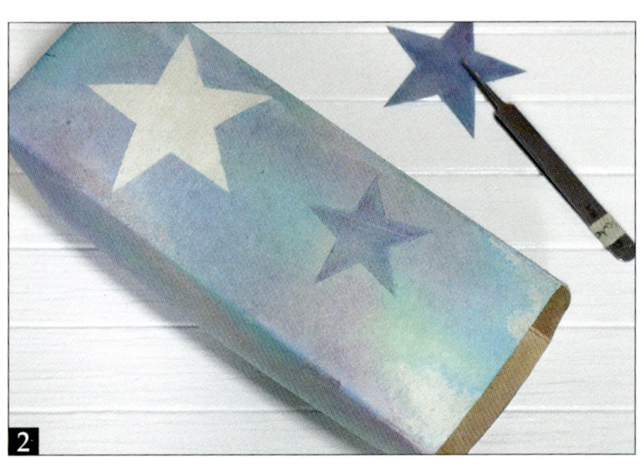
2

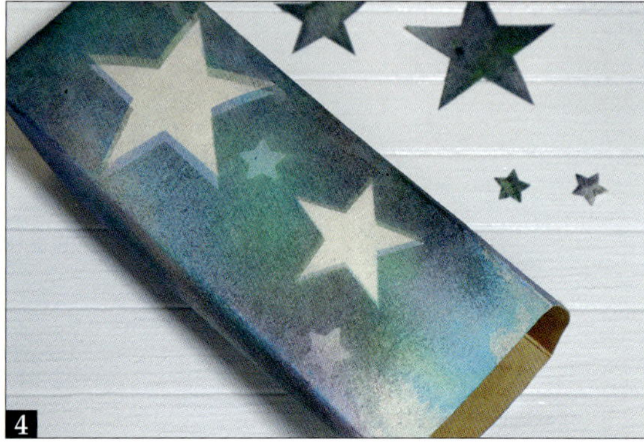
4

TÜTE MIT STERNFÖRMIGEM FENSTER

1. + 2. Lege eine Sternschablone auf den unteren Bereich der Tüte, übertrage die Form und schneide sie aus.

3. Verziere den Rand des Sterns mit goldener Acrylfarbe.

4. In das Innere der Tüte stellst du ein Schraubglas, in welches du eine kleine Überraschung zum Verschenken füllen kannst.

5. Knicke die Tüte, wie in der Abbildung zu sehen, an den Seiten ein.

6. Falte den oberen Rand einmal um und verschließe den Karton mit einer Klammer.

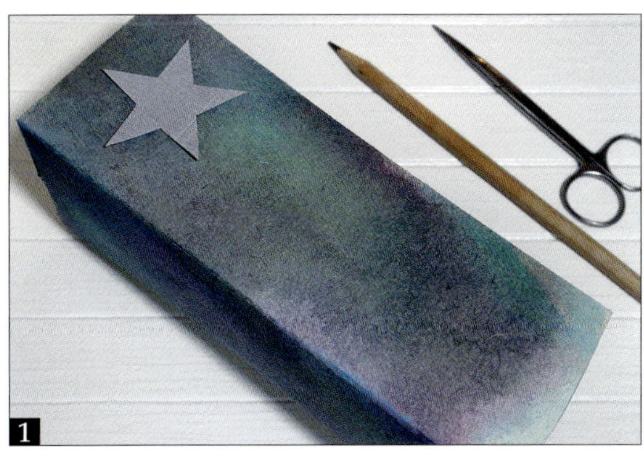
1

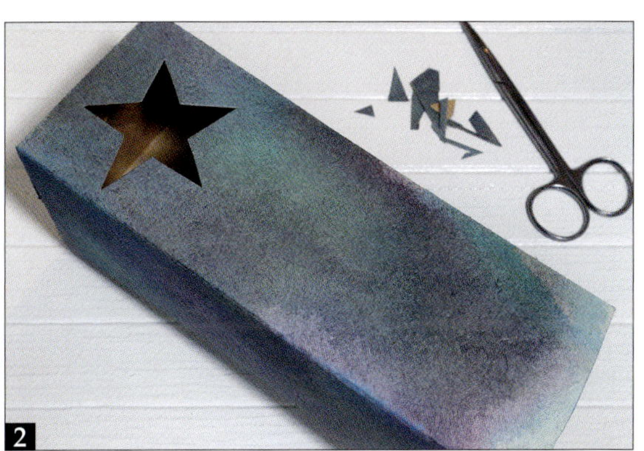
2

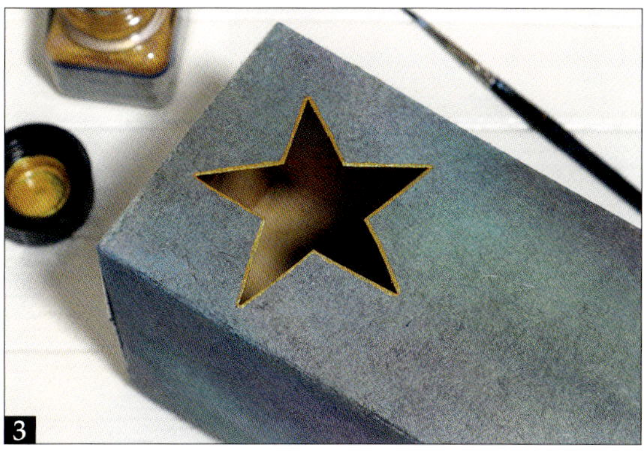
3

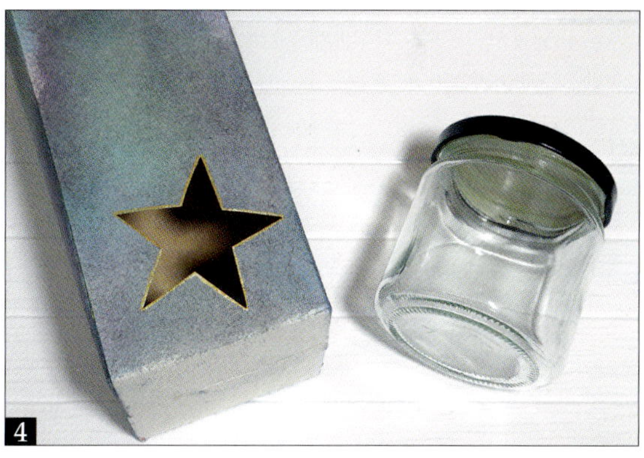
4

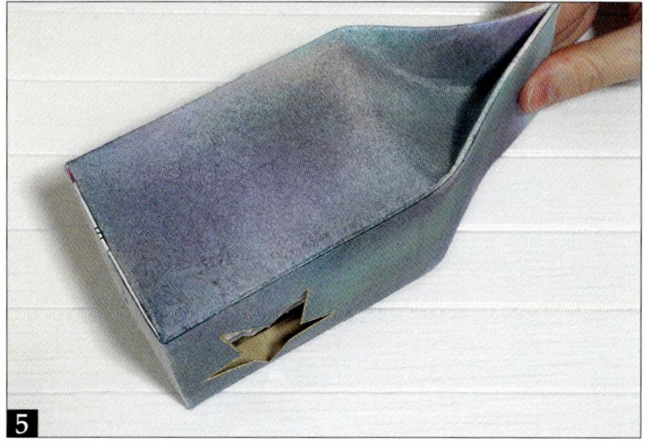
5

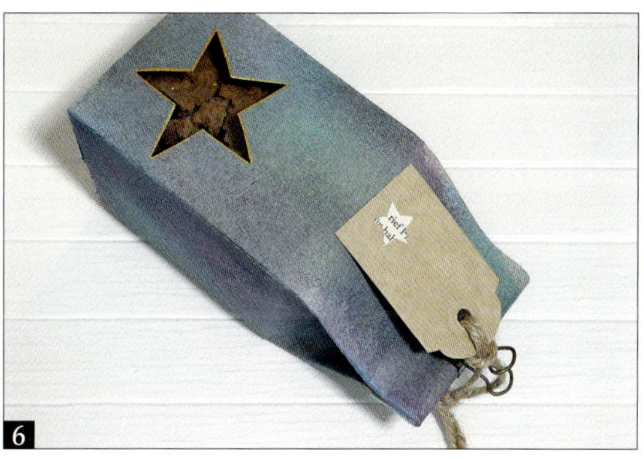
6

ON TOP: GESCHENKANHÄNGER AUS GETRÄNKEKARTON

WAS DU BRAUCHST

- Leeren, ausgespülten Getränkekarton mit brauner Innenbeschichtung
- Bleistift, Lineal & Schere
- Stern-Motivlocher
- Seiten eines alten Buches
- Klebestift
- Lochzange

WIE ES GEHT

1. Bereite den Getränkekarton wie auf Seite 14 vor. Teile dir mit Lineal und Bleistift einen Streifen des abgezogenen Kartons in gleich breite Bereiche ein und stanze mit dem Motivlocher mittig Sterne heraus.

2. Schneide die gleich breiten Streifen aus und klebe sie auf eine Buchseite. Wenn du magst, kannst du sie so fixieren, dass ganz bestimmte Wörter im ausgestanzten Bereich erscheinen.

3. Klebe sie anschließend auf einen zweiten Streifen abgezogenen Getränkekartons, so dass die braunen Seiten jeweils nach außen zeigen.

4. Schneide die Anhänger aus und verziere die Kanten. Mit der Lochzange stanzt du ein Loch zum Aufhängen hinein.

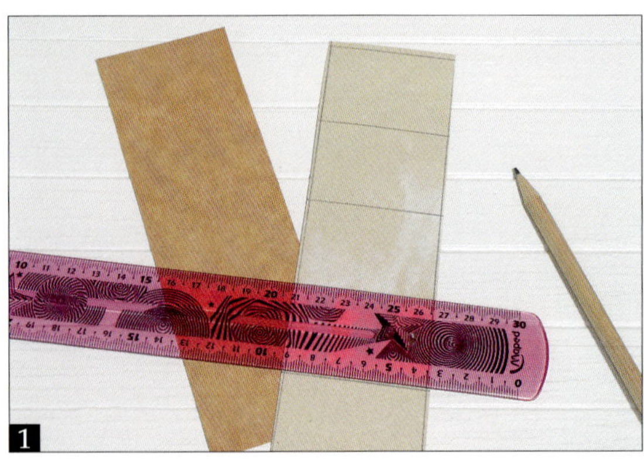
1

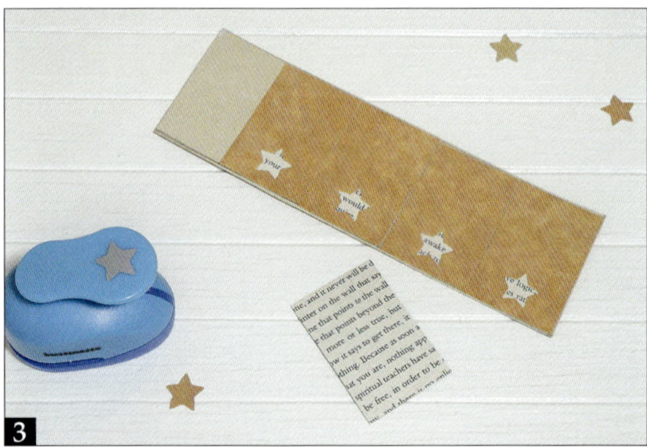
3

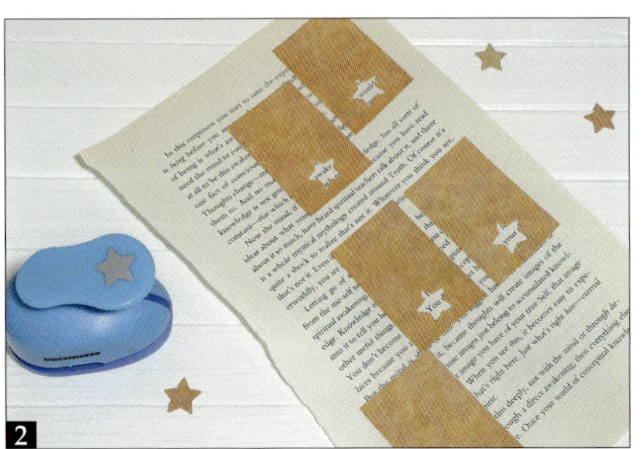
2

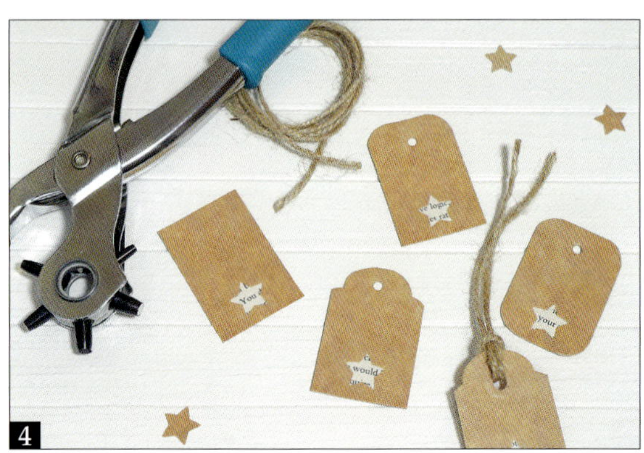
4

Rezeptidee

LEBKUCHEN-CRUMBLE

ZUTATEN

- 90 g Butter
- 150 g Rohrohrzucker
- 175 g Mehl
- ½ TL Lebkuchengewürz
- 1 EL Honig
- ½ TL Zimt
- ½ TL gemahlene Nelken

ZUBEREITUNG

Schmelze die Butter in einem Topf, nimm den Topf vom Herd und rühre den Zucker unter. Mische die trockenen Zutaten und hebe diese anschließend unter die flüssigen. Krümle den Teig auf ein mit Backpapier ausgelegtes Blech und lasse ihn im vorgeheizten Ofen für 20 bis 30 Minuten bei 180 °C (Ober-/Unterhitze) backen. Der Crumble macht sich großartig im Müsli, ist aber auch eine super Grundlage für ein weihnachtliches Tiramisu.

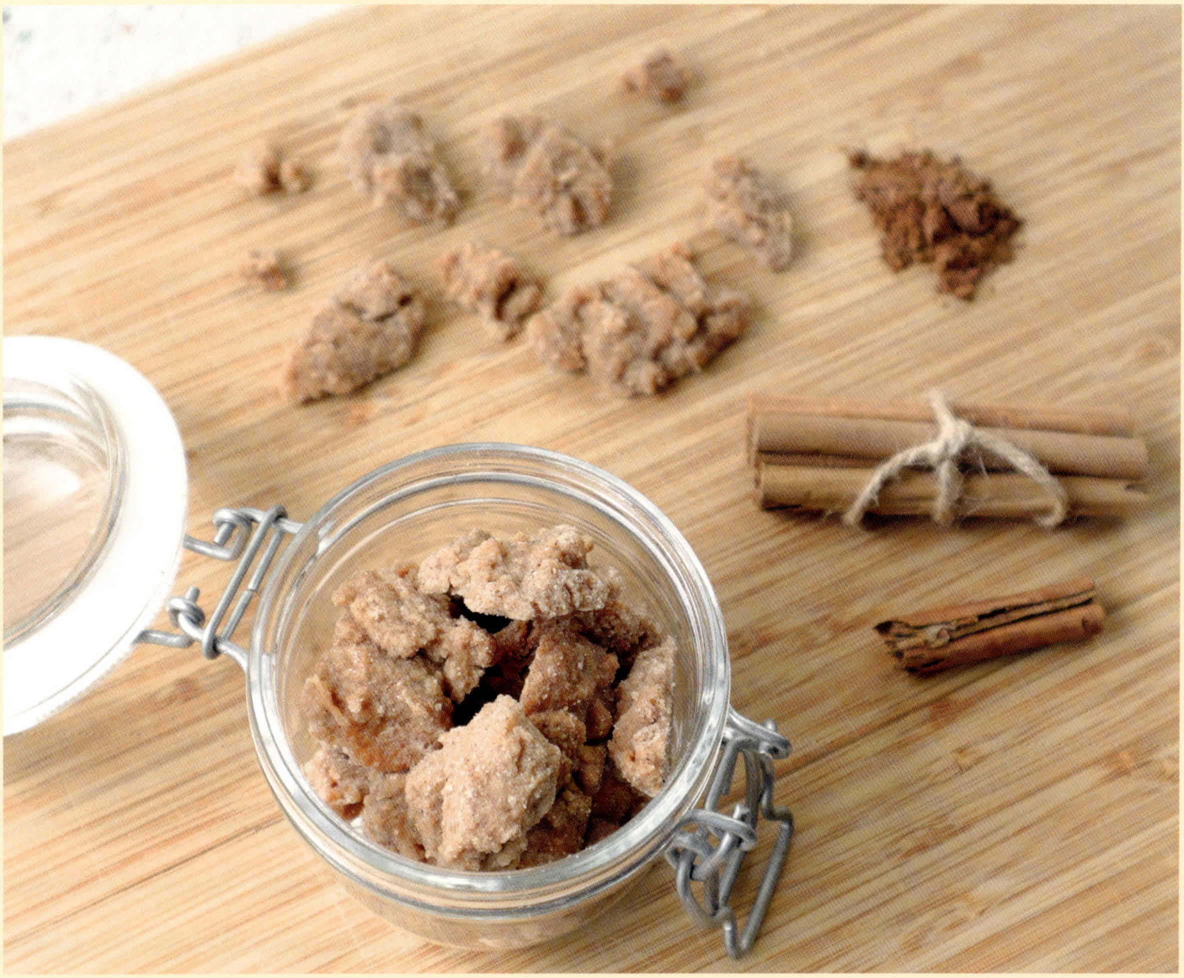

STERNENSTEMPEL 1.0

AUS PAPPROLLE

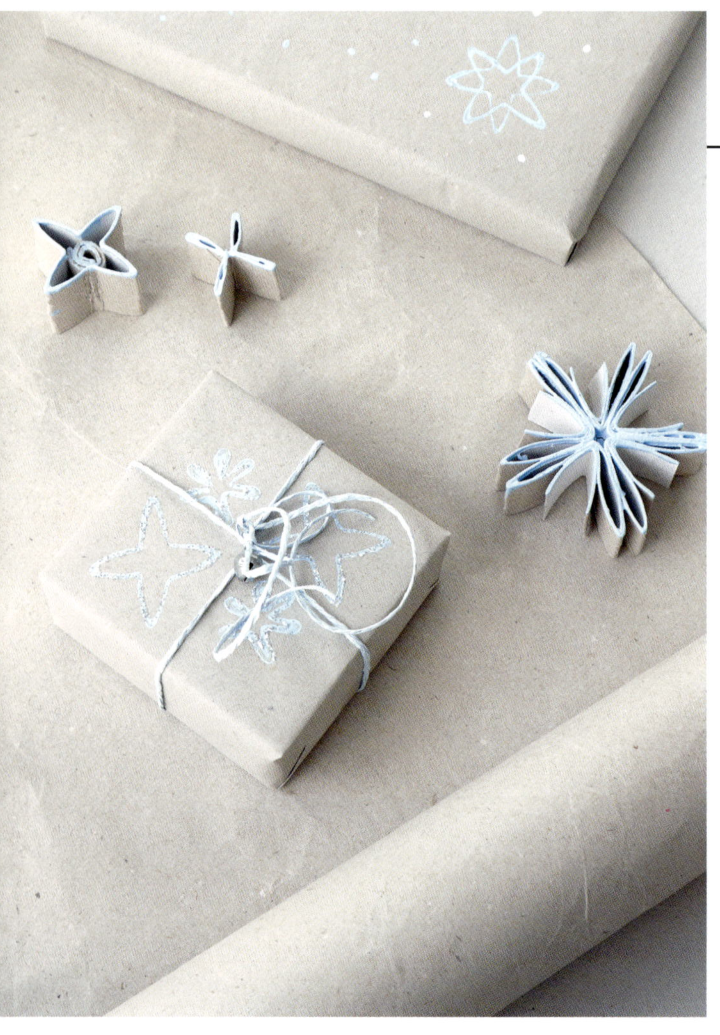

WAS DU BRAUCHST

- Papprolle (z. B. von Küchenkrepp oder Toilettenpapier)
- Schere, Bleistift & Lineal
- Bastelkleber
- Haushaltsgummi
- Zum Stempeln: Tempera- oder Acrylfarben
- Optional: Glitzer zum Streuen

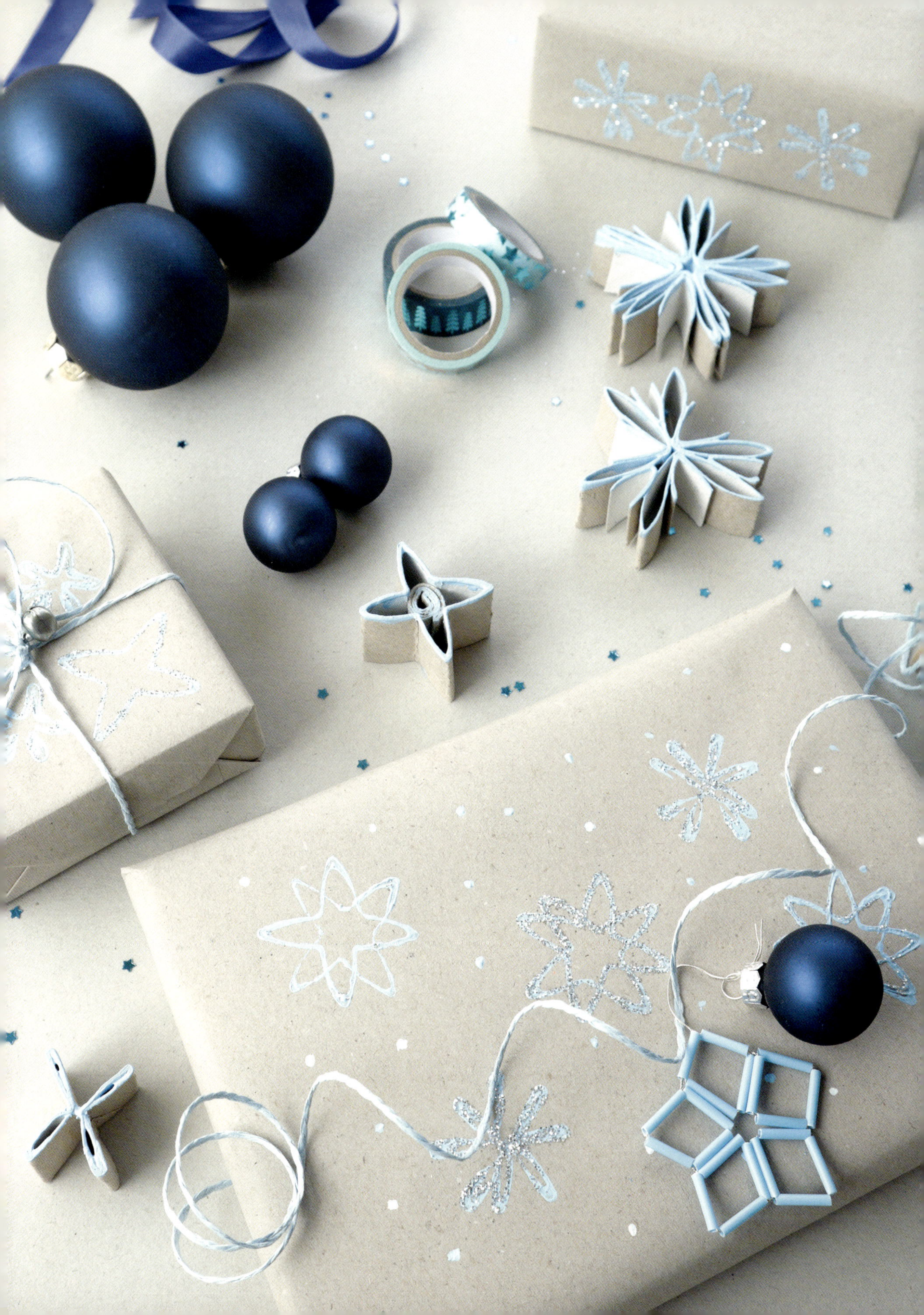

WIE ES GEHT

VERSION 1

1. + 2. Teile die Papprolle in gleich breite (z. B. 1,5 cm) Bereiche ein und schneide die entstandenen Streifen auseinander. Sollte der letzte Streifen der Rolle etwas schmaler werden: sehr gut! Denn den brauchst du später noch.

3. Drücke einen Streifen platt, öffne ihn und knicke nochmals um 90° versetzt.

4. + 5. Falte nun alle vier Seiten mittig nach innen.

6. Verklebe die Innenkanten mit Bastelkleber und fixiere sie zum Trocknen mit einem Haushaltsgummi.

VERSION 2

7. Für den zweiten Stempel gehst du genauso vor, wie für den ersten. Dieses Mal verklebst du die Innenkanten jedoch nicht direkt miteinander, sondern mit einem Abstandshalter. Diesen rollst du aus dem etwas schmaleren Streifen, der zu Beginn übrig geblieben ist. Verklebe den gerollten Streifen mit Bastelkleber und fixiere ihn zum Trocknen mit einem Haushaltsgummi.

8. Ist der Kleber getrocknet, verklebst du den Abstandshalter mit den vier Innenkanten des Sterns. Dadurch, dass der Streifen schmaler ist, drückt er sich beim Stempeln nicht mit ab.

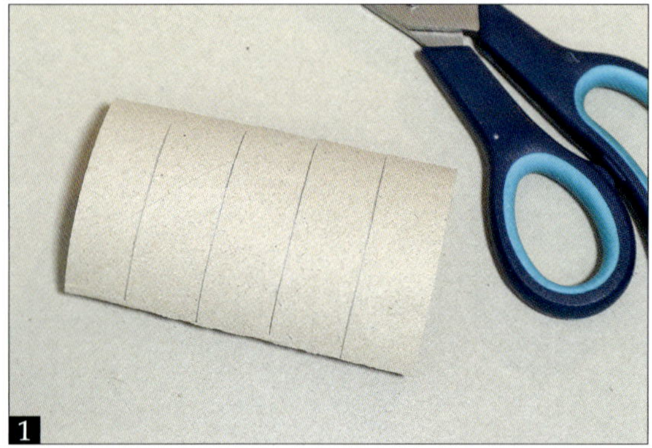

1

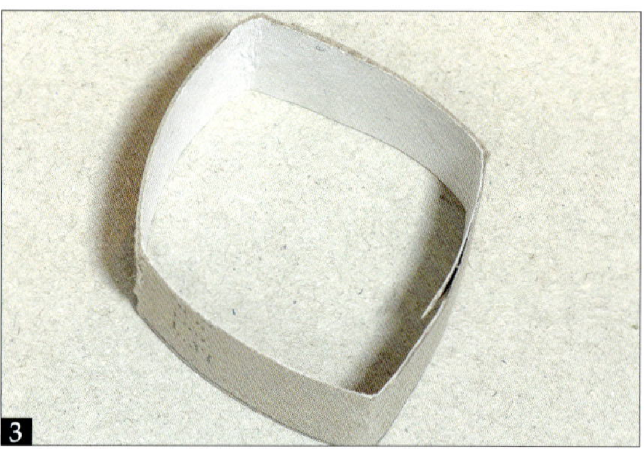

3

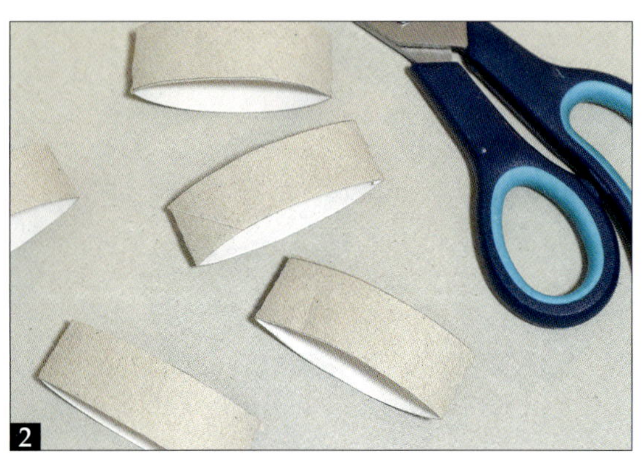

2

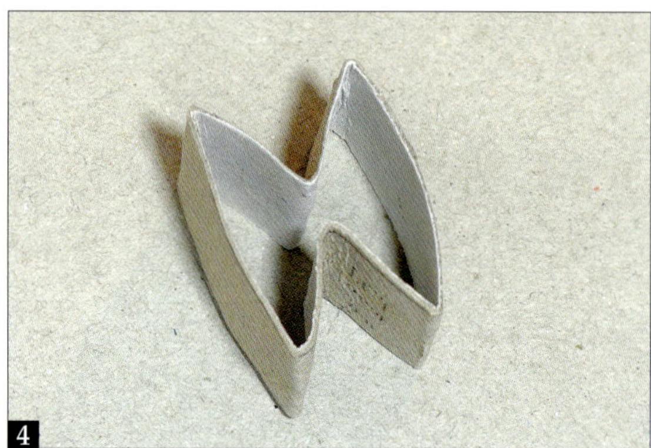

4

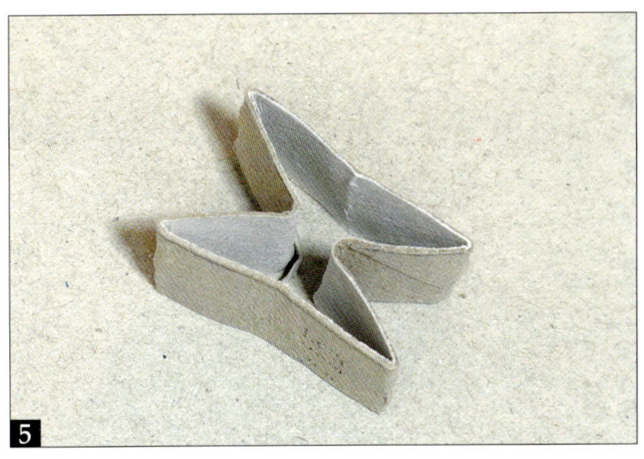
5

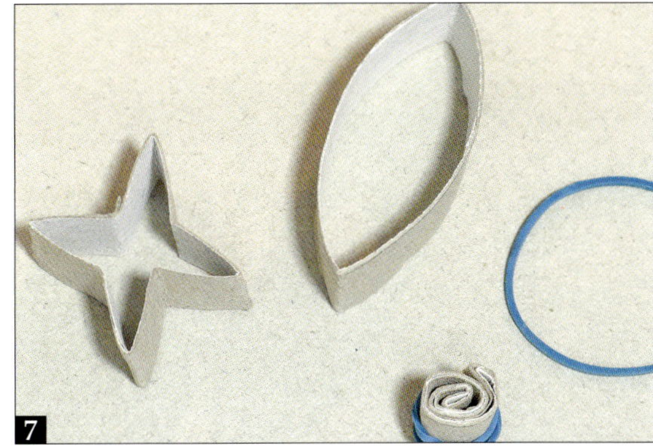
7

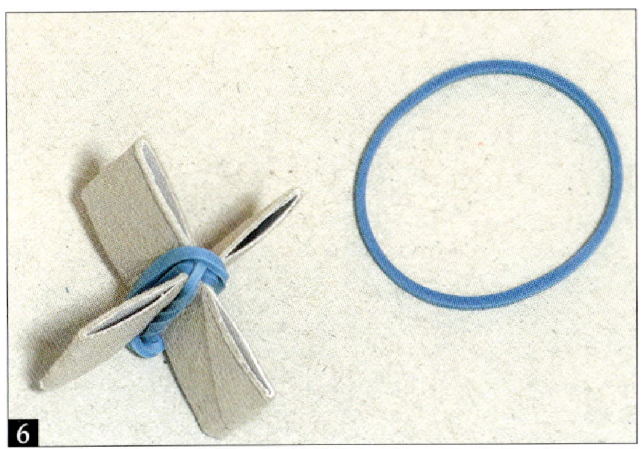
6

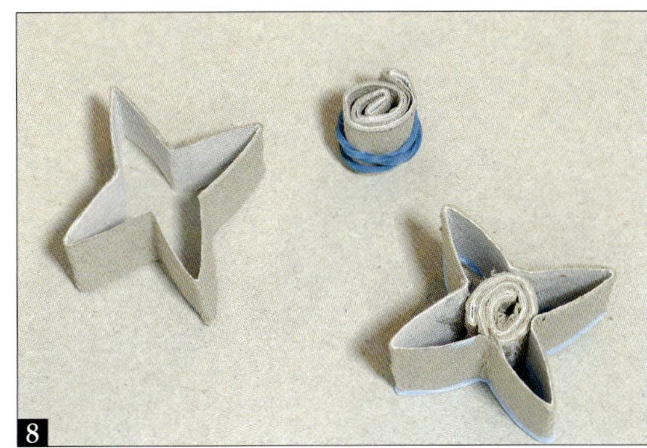
8

STEMPELN

Nun kannst du mit deinen Stempeln die Sternform einzeln auf Papier drucken. Tempera- oder Acrylfarben eignen sich hierfür hervorragend. Es geht aber auch abwechslungsreicher, indem du zunächst einen Abdruck erstellst und anschließend einen zweiten auf den ersten setzt, jedoch um 45° gedreht. Das funktioniert mit beiden Stempeln! Es ist auch möglich, beide Stempel zu kombinieren. Solange die Farbe der Sterne noch feucht ist, kannst du Glitzer darüber streuen.

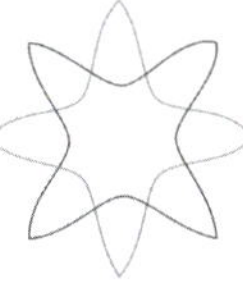

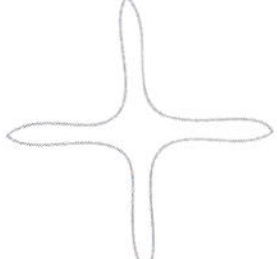
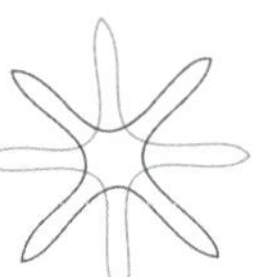
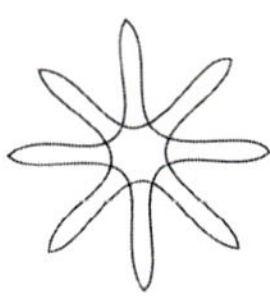

TIPP

Mit Papprollen sind noch viel mehr spannende Formen möglich. Schau doch einmal auf S. 111 vorbei! Neben dem Mobile aus CD-Sternen hängt ein Beispiel dafür.

ZWEITEILIGE STERNE
AUS ALTEN NOTENHEFTEN

WAS DU BRAUCHST

- Altes Notenpapier
- Schere
- Bastelkleber
- Zum Einfärben: Schale & Kern einer Avocado

WIE ES GEHT

Pro Stern brauchst du zwei gleich große Quadrate. Folgende Schritte führst du für beide durch:

1. Falte das Quadrat zweimal diagonal und zweimal entlang der Halbierenden. Wende es nun so, dass alle Knicke, wie Berge, nach oben zu dir zeigend liegen (Bergfalten).

2. Anschließend halbierst du die als Knicke im Papier entstandenen Dreiecke mit weiteren Faltungen. Dafür faltest du das Quadrat so, dass der neue Knick (Talfalte) durch den Mittelpunkt geht und je eine Hälfte der Halbierenden auf einer Diagonalen zu liegen kommt. Verfahre so reihum.

3. So sollte es nun aussehen.

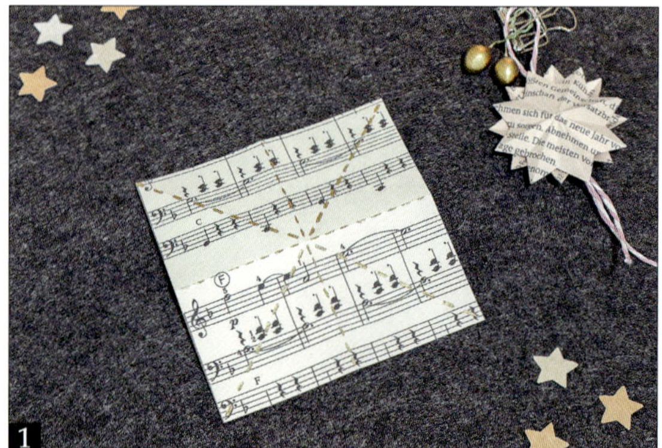

1

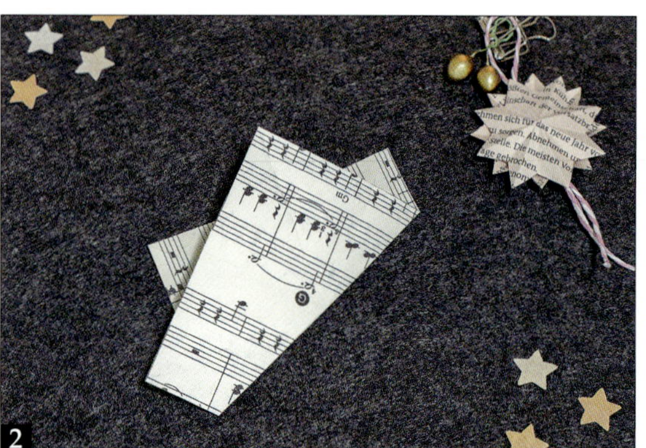

2

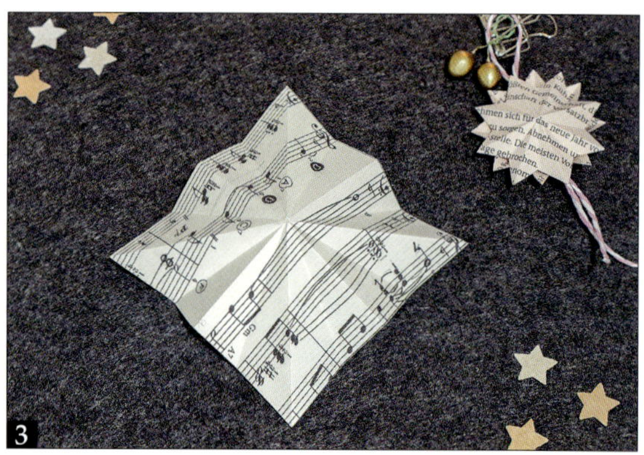

3

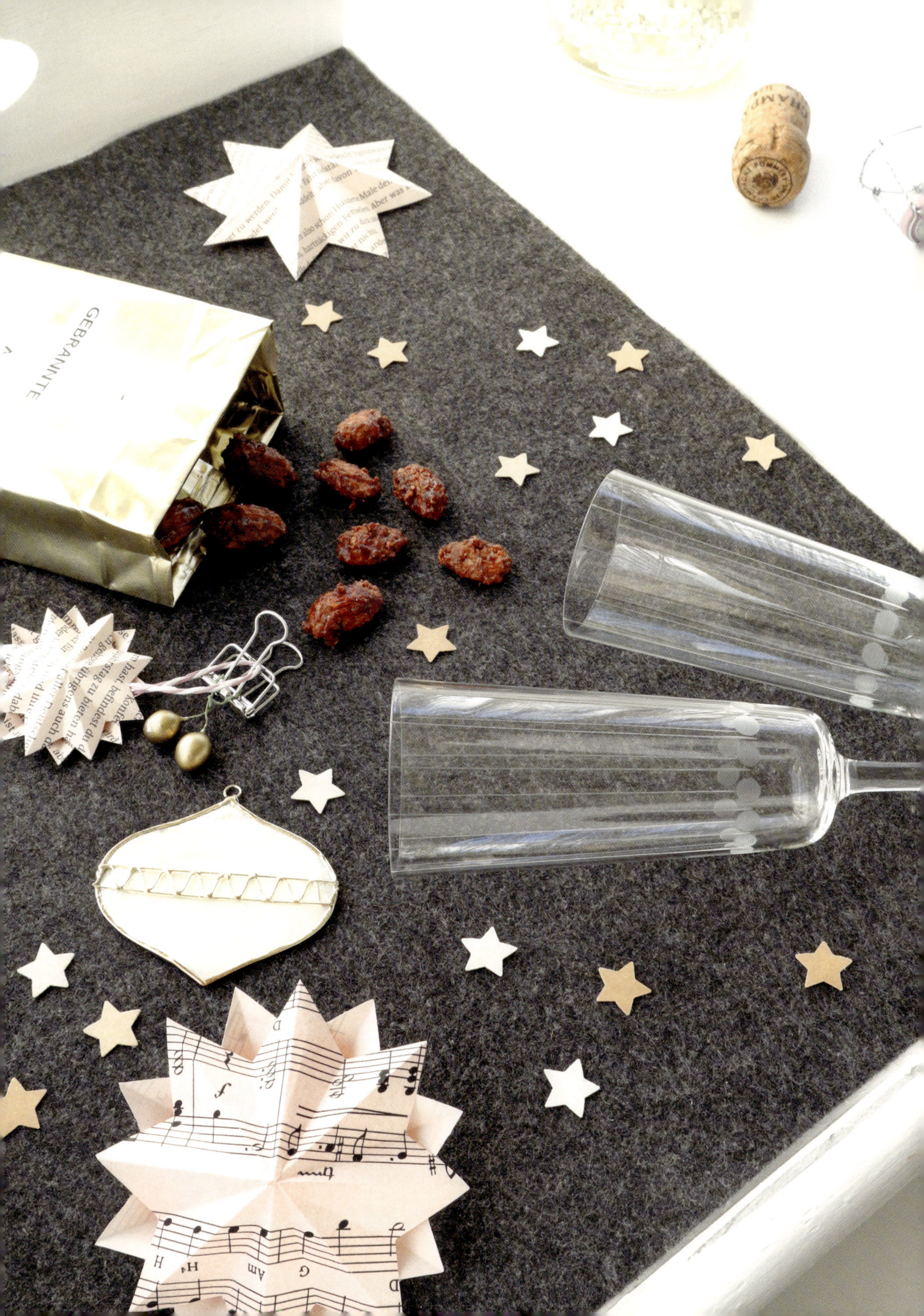
GEBRANNTE

4. Die Berg- und Talfalten helfen dir beim Zusammenlegen der Form zu einem dreiecksartigen Gebilde. Die jetzige Spitze ist die Mitte des Quadrats. Den unteren Bereich schneidest du so ab, dass ein Dreieck entsteht.

5. Faltest du das Papier nun auf, hast du ein Fünfeck. Zwischen je zwei Bergfalten schneidest du ein immer gleich großes Dreieck heraus. Mit der Form des herausgeschnittenen Dreiecks variierst du auch die Form des entstehenden Sterns und entscheidest, ob die Spitzen eher filigran oder breiter werden.

6. Einzeln sind die Sterne schon wunderschön und können auf Geschenkverpackungen geklebt werden. Zwei gefaltete Hälften kannst du zudem so miteinander verkleben, dass sie innen einen Hohlraum bilden. Dafür legst du sie seitenverkehrt übereinander.

7. Mache zunächst eine »Trockenübung«, um zu sehen, wo die Kanten aufeinandertreffen, und verklebe diese anschließend mit Bastelkleber.

ON TOP: PAPIER FÄRBEN MIT AVOCADOS

Hast du entdeckt, dass die Sterne auf dem großen Bild zartrosa sind? Von Oktober bis Mai haben spanische Avocados Saison und sind somit das regionalste, was wir hier von Selbigen bekommen können. Mit den Resten dieses Gewächses kann man wunderbar Stoffe färben, aber auch Papier! Dafür hebst du nach dem nächsten Avocado-Snack einfach Schale und Kern auf, säuberst diese gründlich und schneidest oder reißt sie in kleinere Stücke. Nun lässt du die Stücke für zwei Stunden sanft in etwas Wasser köcheln. Anschließend gießt du das Wasser durch ein feines Sieb ab und fängst den Sud in einer Schüssel oder einem Topf auf. Ist die Färbe-

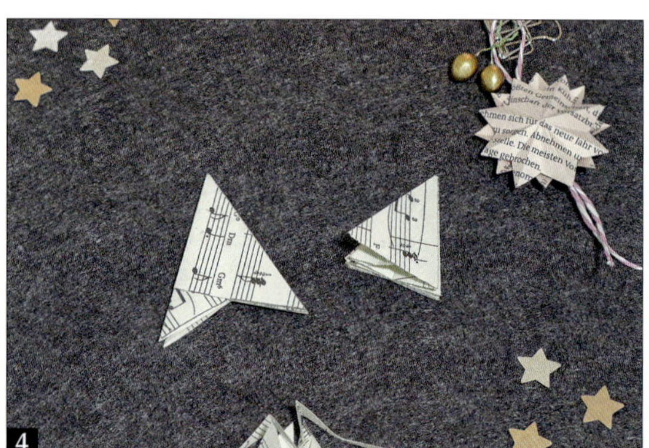
4

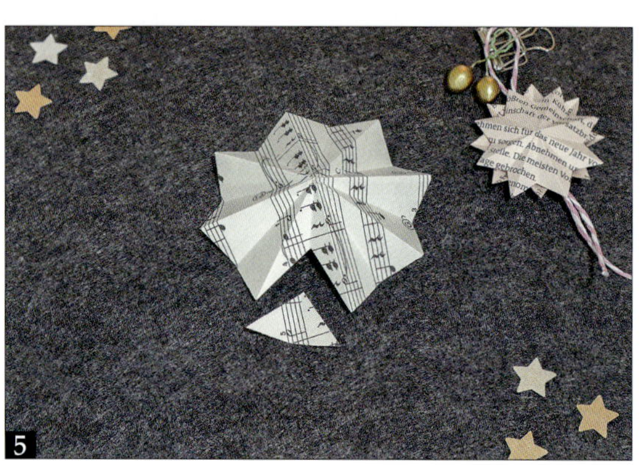
5

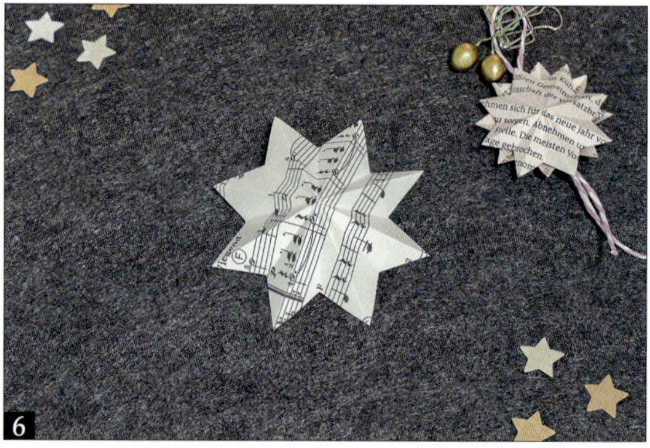
6

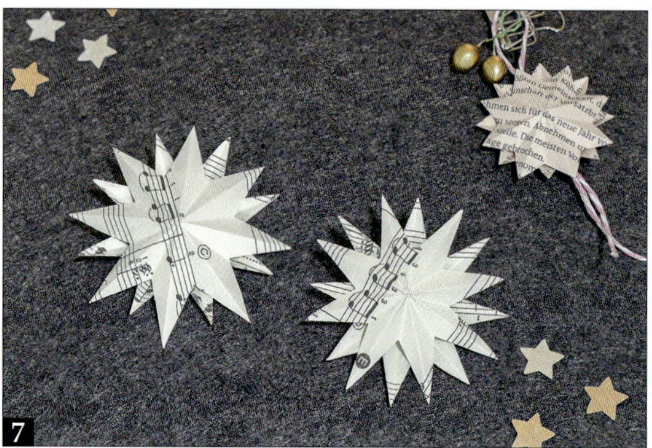
7

lösung abgekühlt, füllst du sie in ein großes und flaches Gefäß um. Hier kommen nun die zu färbenden Papiere hinein. Raue Buchseiten eigenen sich hervorragend, aber auch altes Notenpapier. Lasse die Blätter für ca. 15 Minuten im Färbebad. Achte darauf, dass die Papiere von allen Seiten benetzt werden. Wende und schwenke sie dafür ab und zu. Gieße den Sud ab (hebe ihn auf, du kannst ihn für mehrere Durchgänge benutzen!) und spüle die Papiere kurz mit klarem Wasser ab. Breite ein altes Handtuch auf Tisch oder Arbeitsplatte aus und lege die gefärbten Papiere zum Trocknen darauf. Breite ein zweites altes Handtuch darüber und drücke vorsichtig mit den flachen Händen darauf, um überschüssige Feuchtigkeit aufzusaugen. Zum Glätten presst du das Papier nach dem Trocknen. Anschließend kannst du es zu zauberhaften Sternen weiterverarbeiten!

Rezeptidee

GEBRANNTE MANDELN

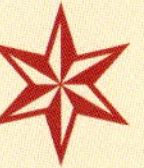

ZUTATEN

- 120 g Zucker
- 100 ml Wasser
- 1 EL DIY-Vanillezucker* (oder eine Packung)
- 1 TL Zimt
- 1 Prise Kardamom
- 200 g Mandeln

TIPP

*) Vanillezucker ist schnell selbst gemacht und spart Müll. Fülle ein Schraubglas mit Rohrohrzucker und zwei Vanilleschoten. Nach zwei Wochen ist das typische Aroma in den Zucker gezogen. Ist der Zucker einmal leer, fülle das Glas einfach wieder mit Rohrohrzucker auf. Die Schoten verbleiben darin und können noch sehr lange ihr Aroma abgeben!

ZUBEREITUNG

Lege Backpapier auf einer hitzebeständigen Unterlage aus, um gleich die heißen Mandeln darauf auskühlen zu lassen.

Gib alle Zutaten, außer den Mandeln (!), in eine beschichtete Pfanne mit hohem Rand und erhitzte sie unter gelegentlichem Umrühren. Hat sich der Zucker gelöst, kommen die Mandeln hinzu. Rühre die ganze Zeit, damit nichts anbrennt. Nach und nach verdampft das Wasser und die Mischung wird trocken und matt. Rühre weiter, denn jetzt beginnt der Zucker sich wieder zu verflüssigen und karamellisiert. Die Schicht um die Mandeln sollte schön knusprig werden, jedoch nicht verbrennen.

Verteile die fertig gerösteten Mandeln auf das vorbereitete Stück Backpapier, ziehe zusammenklebende Mandeln mit zwei Gabeln auseinander und lasse sie abkühlen.

Verpackt in eine goldene ehemalige Kaffeetüte, lässt sich diese süße Überraschung prima verschenken. Sofern du bis hierhin nicht schon längst alles weggenascht hast!

MAKRAMEESTERNE

AUS ALTEN T-SHIRTS

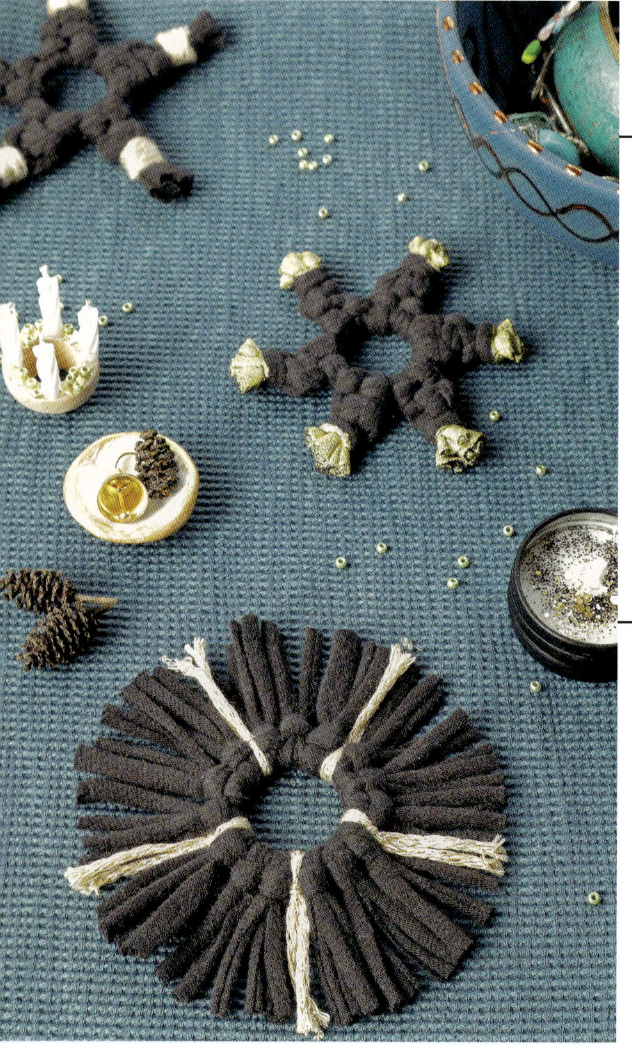

WAS DU BRAUCHST

- Altes T-Shirt
- Schere
- Schlüsselringe; 2,5 cm und/oder 3 cm Durchmesser
- Optional: goldener Faden
- Optional: goldene Acrylfarbe

WIE ES GEHT

RUNDER STERN – ANKERKNOTEN

1. Auf Seite 49 erfährst du, wie du dir eine einzelne lange Schnur aus einem alten T-Shirt machen kannst. Für dieses Projekt ist es allerdings auch möglich, sich mehrere einzelne 3 cm breite und ca. 40 cm lange Stoffstreifen zurechtzuschneiden.

2. Mit einem Ankerknoten befestigst du die doppelt genommenen T-Shirt-Streifen an einem Schlüsselring.

3. Für kleine Akzente knüpfst du in regelmäßigen Abständen goldene Fäden mit hinein. Fülle den Ring mit Stoffstreifen auf, bis er voll ist. Bringe die Fäden und Streifen auf eine einheitliche Länge und halbiere die Stoffstreifen längs für ein filigranes Aussehen.

SECHSSTRAHLIGER STERN – KREUZKNOTEN

Für den sechsstrahligen Stern befestigst du, genau wie beim Runden Stern, T-Shirt-Streifen mit Ankerknoten am Schlüsselring. Insgesamt brauchst du hierfür zwölf doppelte Streifen. Mit je zwei Doppelschnüren knotest du dann einen Kreuzknoten:

4. Dafür liegen die mittleren Schnüre gerade nach unten. Den rechten legst du über diese Leitfäden. Die linke Schnur wickelst du um den von rechts kommenden Faden herum, unter den Leitschnüren hindurch und durch die Öse des rechten Fadens nach oben wieder heraus.

5. Ziehe die Fäden fest. Das war der erste Teil des Kreuzknotens. Für den zweiten Teil verfährst du genauso, nur spiegelverkehrt:

6. Du beginnst mit dem linken Faden und legst ihn über die Leitschnüre. Anschließend wanderst du mit dem rechten um den von links kommenden herum, unter den Leitfäden hindurch und kommst durch die links entstandene Öse wieder hervor.

7. Ziehe wieder fest.

So verfährst du reihum mit den weiteren Fäden. Anschließend schneidest du alle überhängenden Fadenreste knapp unter dem Knoten ab. Die Enden kannst du mit goldener Acrylfarbe verzieren.

RUNDER STERN – ANKERKNOTEN

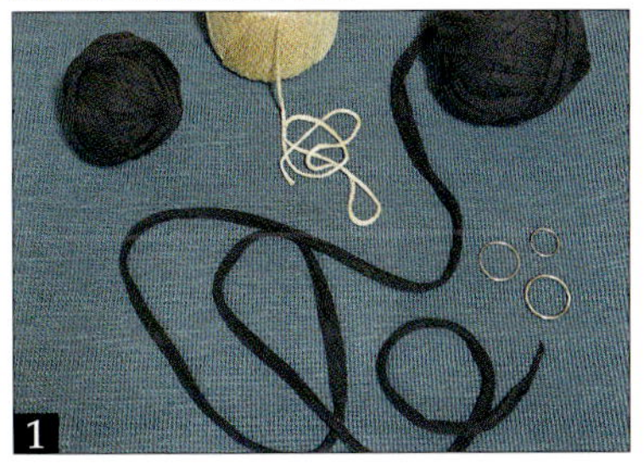

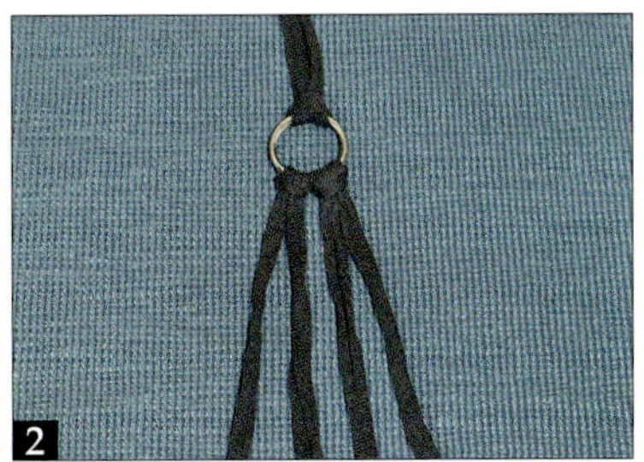

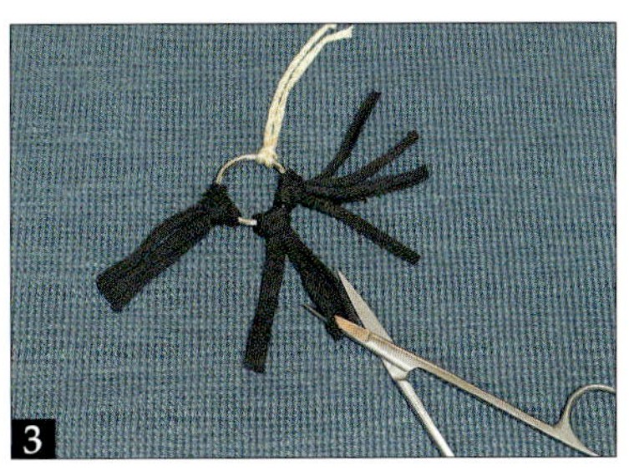

SECHSSTRAHLIGER STERN – KREUZKNOTEN

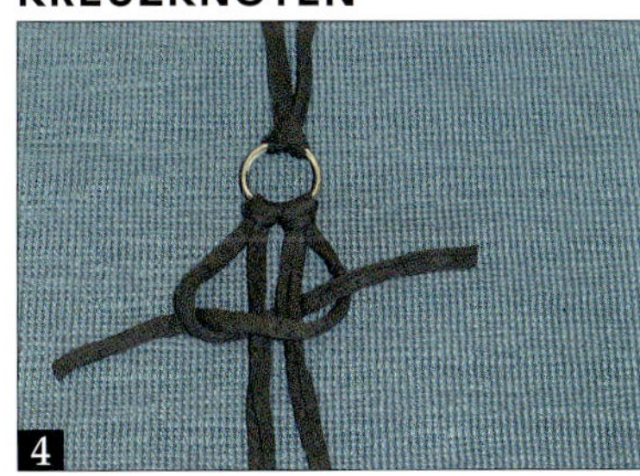

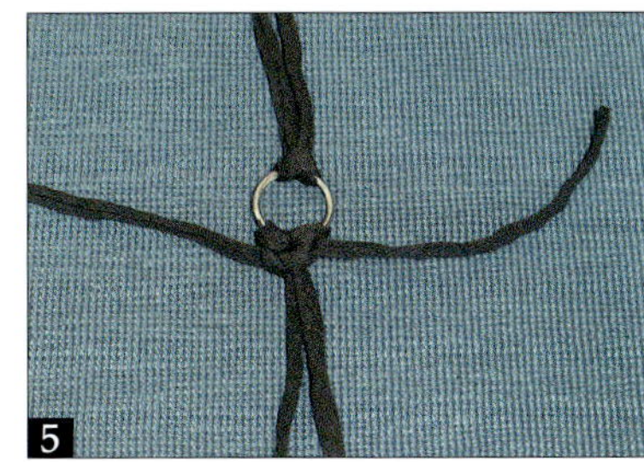

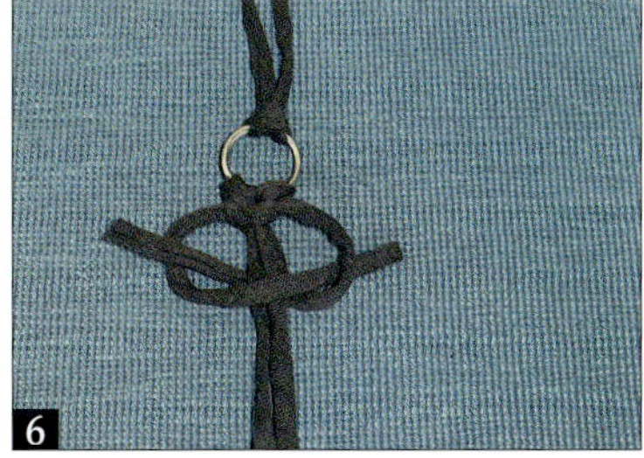

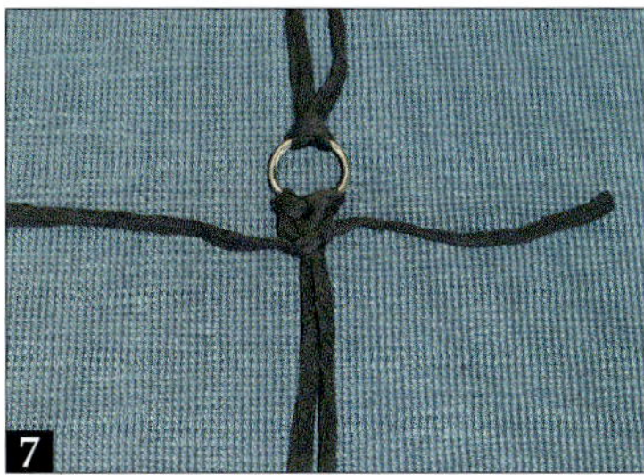

FÜNFSTRAHLIGER STERN – WICKELKNOTEN

Für diese Version verfährst du wie beim Sechsstrahligen Stern. Allerdings brauchst du nur zehn doppelt genommene Schnüre und pro Strahl fertigst du zwei Kreuzknoten hintereinander. Der Abschluss wird mit einem Wickelknoten (goldene Schnur) gestaltet.

8. Dafür legst du die Schnur in einem engen Bogen knapp unterhalb des letzten Kreuzknotens. Das kurze Ende zeigt nach oben, das lange nach rechts.

9. Mit dem langen Ende umwickelst du die vier T-Shirt-Schnüre fünfmal – und das sehr fest.

10. Das Ende der langen Schnur ziehst du nun durch die untere kleine Öse (eine Häkelnadel oder Ähnliches kann hierbei helfen).

11. Durch Ziehen am oberen und unteren Ende wird der entstandene Knoten unter den Umwicklungen fest.

12. + 13. Schneide die Enden des Wickelknotens knapp über und unter den Umrundungen ab. Genauso die Enden der T-Shirt-Streifen.

FÜNFSTRAHLIGER STERN – WICKELKNOTEN

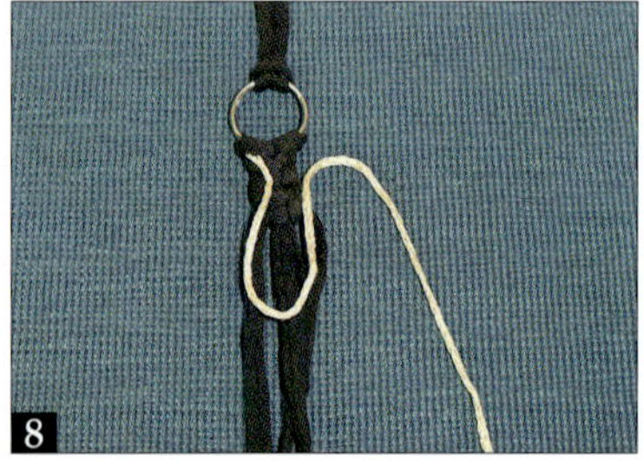
8

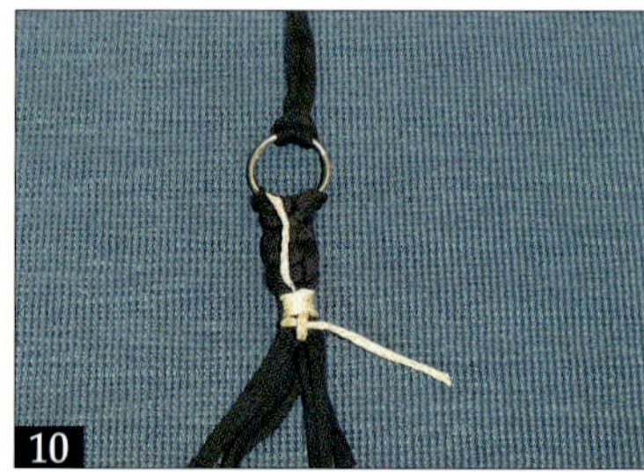
10

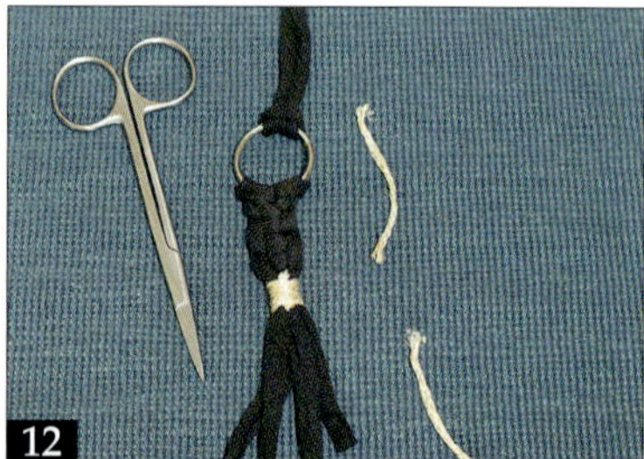
12

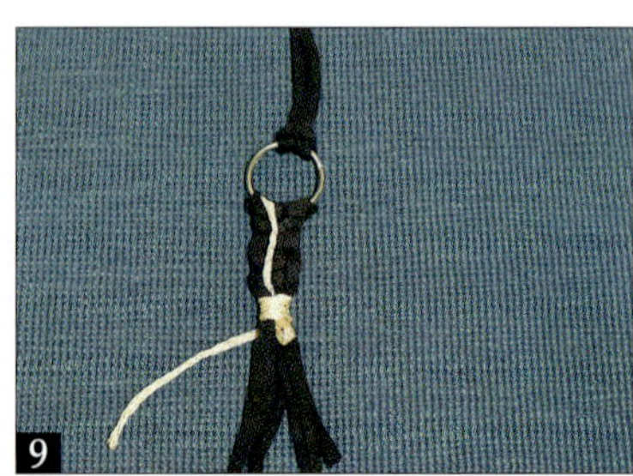
9

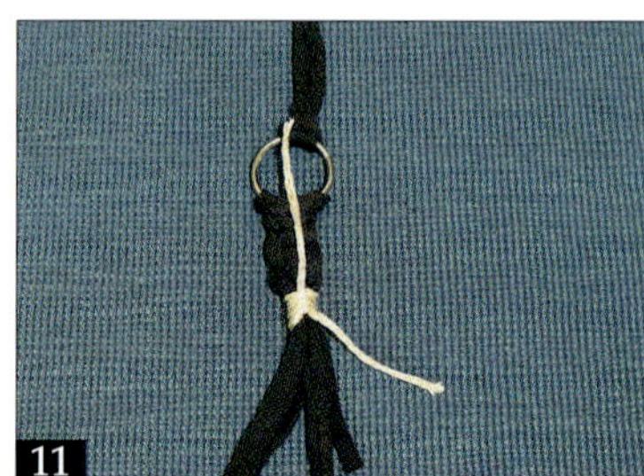
11

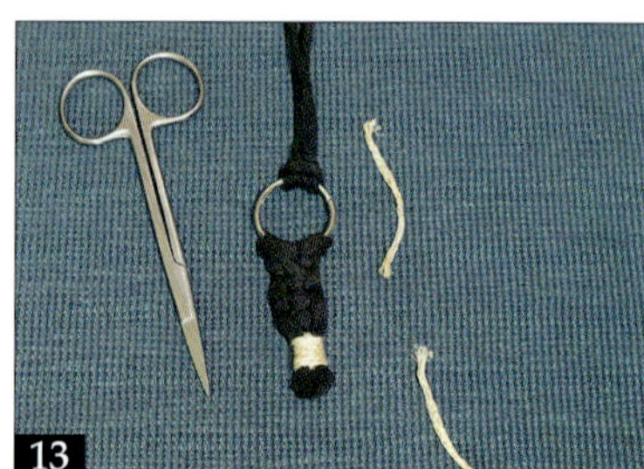
13

TEXTILGARN AUS EINEM T-SHIRT HERSTELLEN

1. + 2. Für eine lange Schnur am Stück legst du das T-Shirt glatt auf deinen Arbeitsbereich und schneidest mit einer Schere knapp unter den Ärmeln den oberen Teil sowie den unteren Bund ab. Für die Schnur brauchst du nur den mittleren quadratischen Teil.

3. + 4. Mit Kreide zeichnest du alle 3 cm eine Markierung am Rand ein und schneidest das T-Shirt-Quadrat, (der Stoff liegt immer noch doppelt) entsprechend den Markierungen, in Streifen. Schneide aber nicht ganz bis zum Ende (!), sondern stoppe 2 cm vorher.

5. + 6. Anschließend hängst du dir die geschlossene Seite des Stoffes über deinen Arm. Die Streifen hängen vorn und hinten runter. Schneide an der oben liegenden Kante diagonal von Streifen eins zu Streifen zwei und so immer weiter. So entsteht ein langes Textilgarn. Ziehe ein wenig an dem entstandenen Stoffstreifen, während du ihn aufwickelst, dann verdrillt er sich, wird länger und rundlicher.

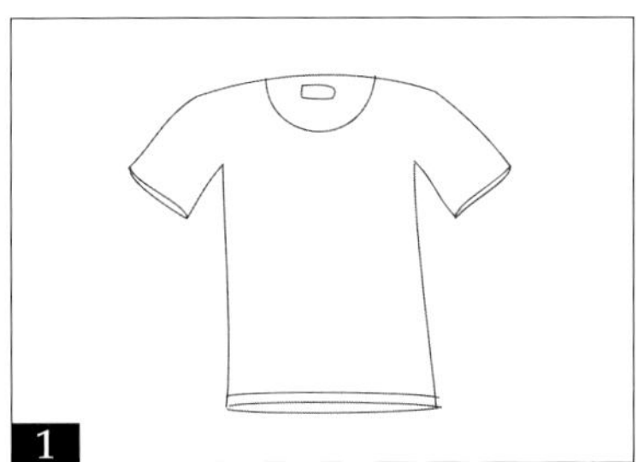

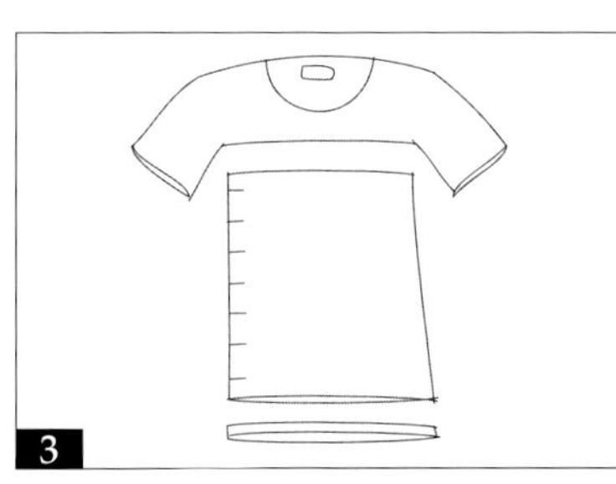

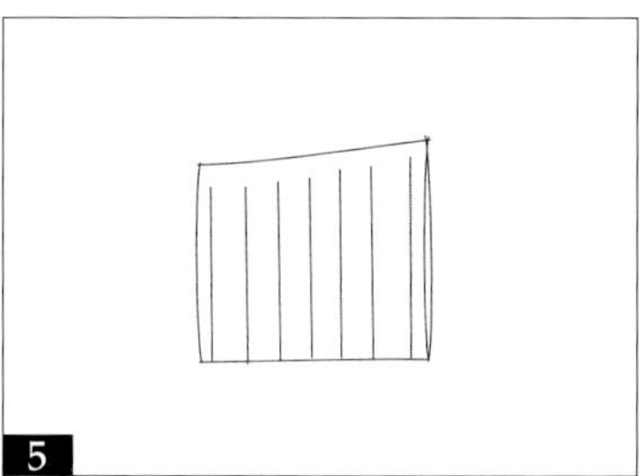

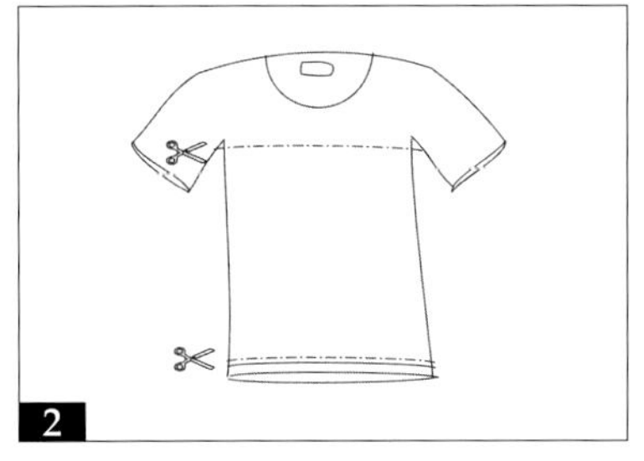

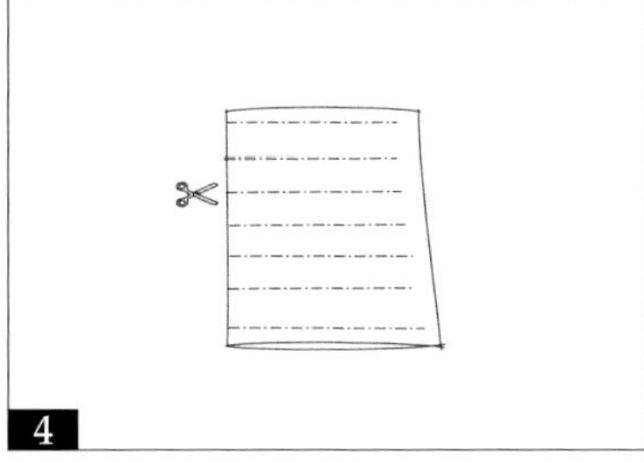

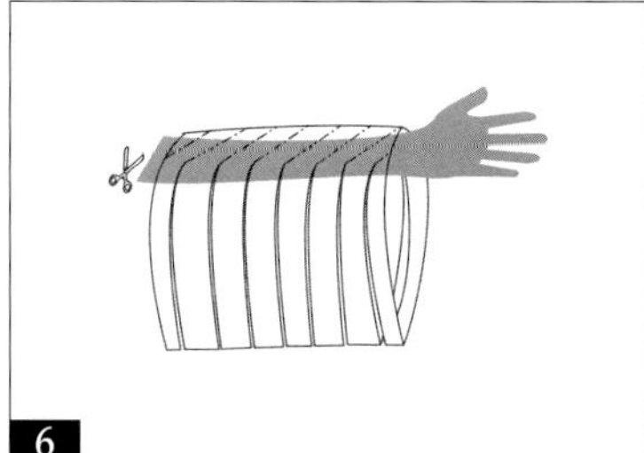

PAPIERPERLEN-STERN
AUS EINER ALTEN ZEITUNG

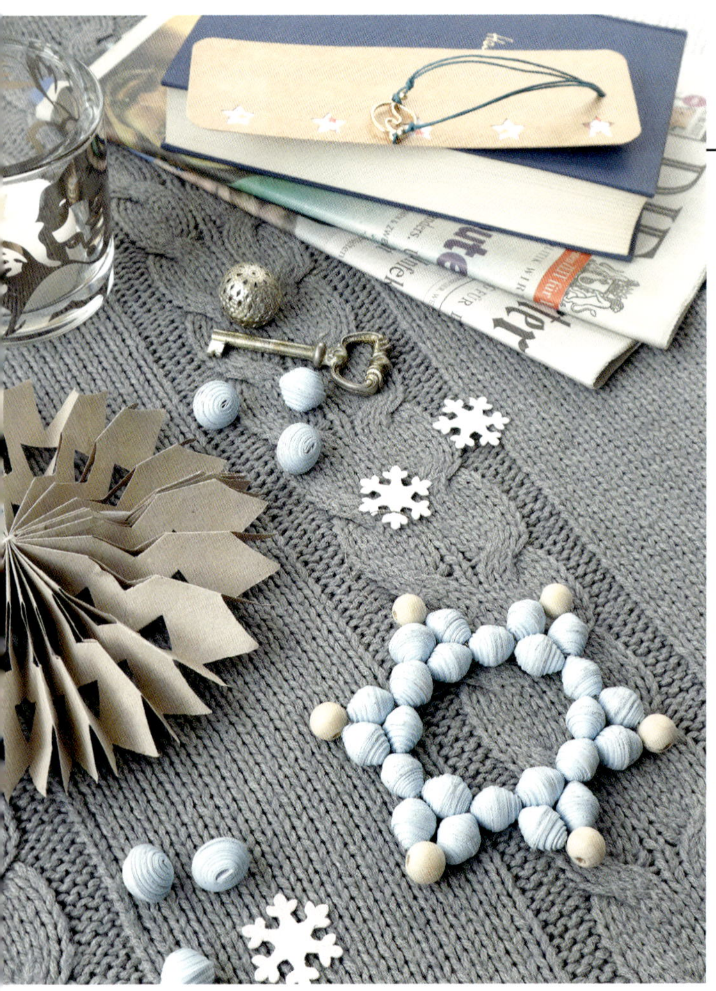

WAS DU BRAUCHST

- Alte Zeitungen
- Vorlage für die Papierperlen (S. 121)
- (Büro-)Klammern zum Fixieren
- Schere
- Gerade & eng schließende Haarnadel aus Metall
- Kombizange
- Bastelkleber
- Acrylfarbe
- Verschließbaren Behälter
- Alten Karton
- 6 Holzperlen; ca. 1 cm Durchmesser
- Draht; ca. 40 cm (z. B. aus einem alten Kabel; S. 66/68)

TIPP

Wer einen Papierperlen-Roller besitzt, kann natürlich diesen für das Projekt benutzen. Für alle anderen habe ich mir eine Möglichkeit mit Haarklammer und Zange als Hilfsmittel überlegt. So müsst ihr euch dafür nicht extra etwas besorgen.

WIE ES GEHT

HERSTELLUNG DER PAPIERPERLEN

1. Kopiere dir die Vorlage für die Papierperlen mehrmals. Lege sieben Lagen Zeitungspapier übereinander und darauf eine der Vorlagen. Fixiere diesen Stapel mit Büroklammern, damit die einzelnen Schichten nicht verrutschen und schneide entlang der äußeren Ränder aus.

2. Schneide nun sehr genau die einzelnen spitzen Dreiecke aus und achte weiterhin darauf, dass nichts verrutscht.

3. Lege jeweils zwei Dreiecks-Stapel übereinander. Du hast nun 16 Lagen, aus denen du in den nächsten Schritten eine Papierperle rollen wirst.

4. Fixiere die 16 Dreiecke an ihrer Unterkante mit einer Haarklammer. Diese muss den Stapel fest zusammenhalten können und alle Lagen sollten akkurat übereinander liegen.

5. Als Nächstes greifst du das freiliegende Stück der Haarklammer mit der Zange und rollst den Stapel auf. Mit der anderen Hand kontrollierst und regulierst du die Rollung, damit die Streifen gleichmäßig und mittig aufgerollt werden.

6. + 7. Näherst du dich beim Aufrollen dem Ende, gibst du zwischen die Lagen etwas Bastelkleber, rollst mit Zange und Fingern weiter und verteilst auf diese Weise den Kleber gleichmäßig.

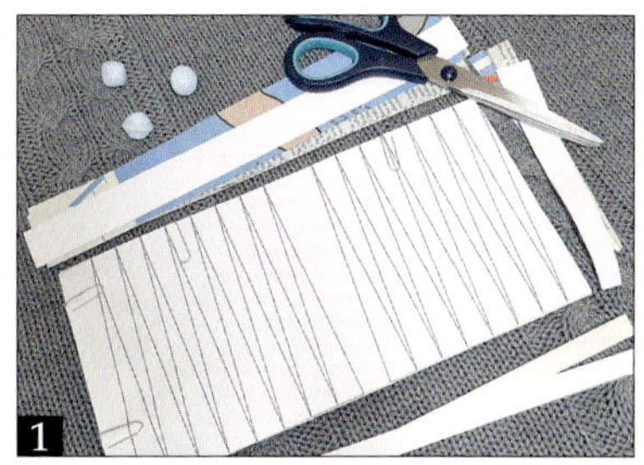

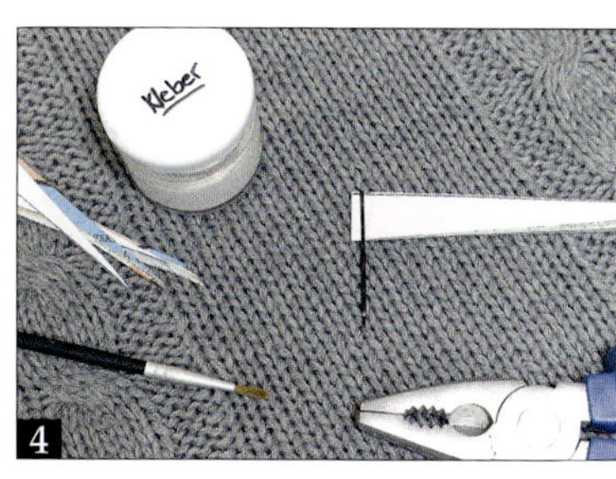

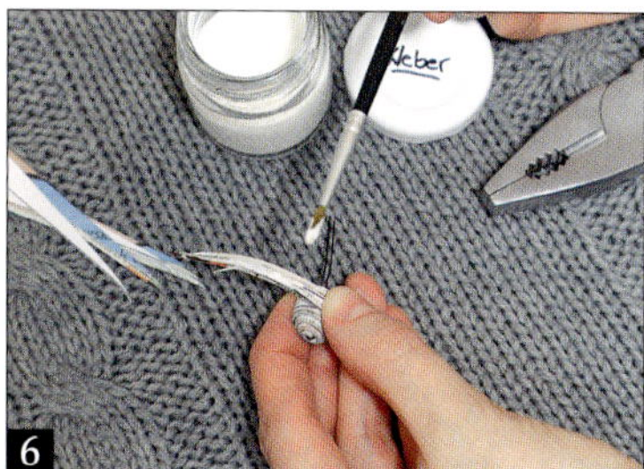

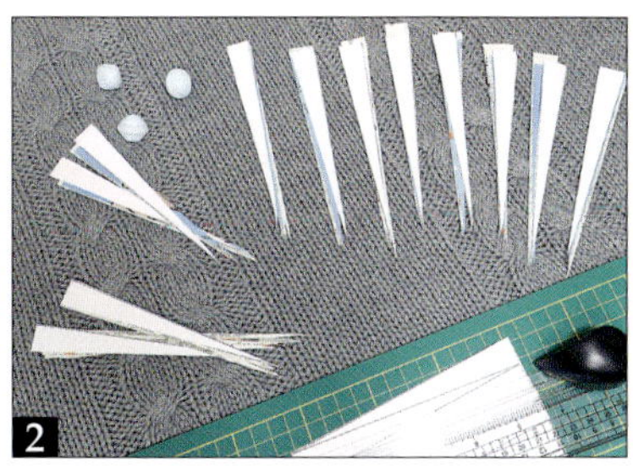

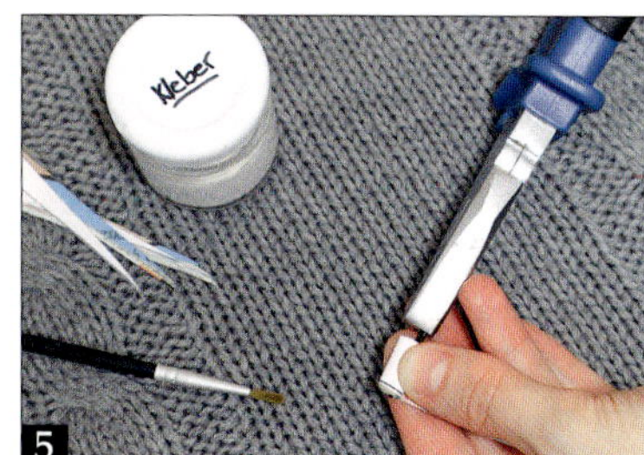

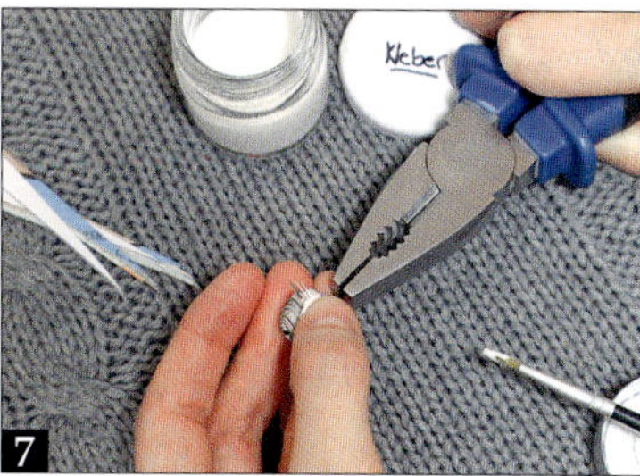

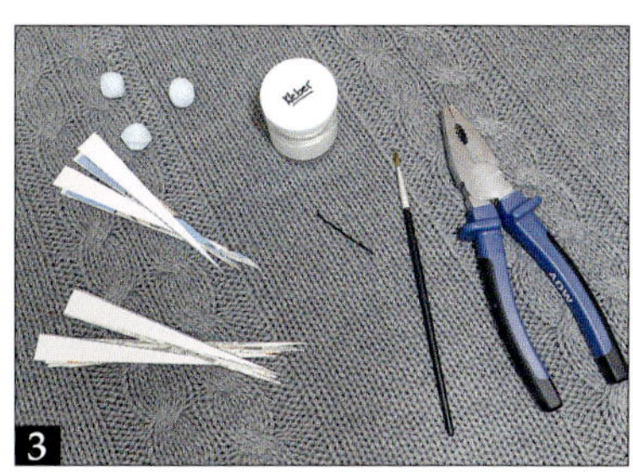

8. Die Papierperle ist fertig. Die Haarklammer kannst du jetzt herausschieben und für die nächste Perle benutzen. Für den gezeigten Stern brauchst du 24 solcher Perlen.

9. + 10. Hast du alle Perlen fertig gerollt, bereitest du in einem dicht schließenden Gefäß ein Färbebad vor. Gib dazu Acrylfarbe deiner Wahl in das Gefäß und rühre etwas Wasser unter. Es muss nicht viel Farbe sein. In dieses Bad legst du nun all deine vorbereiteten Perlen, verschließt das Gefäß und schüttelst alles ordentlich durch. Sieh immer mal wieder hinein, ob die Perlen von allen Seiten mit Farbe benetzt sind.

11. + 12. Ist dies der Fall, füllst du die Perlen in einen Karton und rüttelst sie. Die ersten Rüttelrunden dienen dazu, die überschüssige Farbe loszuwerden. Hier rüttelst du schnell und kontinuierlich. Nach und nach kannst du langsamer und auch mit größeren Zeitabständen rütteln. Dies dient dem gleichmäßigen Trocknen der Farbe und verhindert, dass die Perlen an der Pappe kleben bleiben.

AUFFÄDELN DER PERLEN ZU EINEM STERN

In den Abbildungen siehst du, wie die Perlen zu einem Stern aufgefädelt werden. Hast du Schwierigkeiten, da sich Farbe im Fädelloch befindet, steche vor dem Auffädeln mit einer Nadel hindurch. Durch die Haarklammer hast du sogar zwei Löcher in der Kugel. Entscheide dich für eines der beiden.

13. + 14. Zunächst reihst du zwölf Perlen auf den Draht, biegst ihn zu einem Ring und verschließt diesen, indem du die Enden des Drahts miteinander verzwirbelst – das eine Ende des Drahts ist dabei länger als das andere.

15. + 16. Auf das lange Drahtende fädelst du zwei weitere Papierperlen. Lege diese über die »12-Uhr-Perle« und steche den Draht in die »11-Uhr-Perle« ein.

Nach diesem Schema verfährst du gegen den Uhrzeigersinn weiter, bis die Runde fertig ist. Nun hast du bereits alle Papierperlen verbraucht.

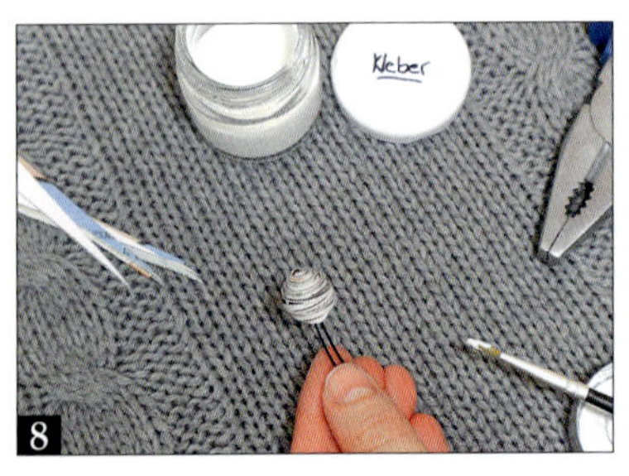

8

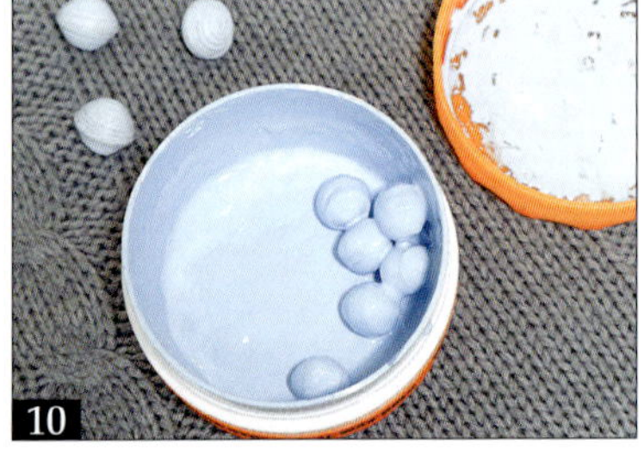
10

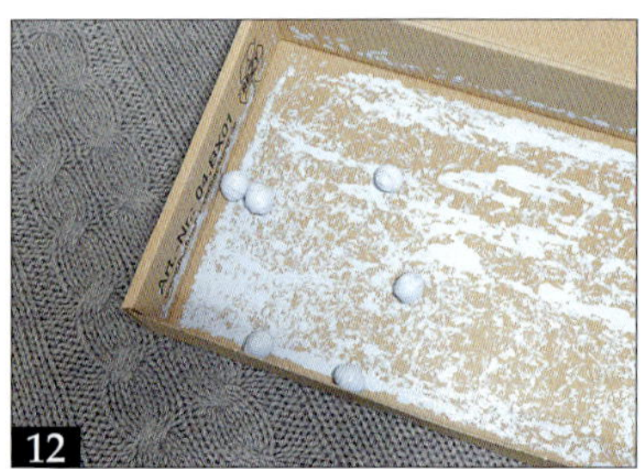
12

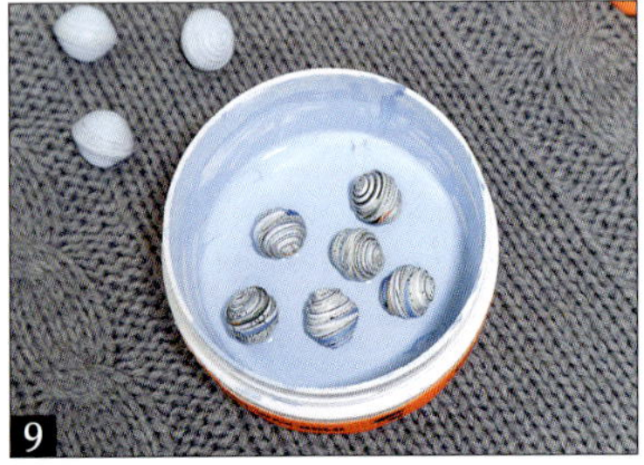
9

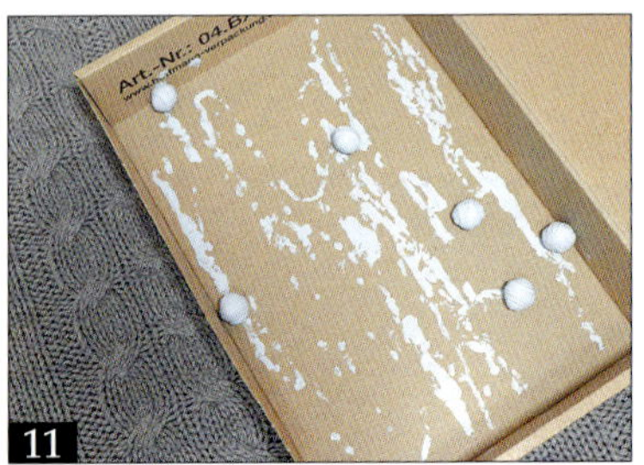
11

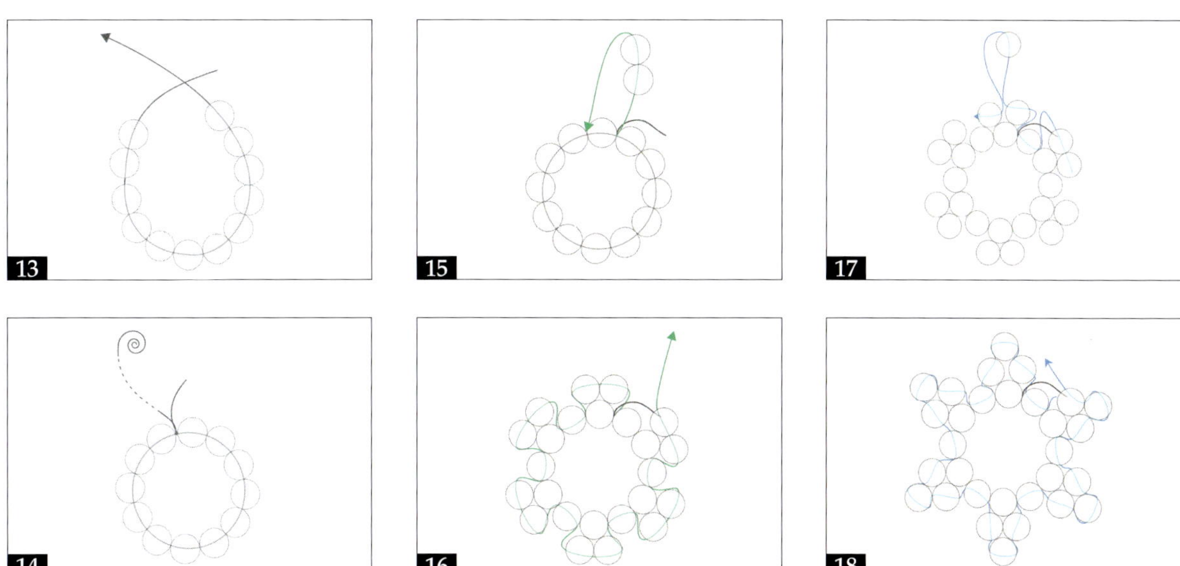

17. + 18. Für die Spitzen des Sterns fädelst du jetzt jeweils eine Holzperle auf. Wie der Draht verläuft, sieht du in der Skizze. Zum Schluss verzwirbelst du die Drahtenden zu einer Aufhängung.

ON TOP: LESEZEICHEN AUS GETRÄNKEKARTON

Hast du das Lesezeichen im Hintergrund entdeckt? Es besteht aus Getränkekarton und funktioniert wie die kleinen Geschenkanhänger auf S. 36.

1. + 2. Hierfür nimmst du einfach zwei Streifen des Kartons, stanzt mit einem Motivlocher in einen von beiden mehrere Sterne hinein und klebst zwischen die Getränkekartonschichten ein Motivpapier.

3. Runde Ecken und ein schönes Band geben den letzten Schliff.

PSSST

Lesezeichen sind auch superschnell gemachte Weihnachtsgeschenke …

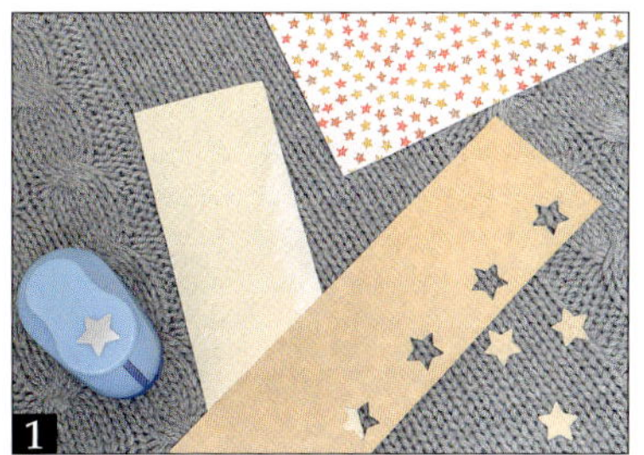

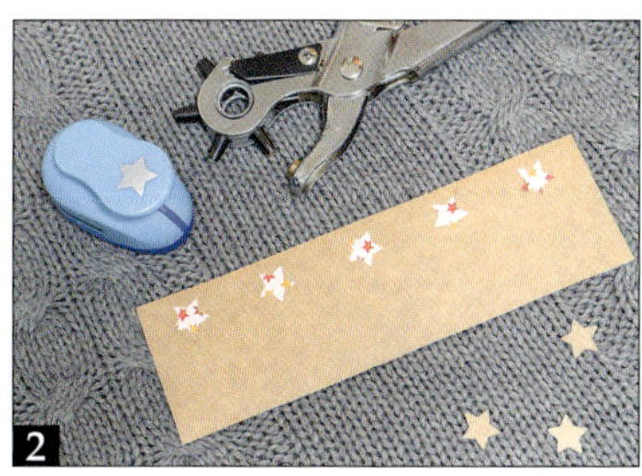

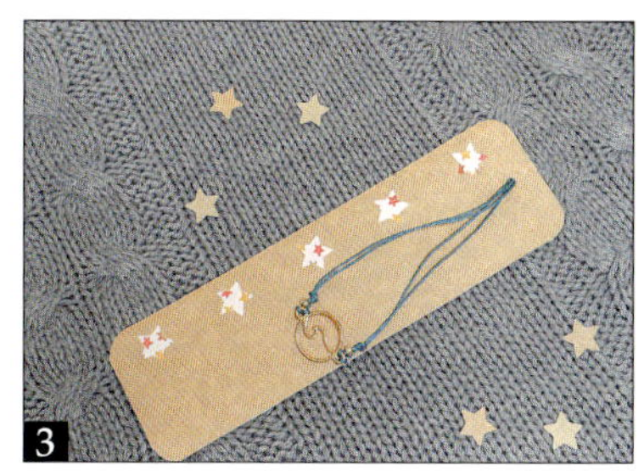

ORIGAMI 1: GESTECKTER STERN

AUS EINEM ALTEN NOTENHEFT

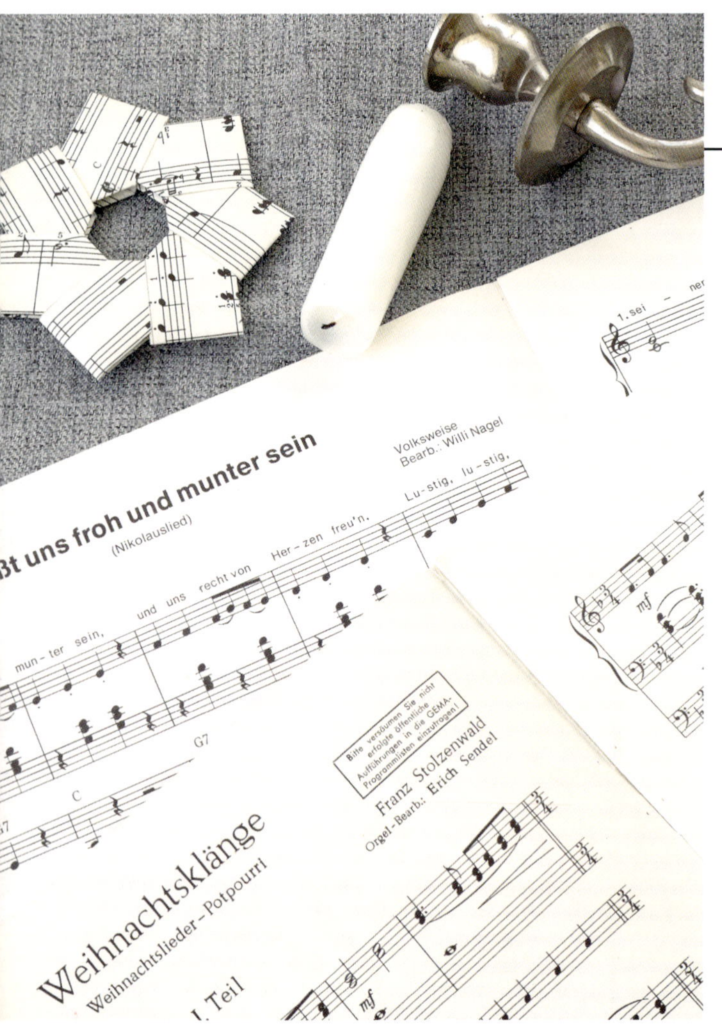

WAS DU BRAUCHST

- Altes Notenheft
- Lineal & Bleistift
- Schere

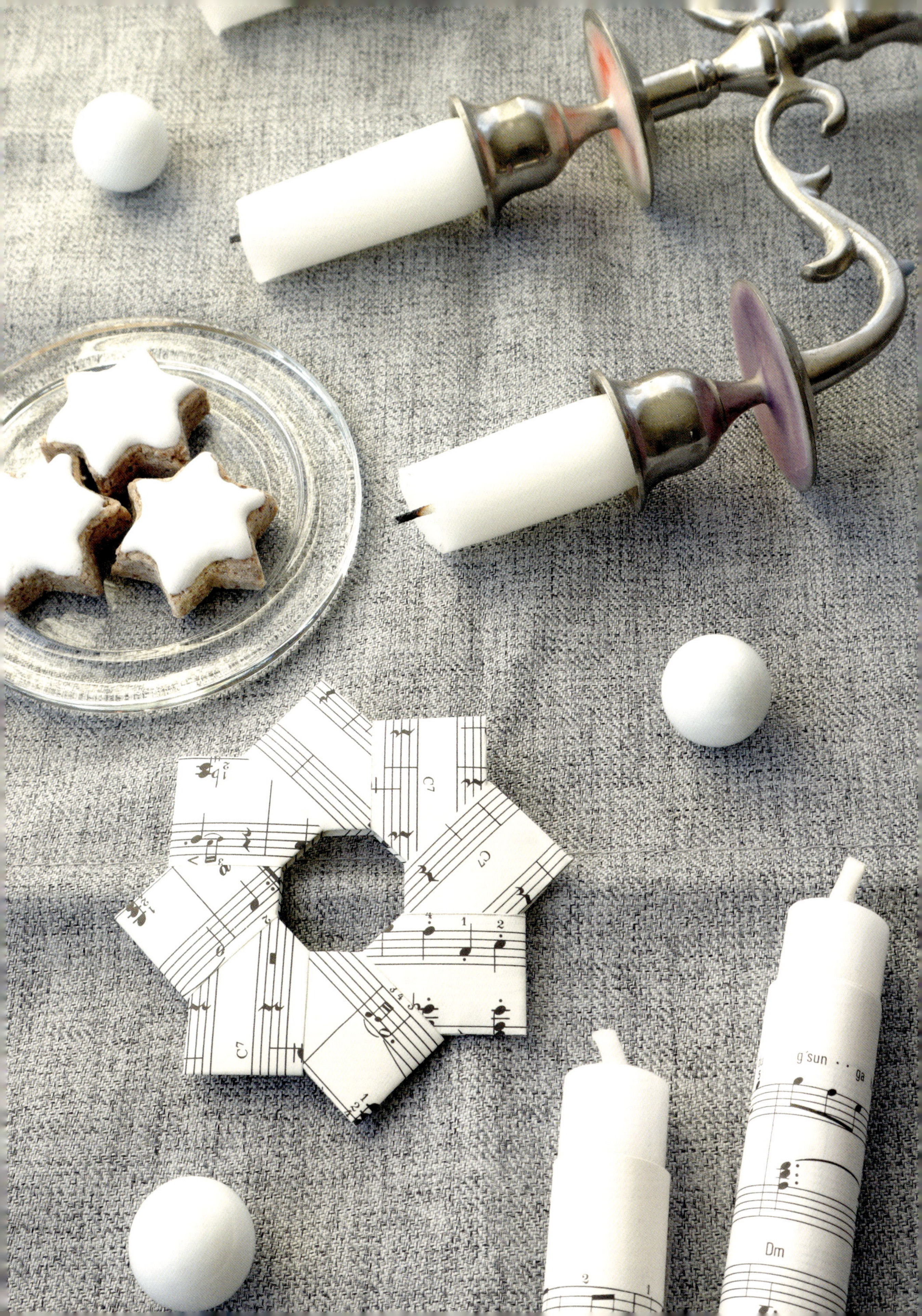
g'sun . . ga
Dm

WIE ES GEHT

1. Aus Notenseiten schneidest du dir acht Rechtecke mit den Maßen 5 cm x 10 cm zurecht. Knicke alle über die lange Seite in der Mitte. Während der Falz zu dir gerichtet liegt, knickst du nun an beiden Seiten die Ecken ein.

2. Anschließend legst du die Ecken übereinander und halbierst durch einen Knick, dieses Mal über die kurze Seite.

3.–5. Hast du alle acht Rechtecke auf diese Weise gefaltet, schiebst du sie – wie in den Bildern gezeigt – ineinander.

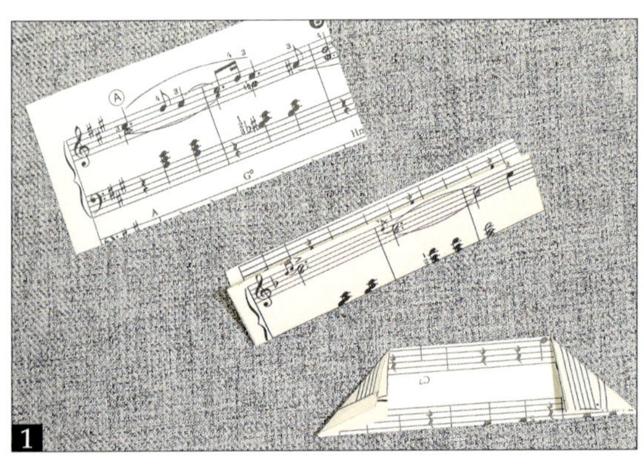
1

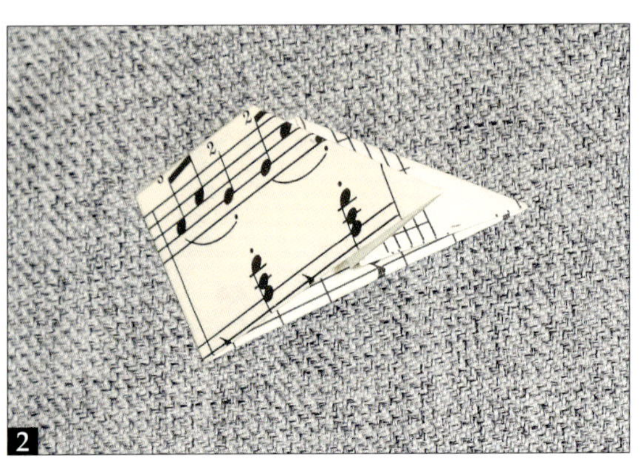
2

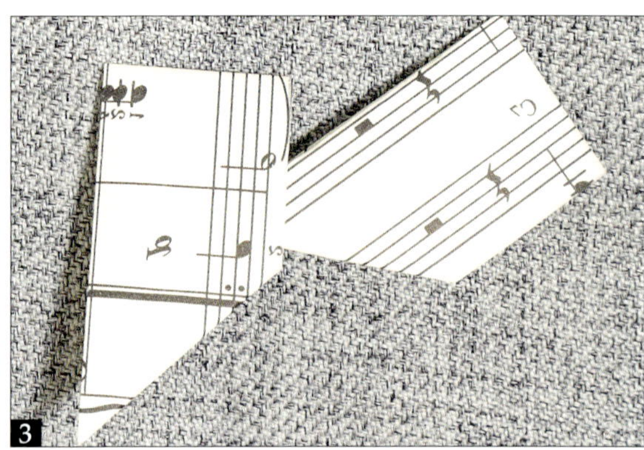
3

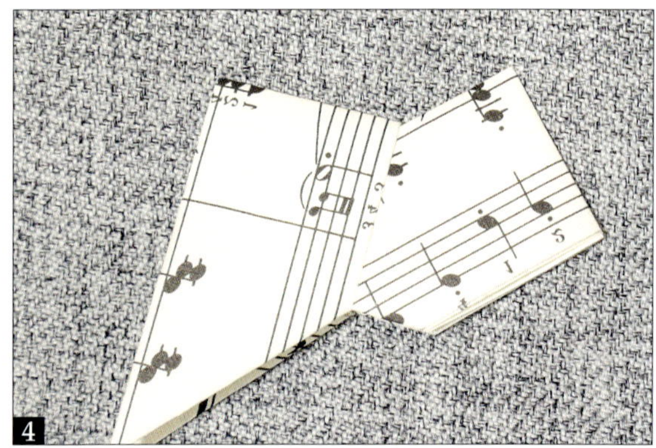
4

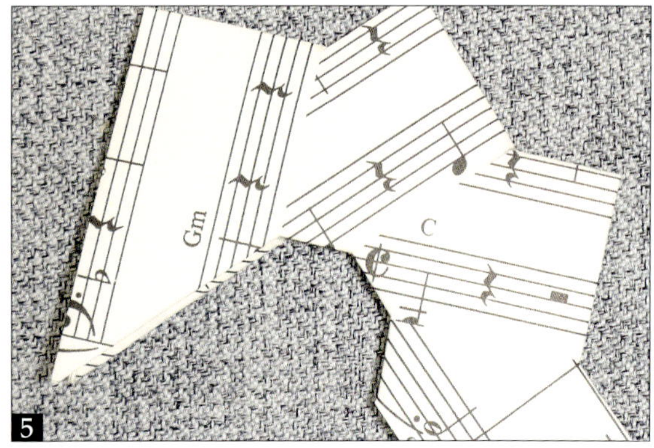

5

Rezeptidee

KLASSISCHE ZIMTSTERNE

ZUTATEN

FÜR DEN TEIG

- 2 Eiweiß
- 100 g Puderzucker; fein gesiebt
- 350 g gemahlene Mandeln (oder Haselnüsse)
- 1½ TL Zimt

ZUM BESTREICHEN

- 1 Eiweiß
- 100 g Puderzucker; fein gesiebt

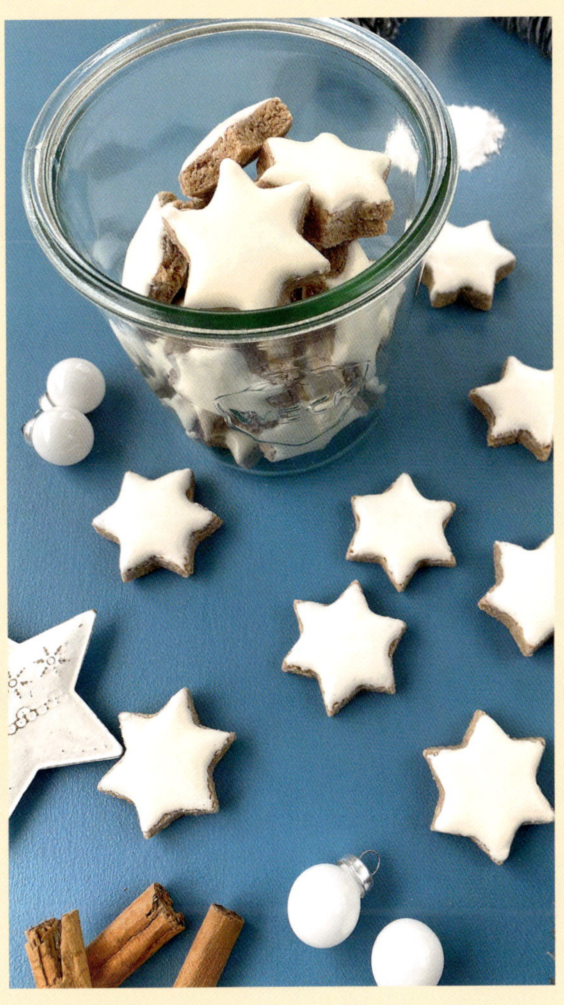

ZUBEREITUNG

Schlage die Eiweiße für den Teig steif. Währenddessen fügst du nach und nach den Puderzucker hinzu und schlägst die Masse weiter steif. Hebe Mandeln und Zimt unter und stelle den Teig für ein bis zwei Stunden kühl.

Rolle ihn anschließend zwischen zwei Lagen Backpapier ca. 1 cm dick aus. Vor jedem Ausstechen tunkst du den Ausstecher in Puderzucker, so bleibt der Teig nicht an der Form kleben. Wiederhole das Prozedere, bis der Teig aufgebraucht ist.

Verteile die Sterne auf mit Backpapier ausgelegte Bleche. Schlage nun das letzte Eiweiß mit dem Puderzucker wie oben beschrieben steif und verteile die Masse auf den Sternen. Bei 100 °C (Ober-/Unterhitze) im vorgeheizten Ofen lässt du sie anschließend im leicht geöffneten Backofen für ca. 30 Minuten (oder auch länger) trocknen. Die Sterne sind fertig, wenn die Zacken sich gebacken und fest anfühlen. Die Mitte darf etwas weicher sein und härtet beim Abkühlen aus. Achte darauf, dass die Glasur schön weiß bleibt und nicht braun wird.

VINTAGE PRÄGESTERNE
AUS LEEREN ALUTUBEN

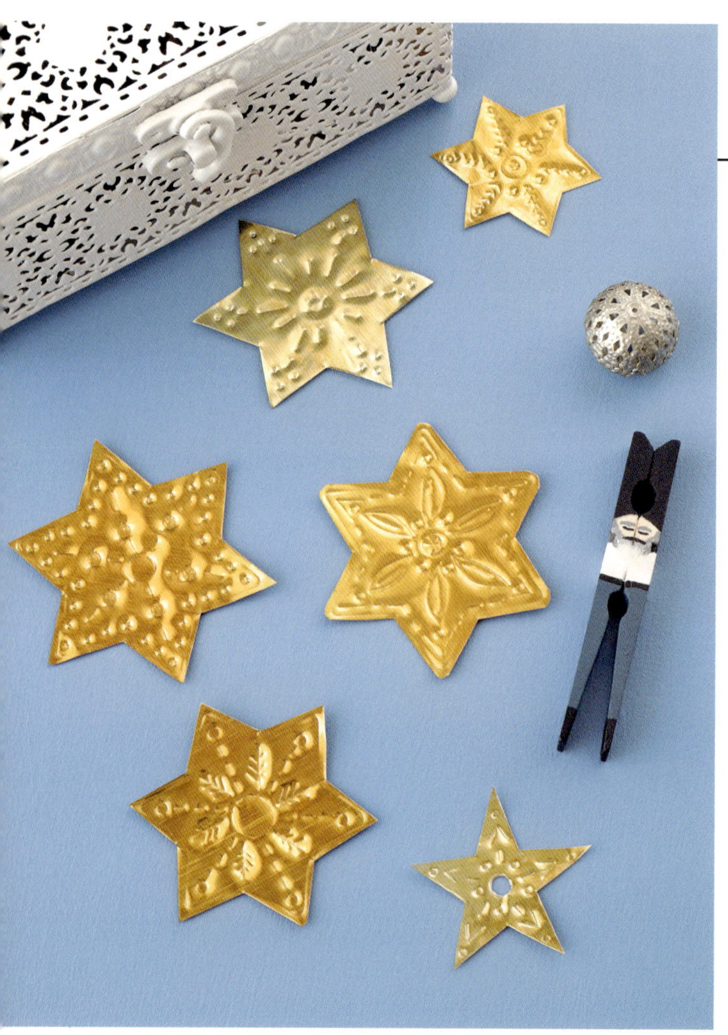

WAS DU BRAUCHST

- Leere Tuben, z. B. von Tomatenmark oder Farbe
- Löffel
- Schere
- Weiche Unterlage, z. B. Zeitung
- Keksausstecher in Sternform
- Holzbrett
- Bit-Aufsätze & passender Schraubendreher
- Evtl. dicke Nähnadel

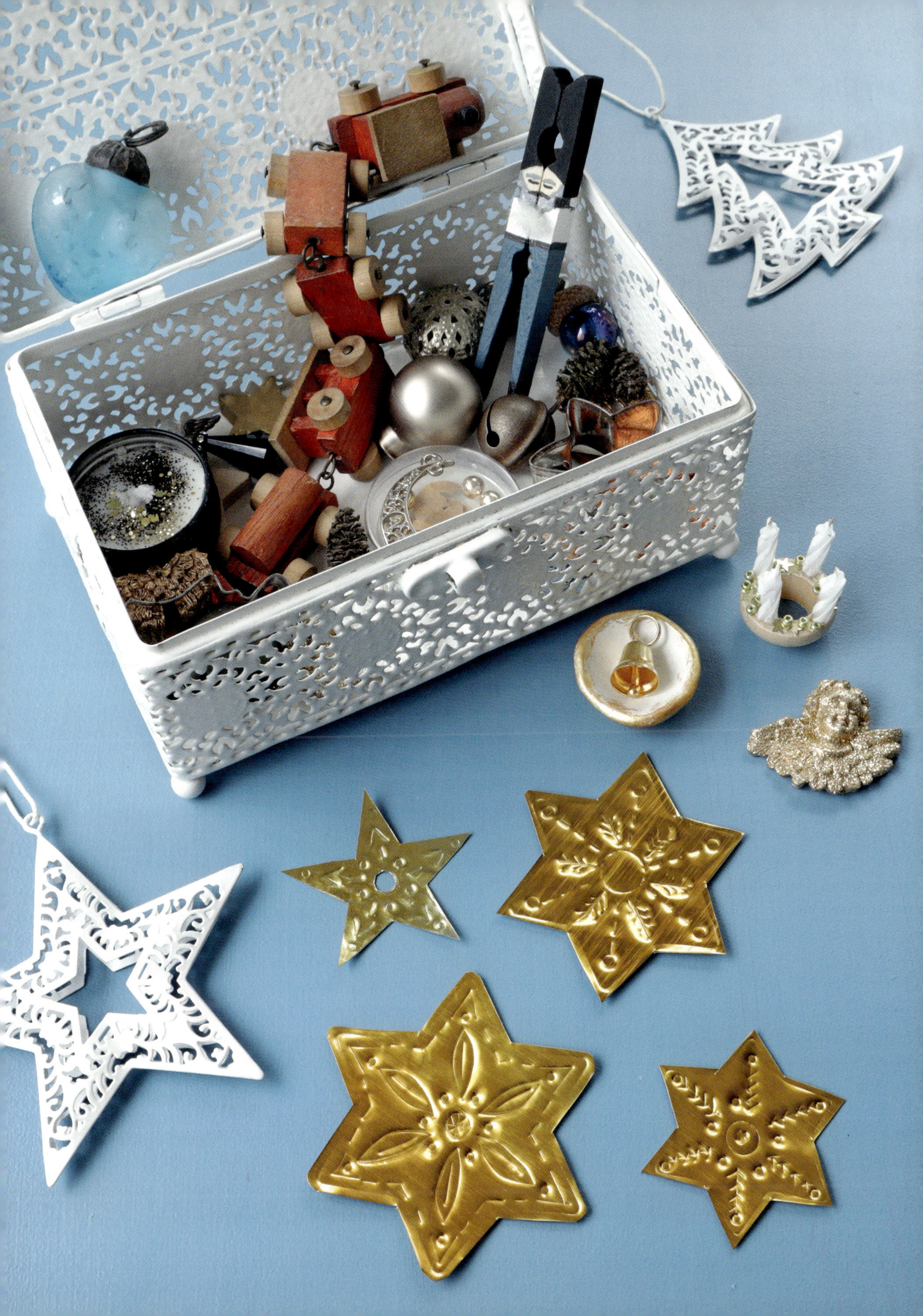

WIE ES GEHT

1. Leere die Tuben vollständig und glätte sie. Streiche die Tuben mit der Rückseite eines Löffels glatt und presse letzte Reste heraus.

2. + 3. Öffne die Tuben mit einer Schere an mindestens drei Seiten, reinige sie gründlich und schneide dir handliche Größen des Materials zurecht.

4. + 5. Auf einer weichen Unterlage (z. B. Zeitung oder Packpapier) drückst du mithilfe der Keksausstecher die Sternform in das Aluminium. Dafür legst du oben auf die Ausstecher ein Holzbrett und drückst so fest du kannst, jedoch ohne, dass sich die Teile darunter verschieben. So erhältst du eine gleichmäßige Sternform auf dem glatten Material.

6. + 7. Mit verschiedenen Aufsätzen für den Schraubendreher kannst du nun ganz nach Belieben Muster eindrücken oder einritzen, Beispiele findest du auf Seite 61.

8. Im letzten Schritt schneidest du den Stern, entweder genau entlang der gedrückten Kante oder knapp daneben, aus. Brauchst du noch ein Loch zum Aufhängen, drücke dieses mit einer dickeren Nähnadel hinein.

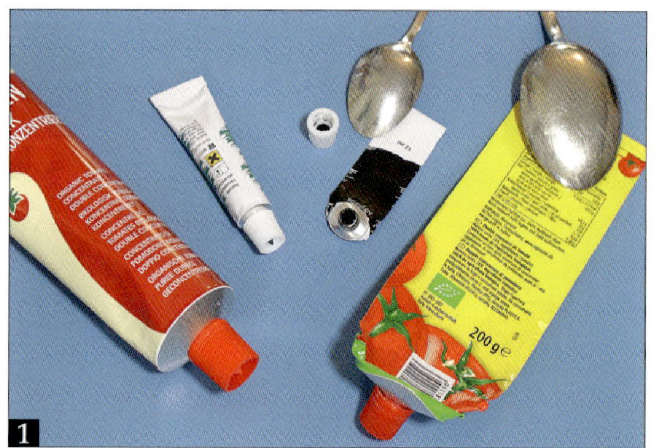

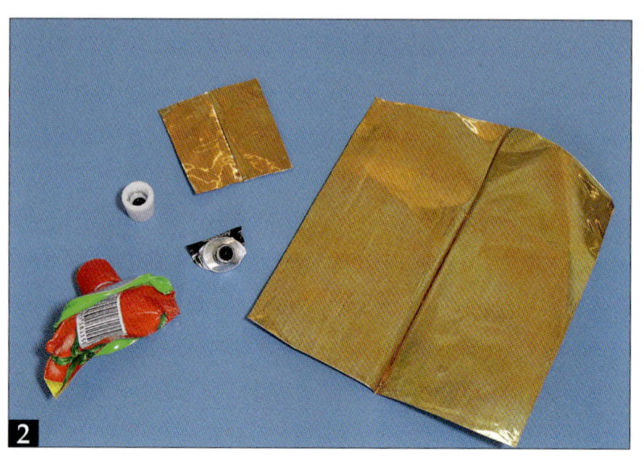

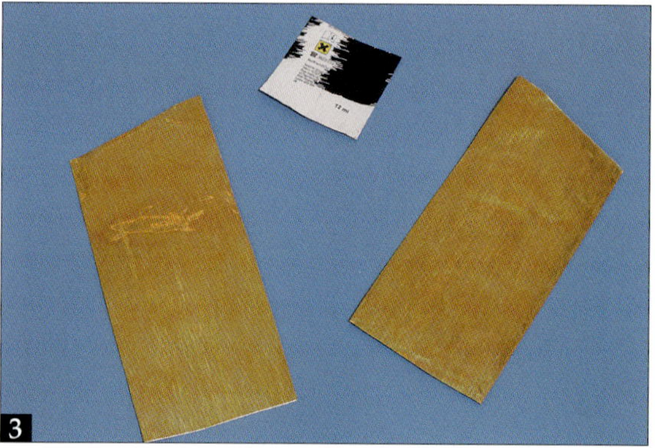

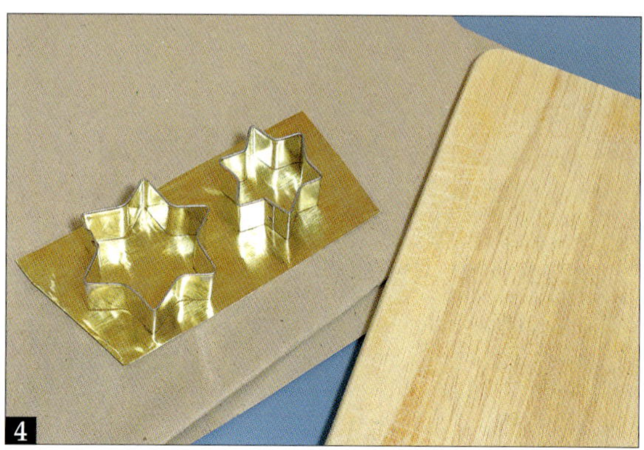

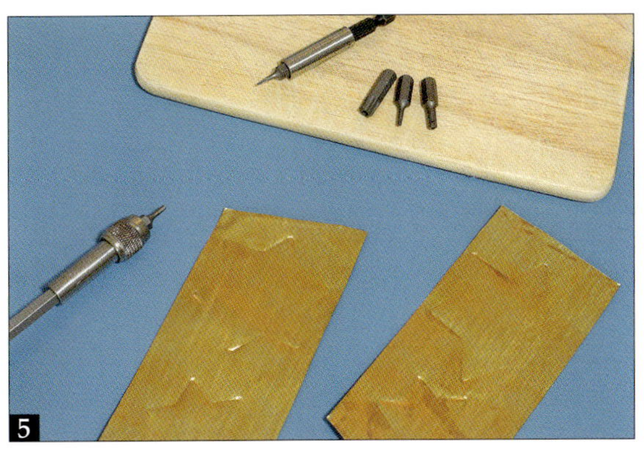
5

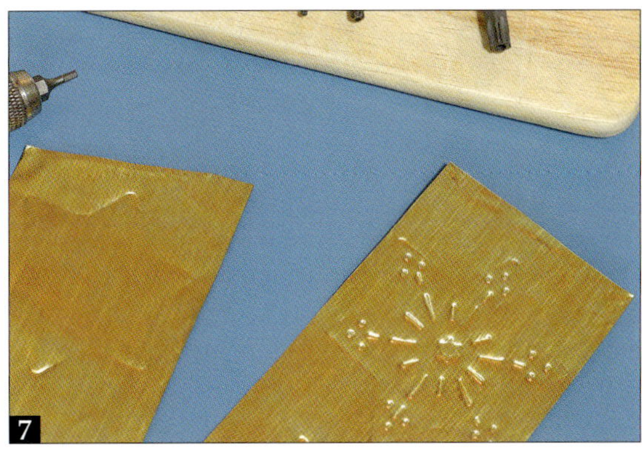
7

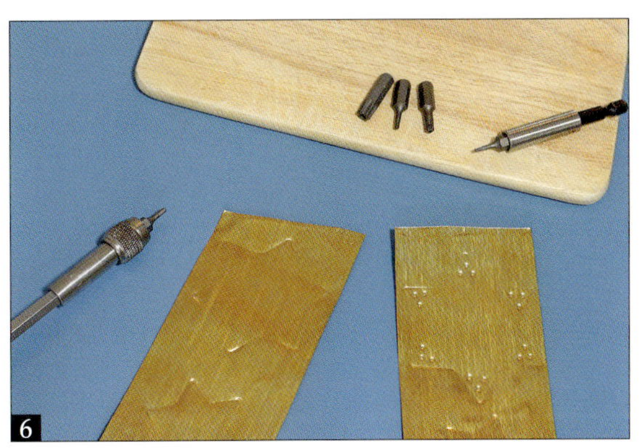
6

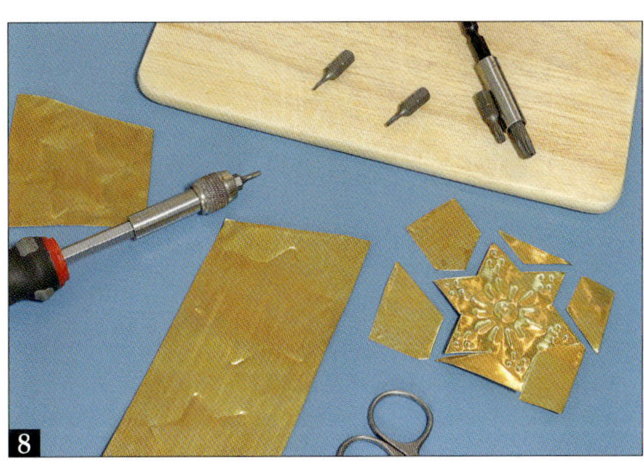
8

MUSTER FÜR PRÄGESTERNE

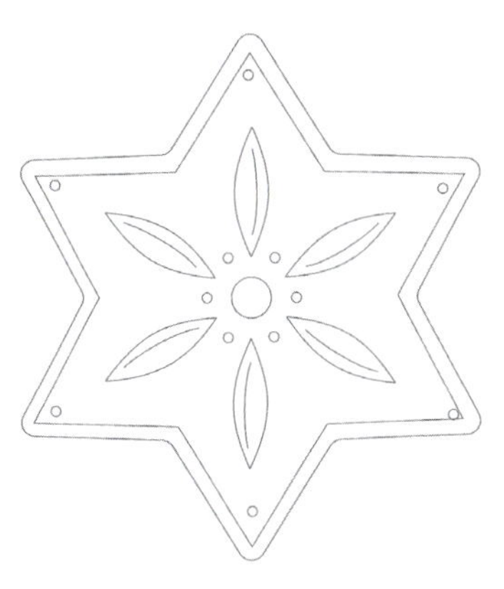

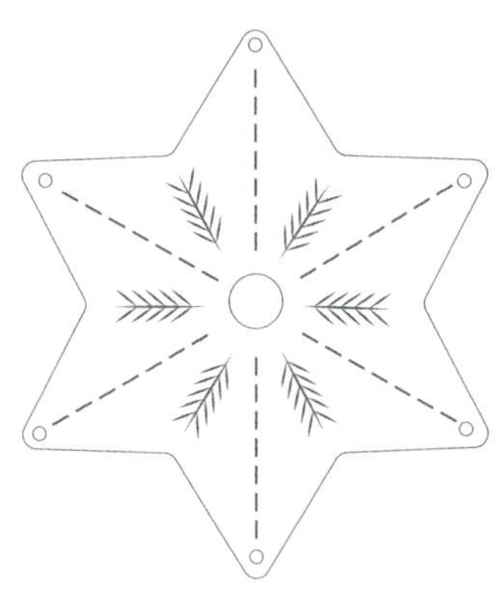

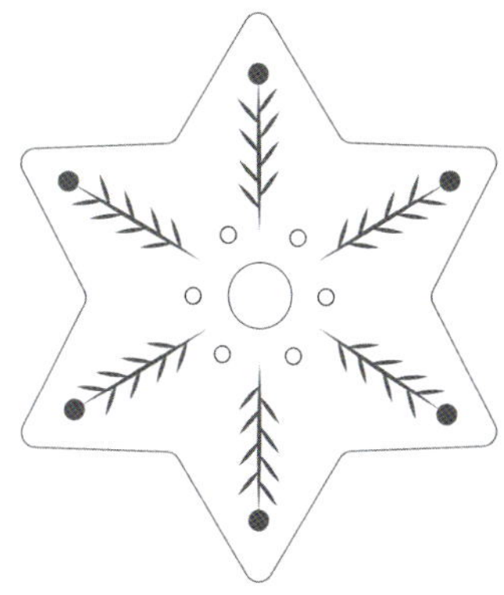

ORIGAMI 2: STREUDEKO-STERNE

AUS PAPIERRESTEN

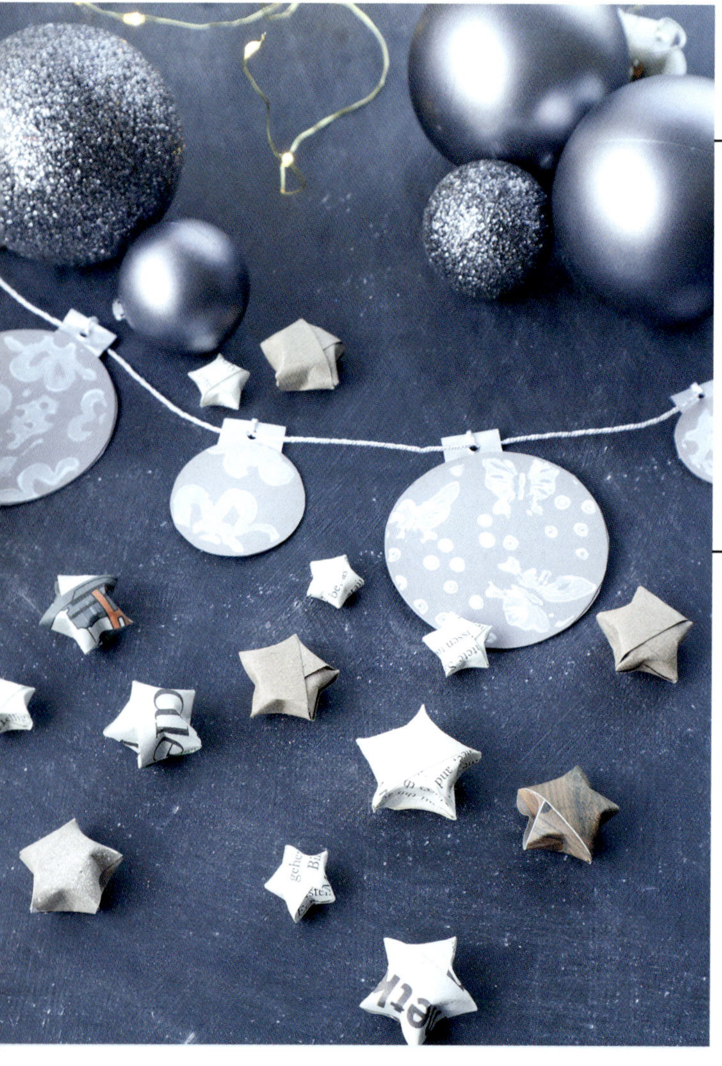

WAS DU BRAUCHST

- Papierstreifen; z. B. Buchseiten, Zeitungspapier, Packpapier …
- Lineal, Bleistift & Schere (zum Zuschneiden der Streifen)
- Evtl. Klebestift

STREIFENGRÖSSEN

Kleiner Stern: 18,5 cm x 1 cm
Großer Stern: 40 cm x 2 cm

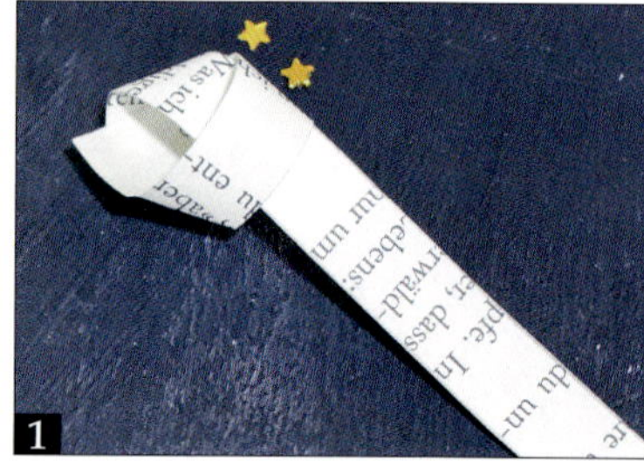

1

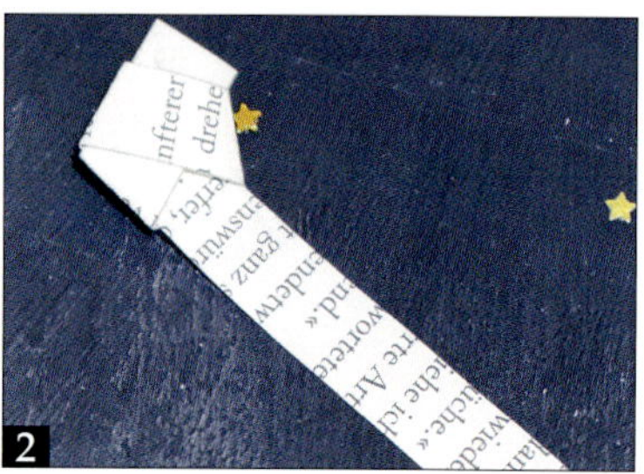

2

WIE ES GEHT

1. Nachdem du dir einen Streifen zugeschnitten hast, machst du zunächst einen Knoten an dessen Anfang. Dies braucht ein wenig Fingerspitzengefühl.

2. Schiebe den Knoten möglichst nah an den äußeren Rand des Streifens und drücke ihn anschließend flach. Wichtig hierbei ist, dass alle Ecken und Kanten eng beieinander liegen.

3. + 4. Nun wird der Streifen nach und nach um jede Kante gefaltet.

5. + 6. Das Ende des Papiers schiebst du unter die vorherige »Streifen-Runde«. Du kannst das Ende auch verkleben.

7. + 8. Nun braucht es nochmals ein wenig Fingerspitzengefühl: Mit den Zeigefingern drückst du die Kanten des Sterns ein. Am besten nach und nach immer ein wenig mehr, bis die typische Sternform entsteht.

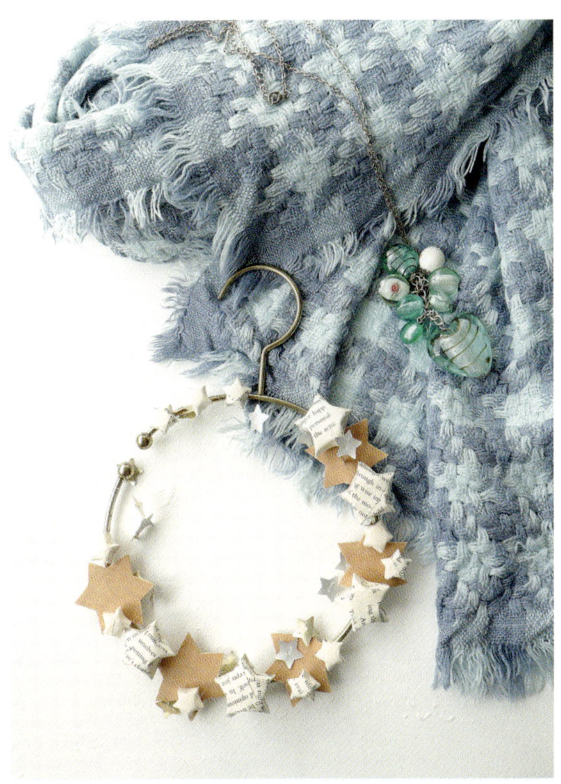

ON TOP: WEIHNACHTSKRANZ

Nicht nur als Streudeko machen sich diese vielseitigen Sterne gut. Du kannst dir einen Drahtbügel aus der Wäscherei zu einem weihnachtlichen Kranz formen und diesen zusammen mit Sternen aus Getränkekarton und den Streudeko-Sternen verzieren. Auch ein alter Schalbügel eignet sich gut.

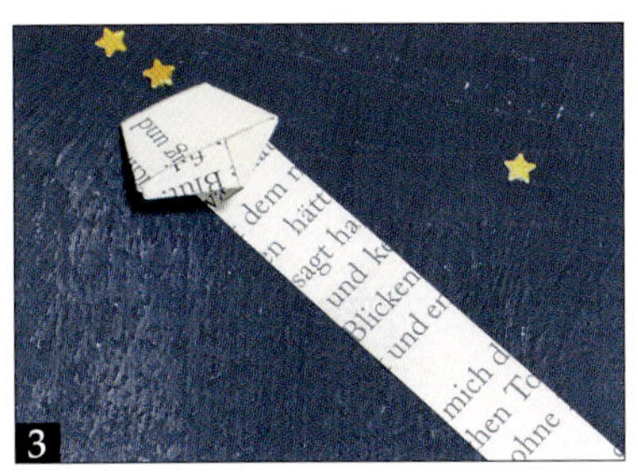

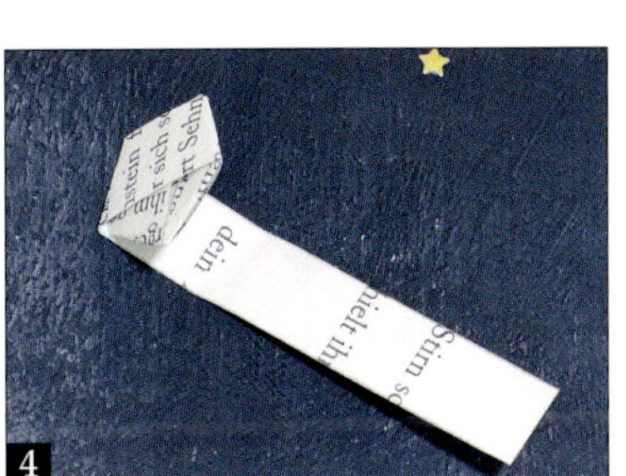

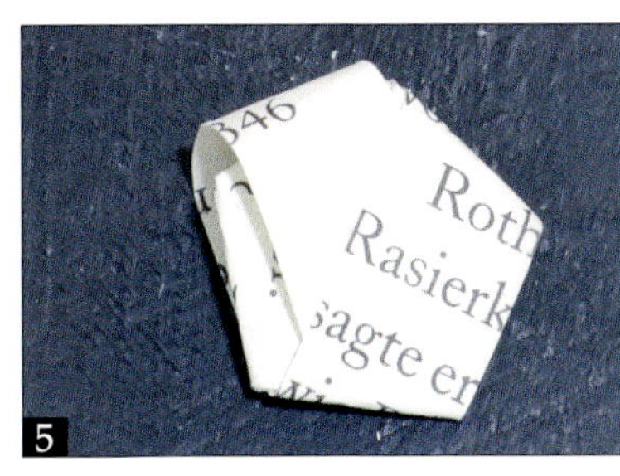

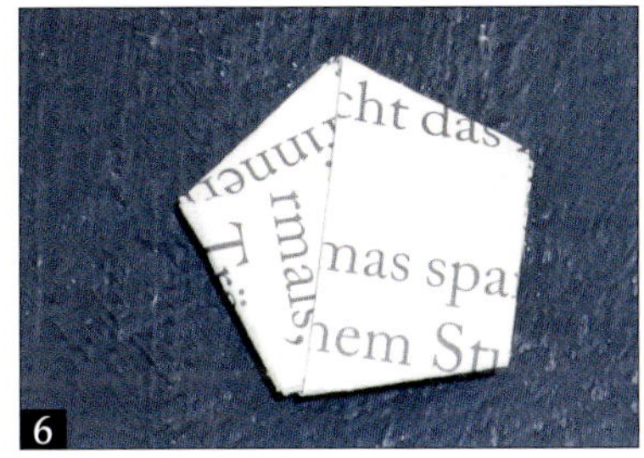

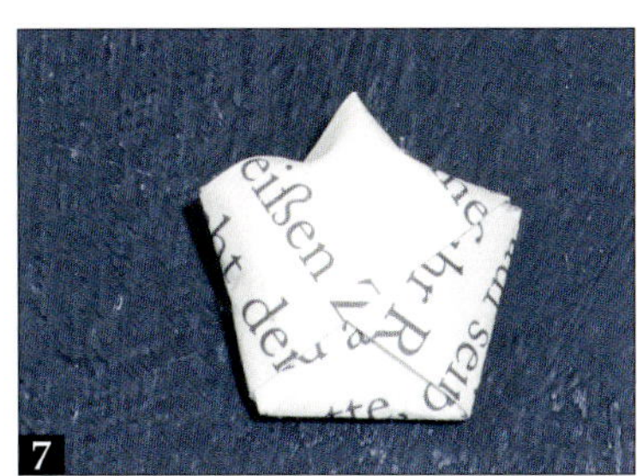

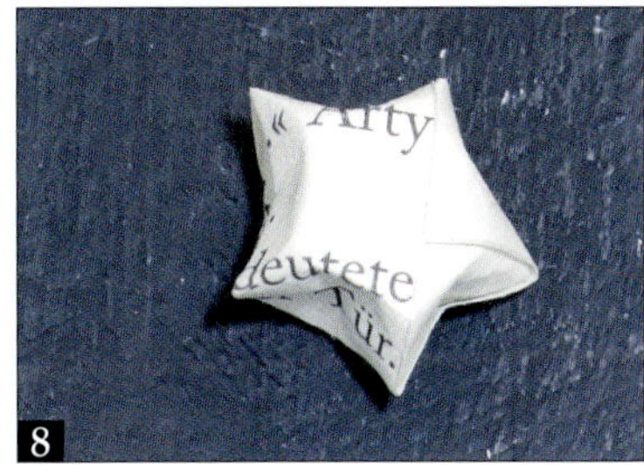

ELEGANTER STERN
AUS ALTEN BUCHSEITEN

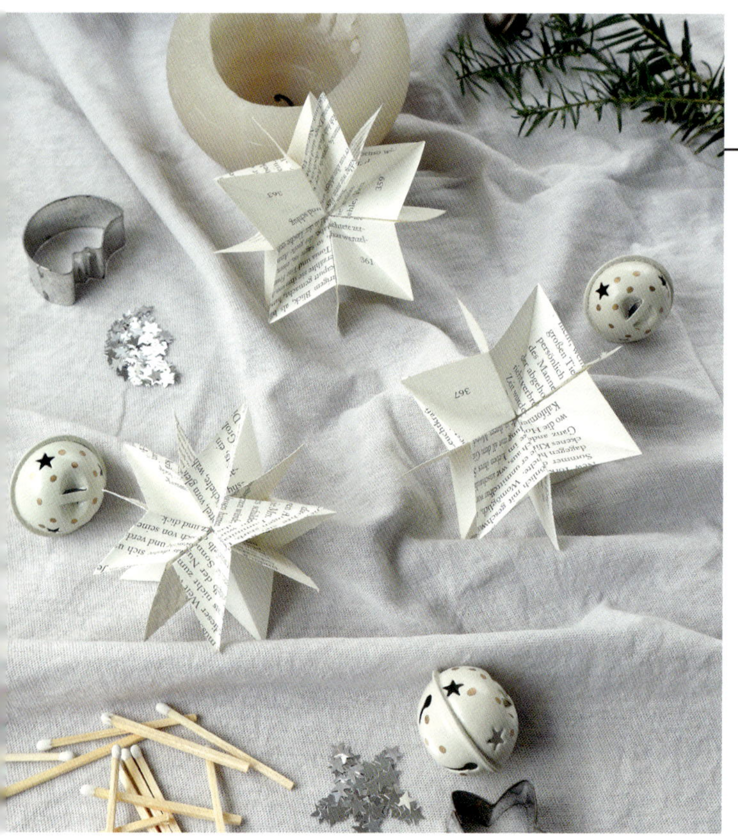

WAS DU BRAUCHST

- Seiten aus einem alten Buch
- Evtl. Lineal & Bleistift (zum Anzeichnen der Quadrate)
- Schere
- Klebestift

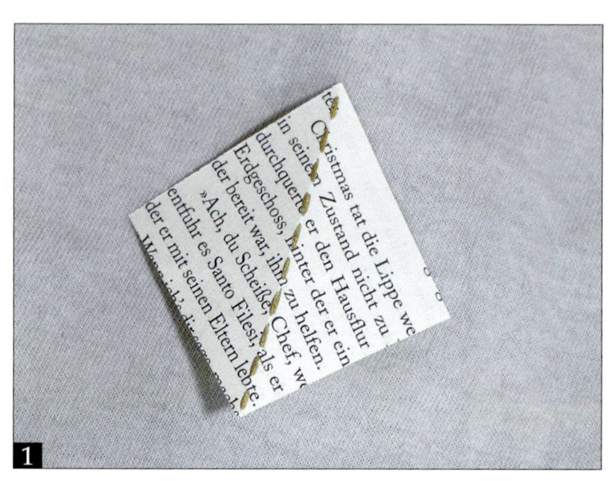

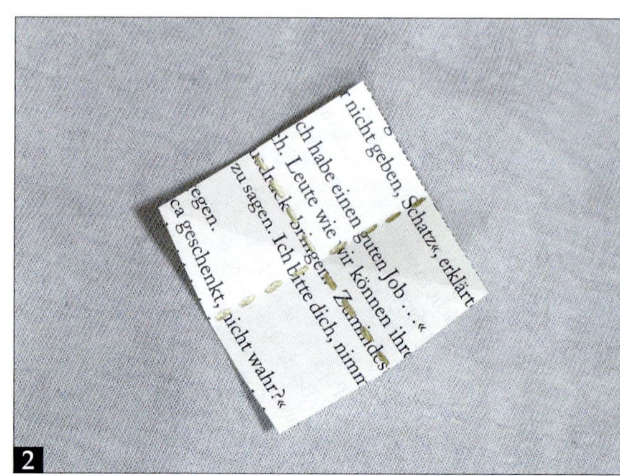

WIE ES GEHT

1. Schneide dir aus Buchseiten fünf bis acht gleich große Quadrate (z. B. 4 cm x 4 cm). Knicke diese einmal in ihrer Diagonalen.

2. Wende die Quadrate und falte jeweils die beiden Hälften.

3. Dank der Berg- und Talfalten kannst du nun die Papiere wie im Bild zu kleineren Quadraten zusammenlegen.

4. + 5. Klebe die klein gefalteten Papiere an ihrer quadratischen Seite zusammen (weiße Klebestriche im Bild). Die Kanten zeigen hierbei ins Innere des zukünftigen Sterns, die offenen Seiten nach außen.

6. Du kannst einen fünfzackigen, sechszackigen, sieben- oder auch achtzackigen Stern herstellen.

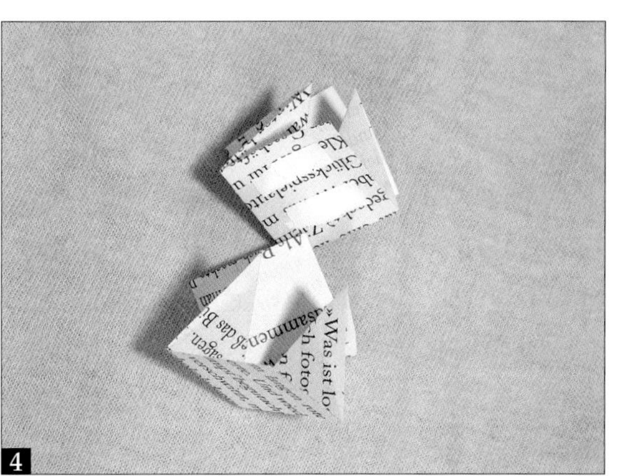

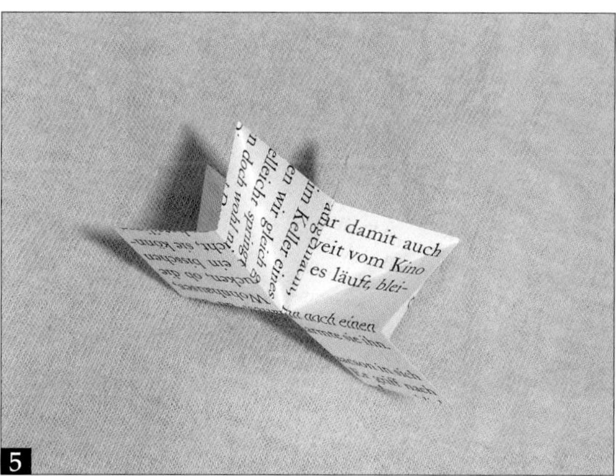

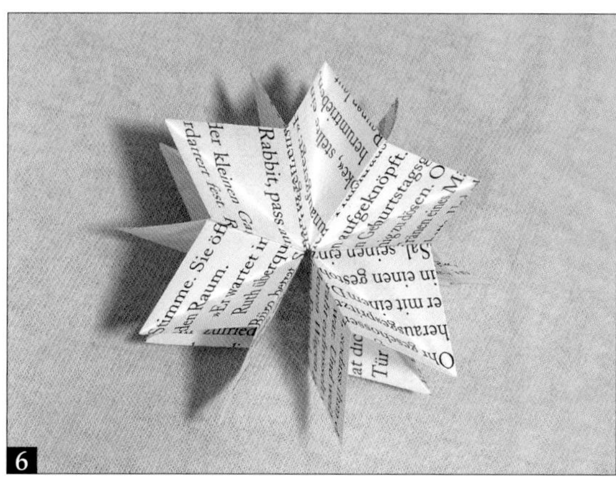

DRAHTSTERNE
AUS ALTEN KABELN

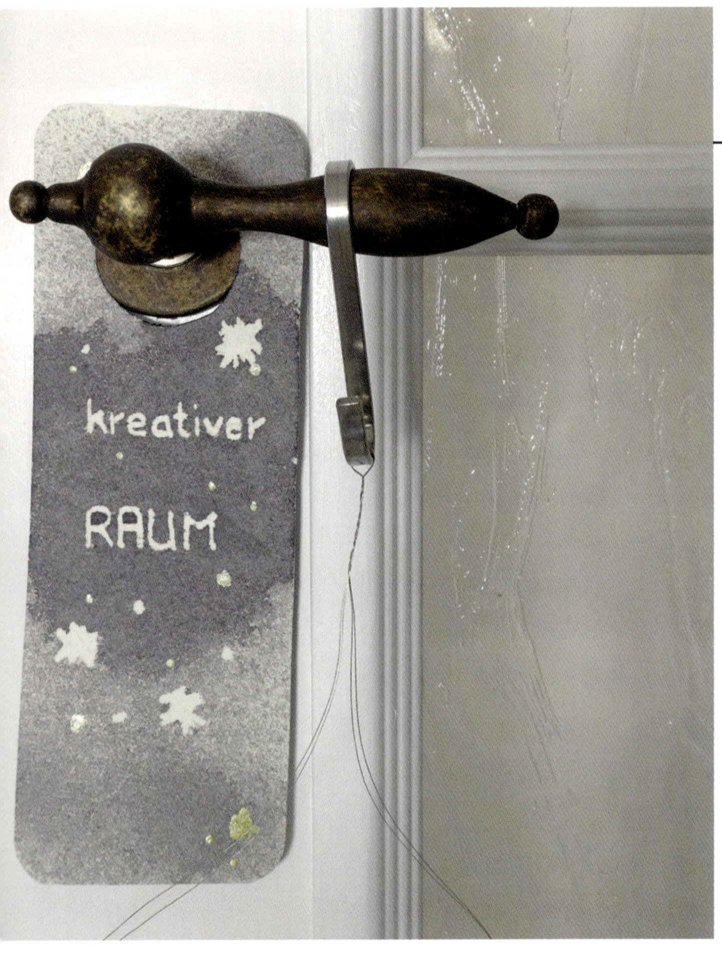

WAS DU BRAUCHST

- Altes oder defektes Kabel
- Seitenschneider oder kräftige Schere
- Bastelskalpell
- Akkuschrauber & Kombizange
- Schmales Lineal
- Optional: kleine Perlen oder Stiele von Wattestäbchen

DRAHT ZWIRBELN OHNE AKKUSCHRAUBER

Hast du keinen Akkuschrauber zur Hand, kannst du dir auch anders behelfen: Hierfür legst du dir einen oder zwei Drähte mittig um einen Haken, welchen du – z.B. an einem Türgriff – fest verankerst. Nun kannst du die Drähte händisch miteinander verdrehen. Achte darauf, dass der Ursprungsdraht hier doppelt so lang sein muss wie der Draht der Akkuschrauber-Variante.

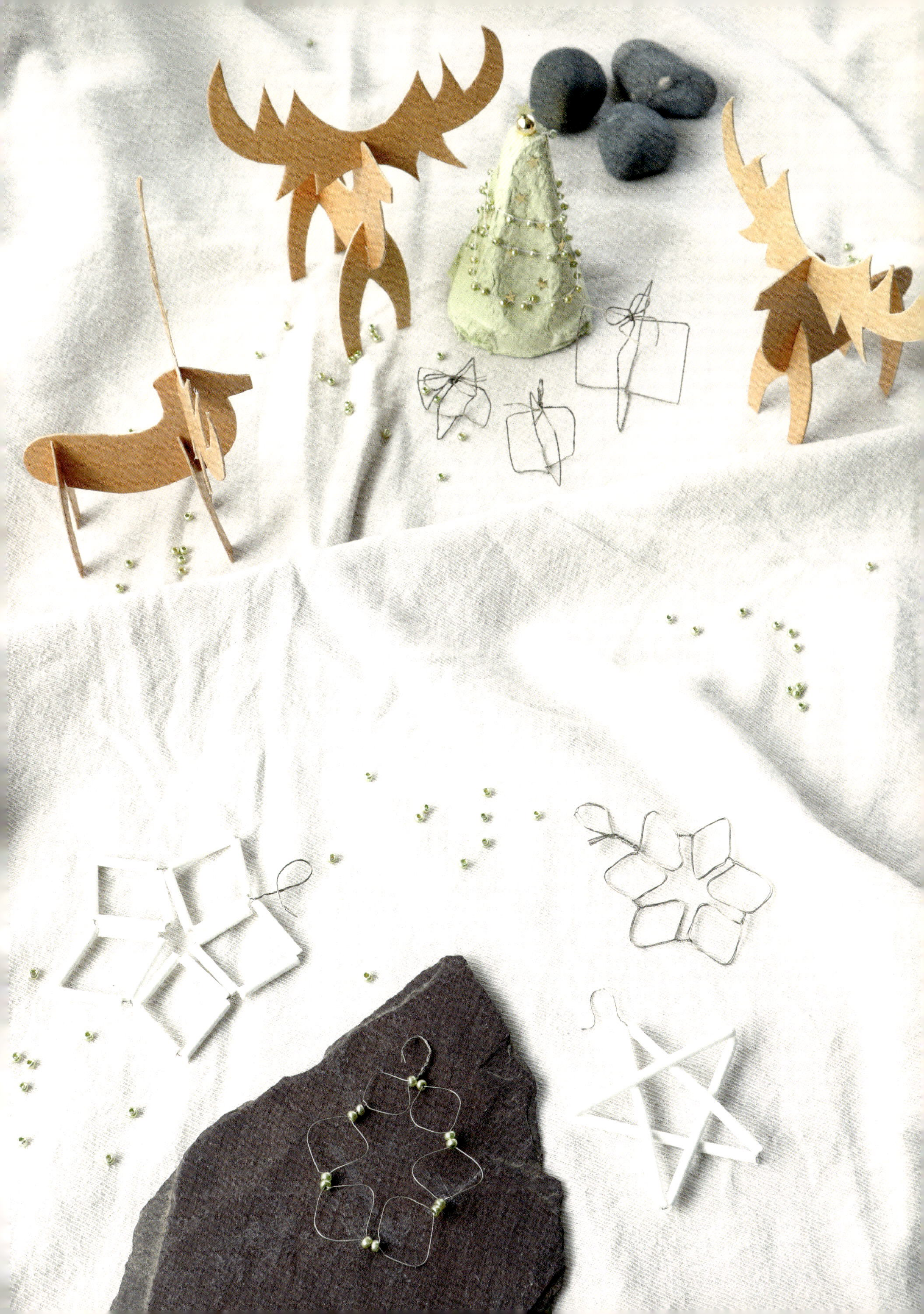

WIE ES GEHT

1. + 2. Nimm dir ein altes Kabel und schneide es mit einem Seitenschneider auf eine handliche Länge (z. B. 30 cm bis 40 cm) zurecht. Mit einem Bastelskalpell entfernst du vorsichtig die Ummantelung und legst die Drähte frei. Du kannst nun entweder mit nur einem (Vorsicht, dieser reißt leicht!), zwei oder auch drei Drähten arbeiten.

3. Nimmst du mehr als einen Draht, musst du die Stränge miteinander verdrehen. Entweder du hast viel Geduld und machst dies mit der Hand (siehe Seite 66), oder aber du spannst das eine Ende der zusammengelegten Drähte in den Akkuschrauber und greifst das andere mit einer Kombizange. Passe auf, dass alle Drähte wirklich festsitzen. Halte die Drähte gespannt und starte vorsichtig den Schrauber bei der niedrigsten Umdrehungszahl. Nach ein paar Sekunden hast du einen wunderschön verdrehten Draht. Bereite dir gleich mehrere davon vor und schon kann es mit dem Sterne-Biegen losgehen:

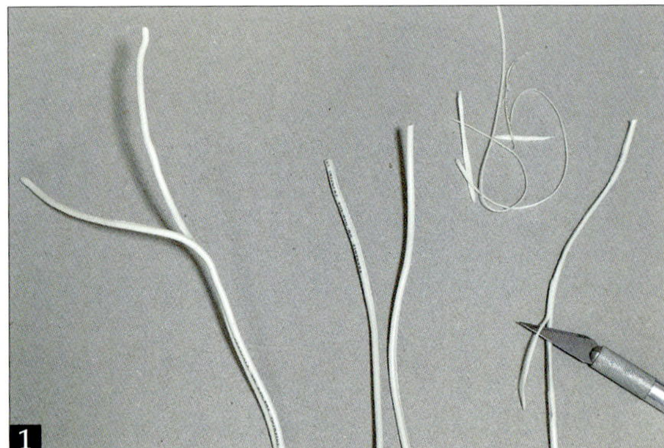
1

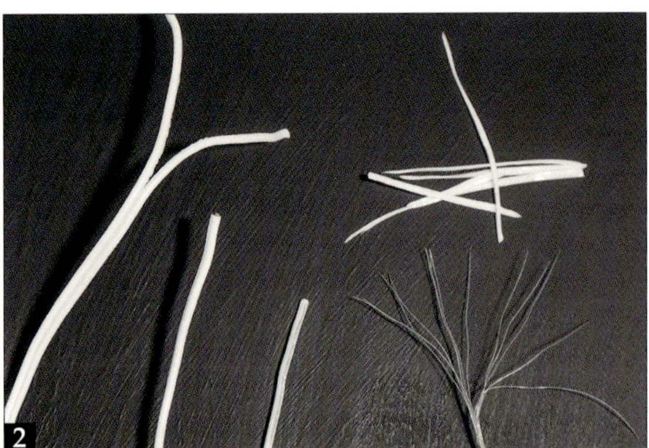
2

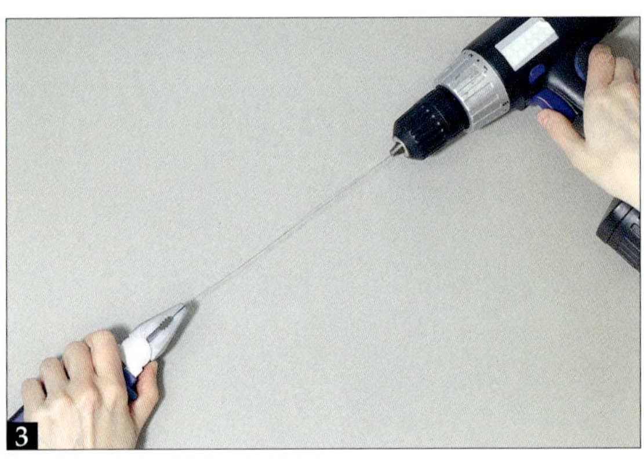
3

4. + 5. Dafür schnappst du dir zwei deiner vorbereiteten Drähte und zwirbelst sie am oberen Ende zusammen. Lasse ein bis zwei Zentimeter nach oben frei, die brauchst du später noch. Nun verzwirbelst du dieses Drahtpaar mehrmals im gleichen Abstand miteinander. Um immer den gleichen Abstand zu erhalten, kannst du ein schmales Lineal als Abstandshalter hineinlegen und dann die Drähte miteinander verdrehen. Möchtest du Perlen auf den Stern fädeln, ziehe z. B. nach jedem Zwirbel eine Perle über beide Drähte. Du kannst aber auch jeweils zwei Stabperlen pro Draht aufziehen oder dir dafür möglichst gleichlange Stücke von Wattestäbchen-Stielen zurechtschneiden. Für einen sechszackigen Stern zwirbelst du dir sechs Ösen. Diese Ösen ziehst du anschließend auseinander: Fasse dafür mit den Fingernägeln in die jeweilige Mitte und biege sie nach außen.

6. Verbinde nun den »Anfangszwirbel« mit dem »Endzwirbel«, indem du die Kette zu einem Kreis schließt. Aus den Drahtenden formst du einen Haken zum Befestigen des Sterns.

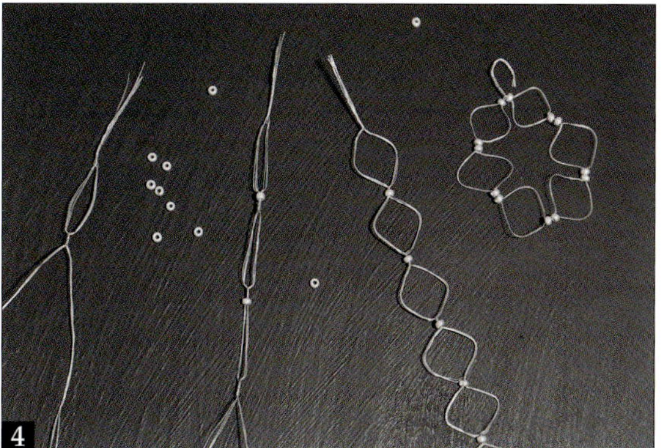
4

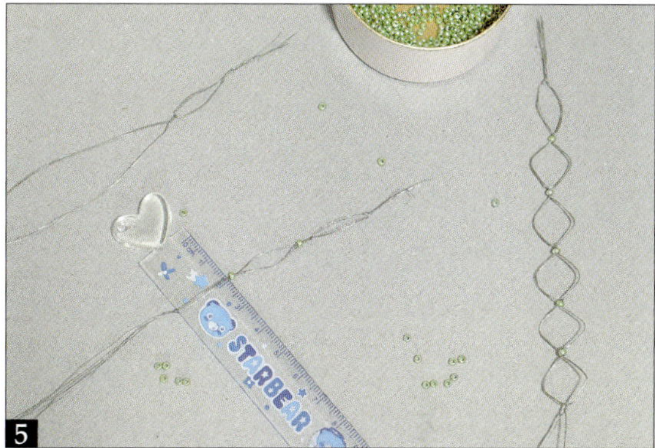

5

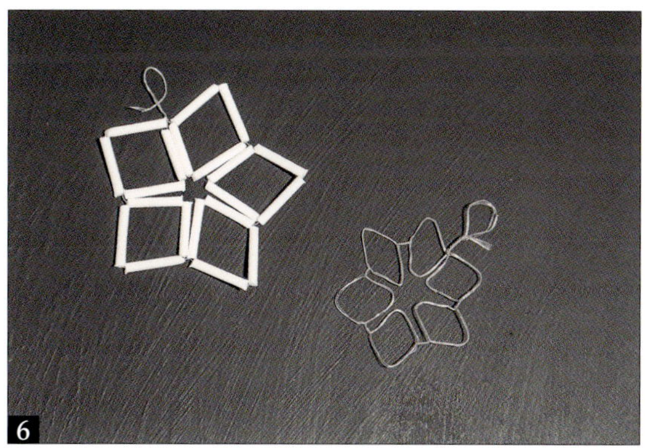
6

DRAHTSTERN
ALS PENTAGRAMM

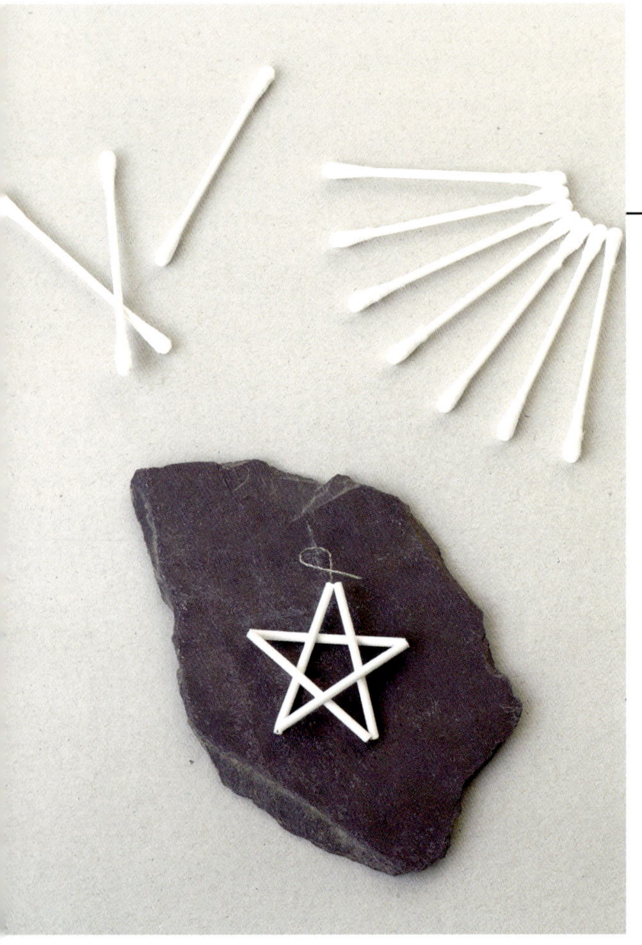

WAS DU BRAUCHST

- 5 Stiele von Wattestäbchen, oder kleine Papierröllchen
- Schere
- Einen dreifach gezwirbelten Draht, ca. 20 cm lang (S. 66/68)

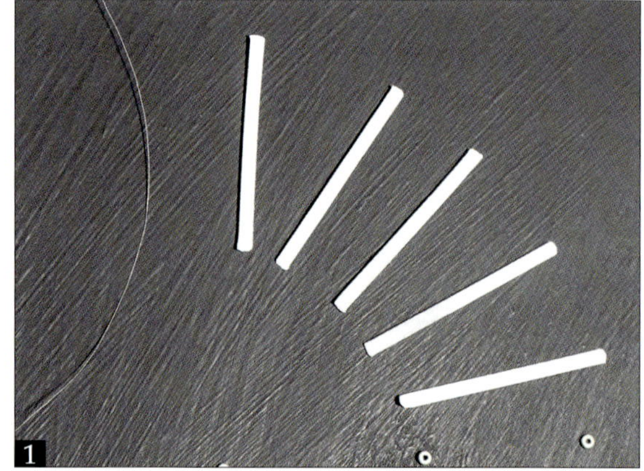

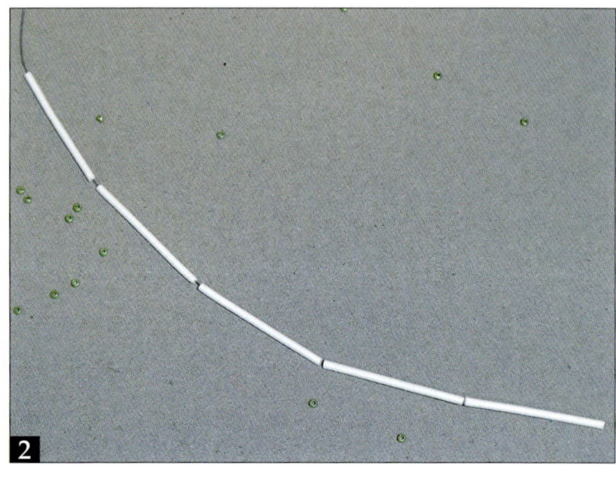

WIE ES GEHT

1. + 2. Fädle die Wattestäbchen-Stiele auf den gezwirbelten Draht. Sind die Enden der Stäbchen vom Zerschneiden zusammengedrückt drücke sie mit der Schere auf. So wird das Loch, welches sich in der Mitte befindet, wieder frei.

3. Schließe den Draht, indem du die Enden miteinander verdrehst. Lasse ein wenig Spiel, damit die folgenden Schritte leichter von der Hand gehen und der Draht nicht reißt.

4. + 5. Verdrehe, wie im Bild zu sehen, einmal die untere Basis der aufgefädelten Stäbchen und stecke die obere Spitze mit Gefühl durch das entstandene Dreieck.

6. Rücke alle Stäbchen zurecht, bis der Stern symmetrisch ist und forme aus dem überstehenden Draht an der Spitze einen Haken zum Aufhängen.

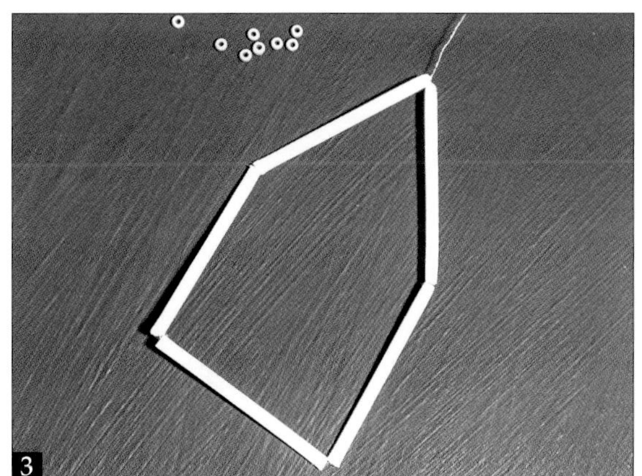
3

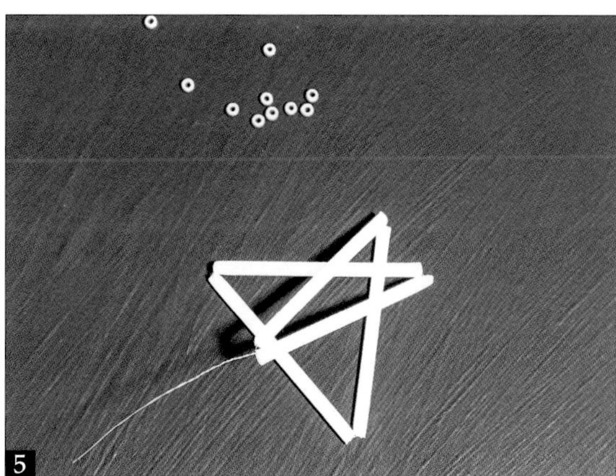
5

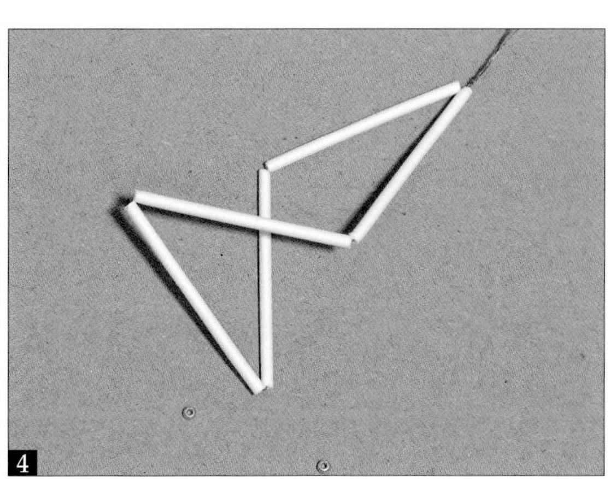
4

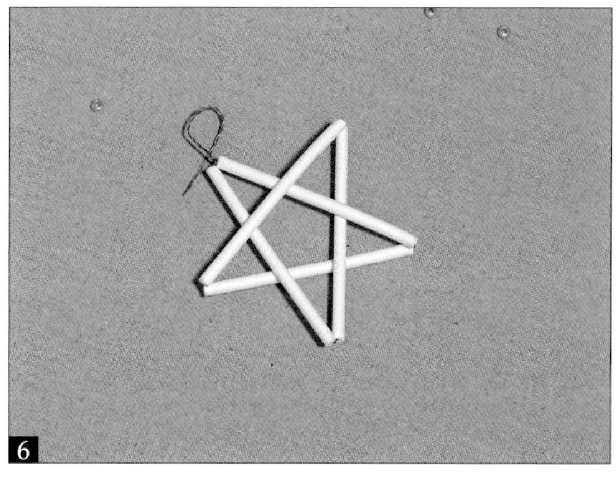
6

KLEINE »STROHSTERNE«
AUS ALTEN BUCHSEITEN

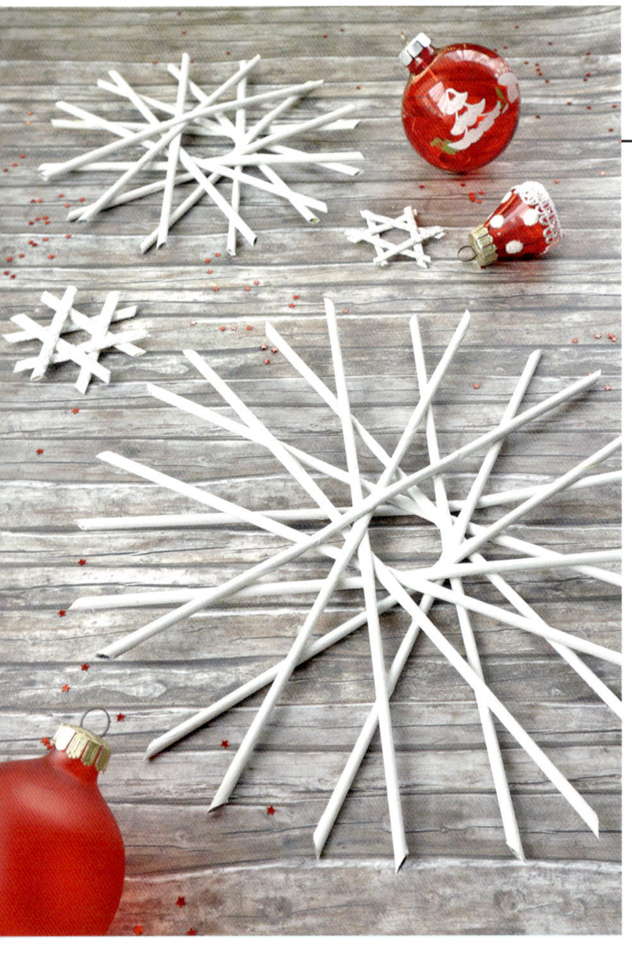

WAS DU BRAUCHST

- Kleine Papprolle (z. B. von Küchenkrepp oder Toilettenpapier)
- Bleistift, Schere & Lineal
- Seiten aus einem alten Buch
- Zahnstocher
- Klebestift
- Bastelkleber
- Wäscheklammern

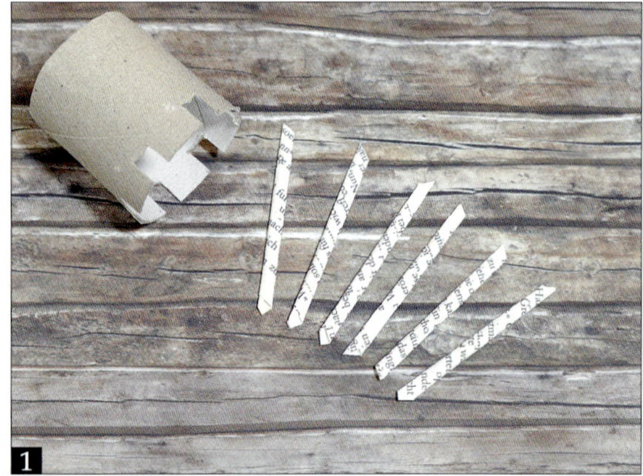
1

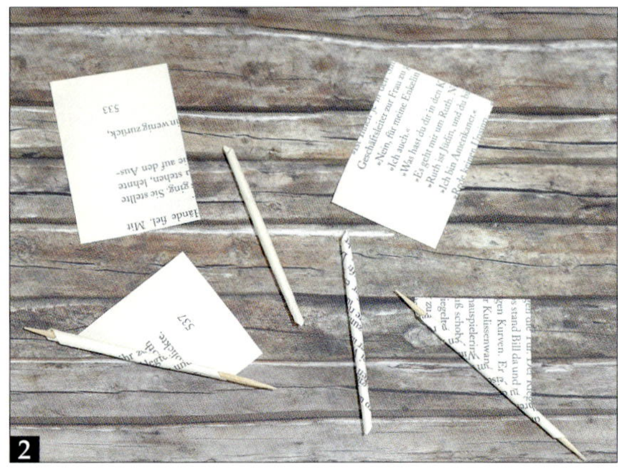
2

WIE ES GEHT

1. + 2. Zunächst baust du dir die Legeform aus einer Papprolle. Du kannst dafür die Rolle auf 5 cm einkürzen. In regelmäßigen Abständen schneidest du nun sechs gleich große (ca. 0,6 cm breite) Kerben in den oberen Rand der Papprolle.

Als Nächstes bereitest du 4 cm x 6 cm große Rechtecke aus Buchseiten vor, die du anschließend mit einem Zahnstocher diagonal aufrollst. Die obere Ecke verklebst du mit Klebestift. Wenn du dir die Abbildung auf Seite 72 (unten) genau ansiehst, erkennst du, wie du rollen kannst, um unterschiedliche Ergebnisse zu erzielen. Liegt die nicht beschriftete Ecke oben, erhältst du ein helles Röllchen. Liegt eine komplett bedruckte Ecke zum Verschließen oben, ist deine Rolle voller Buchstaben. Du kannst frei entscheiden, wie dein Stern aussehen soll, hell oder bedruckt. Zum Schluss drückst du die Rollen flach.

3. Lege mit drei deiner Röllchen ein Dreieck (Spitze nach oben) in die Papprollen-Form. Auf die Überlappungen träufelst du ein wenig Bastelkleber.

4. Nun legst du ein zweites Dreieck auf das erste (dieses Mal mit der Spitze nach unten). Wieder benetzt du die Berührungspunkte mit ein wenig Kleber.

5. Hebe den Stern vorsichtig aus der Form heraus und fixiere die Klebestellen mit Wäscheklammern.

6. Im letzten Schritt schneidest du die Ecken des Sterns einheitlich zurecht.

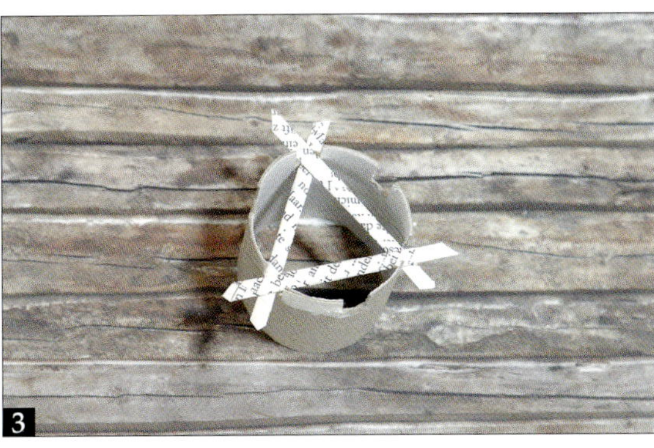
3

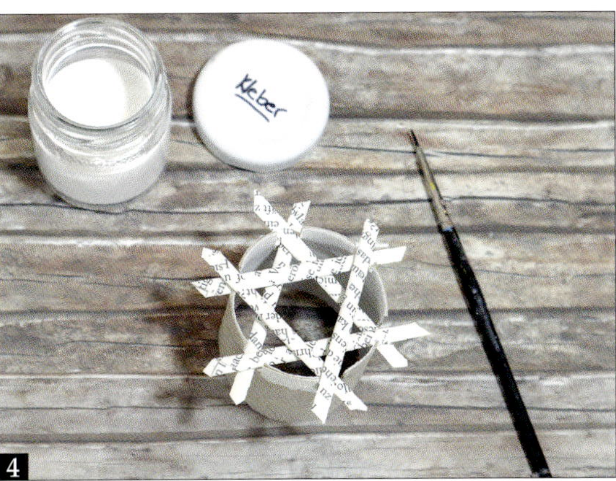

4

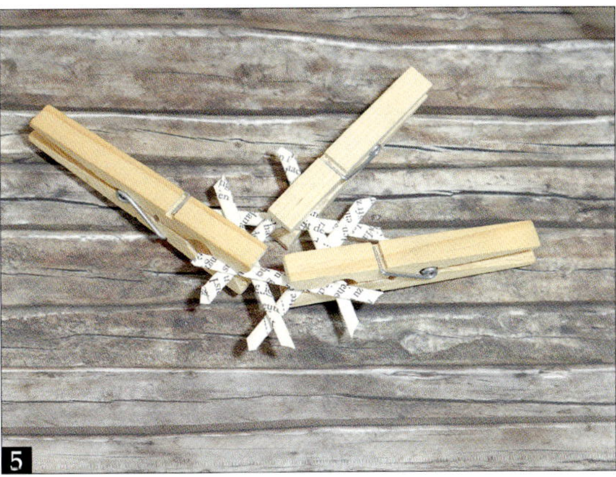
5

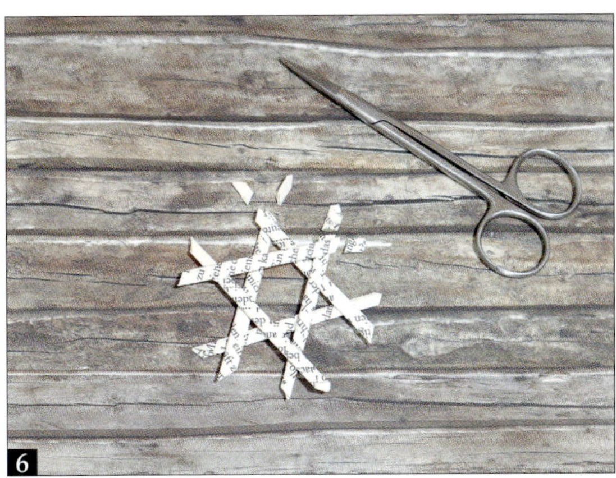
6

GROSSE »STROHSTERNE«
AUS ZEITUNGSPAPIER

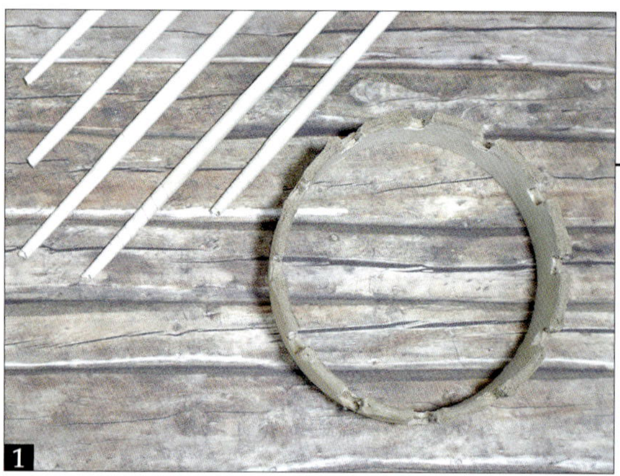
1

WAS DU BRAUCHST

- Große Papprolle (z. B. von Paket-klebeband)
- Bleistift, Schere & Lineal
- Seitenschneider & schmale Zange
- Zeitungspapier
- Lange Stricknadel, Schaschlikspieß aus Metall oder Ähnliches (ca. 40 cm lang & 0,3 cm im Durchmesser)
- Klebestift
- Bastelkleber
- Optional: Teller

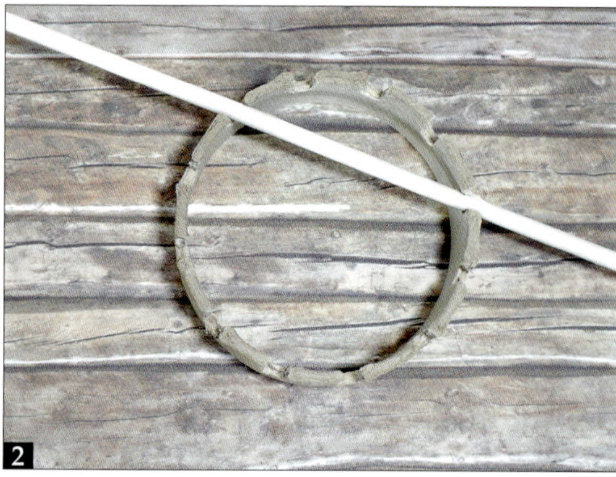
2

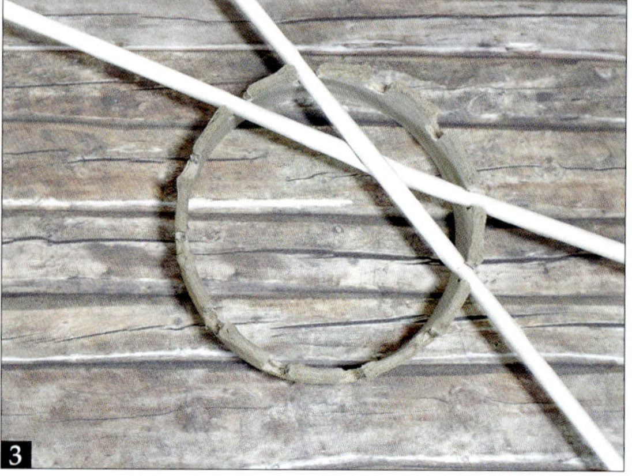
3

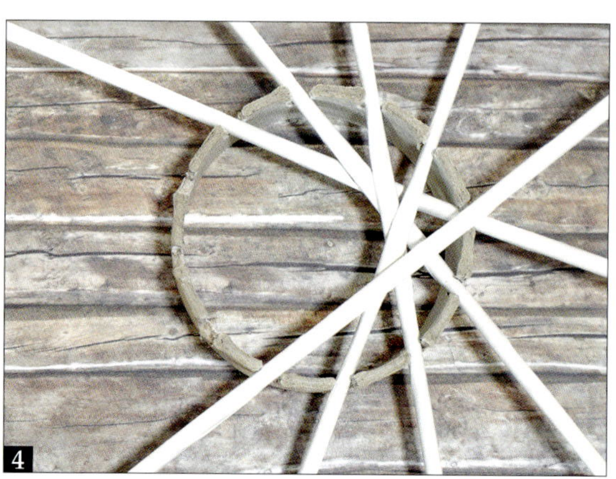
4

WIE ES GEHT

HERSTELLEN EINER LEGEFORM

1. Aus einer leeren Papprolle mit größerem Durchmesser entsteht die Legeform. Hierfür schneidest du in regelmäßigen Abständen zwölf Kerben mit einer Breite von ca. 0,7 cm hinein. Handelt es sich um sehr dicke Pappe, nimm einen Seitenschneider, um die Kerben herauszuknipsen. Brich anschließend die Kerben bei einer Tiefe von mindestens 1 cm mit einer schmalen Zange heraus.

ROLLEN DER PAPIERHALME

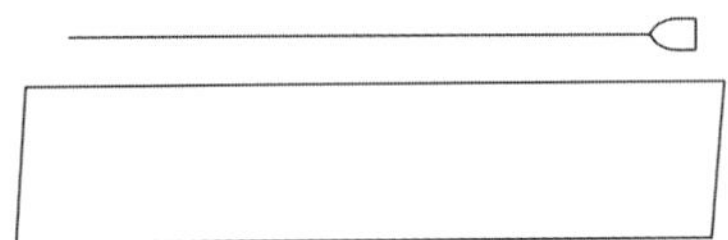

Aus Zeitungspapier rollst du deine »Strohhalme«. Für lange Halme benötigst du Zeitungsstreifen mit den Maßen 14 cm x 40 cm. Für die kürzeren reicht ein halb so langer Streifen (14 cm x 20 cm).

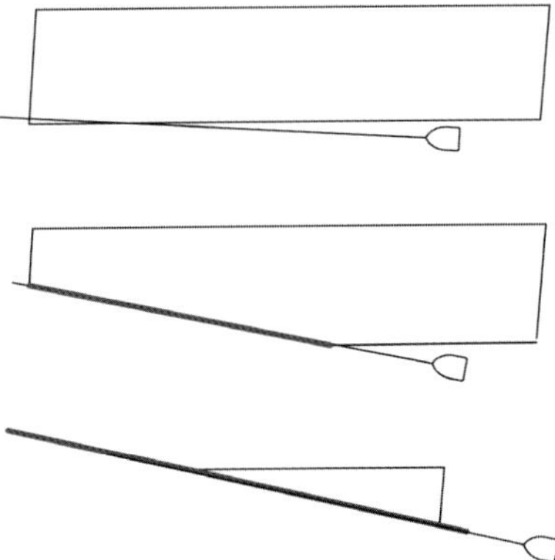

Lege die lange Stricknadel eng an die untere linke Ecke des Papierstreifens und rolle ihn auf. Da der Papierhalm länger als die Stricknadel werden wird, ziehst du die Nadel dabei immer etwas weiter nach rechts heraus (Linkshänder*innen arbeiten hier einfach seitenverkehrt).

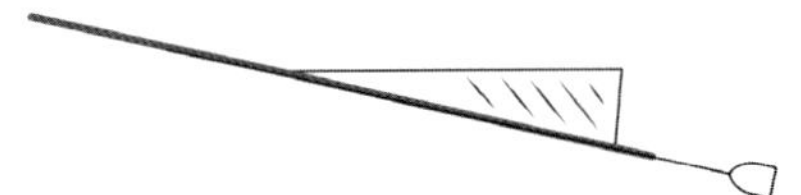

Verklebe die obere Ecke mit Klebestift. Fertig ist dein erster Halm aus Zeitungspapier. Für einen Stern brauchst du zwölf solcher Halme.

»STROHSTERNE« LEGEN

2. Nun legst du die einzelnen Papierhalme – wie in der Abbildung zu sehen – in den Legering. Der Halm liegt in Kerbe 1 und 5. Drei leere Kerben befinden sich dazwischen.

3. Der zweite Halm kommt in die Kerben 2 und 6.

4. So verfährst du nun mit allen weiteren Halmen und verklebst dabei die Überlappungen mit Bastelkleber, bis du die Runde voll hast und jede Kerbe belegt ist. Presse die Halme in der Mitte gut fest und warte bis der Kleber getrocknet ist, bevor du den »Strohstern« aus der Form hebst.

Kürze die Enden des Sterns auf die gleiche Länge ein, schneide dafür schräg oder gerade, wie du es schöner findest. Entweder du markierst dir an jedem einzelnen Halm die Länge, die du möchtest, oder du legst den Stern mittig auf einen runden Teller (oder ein Brett) in der Größe, die du brauchst und schneidest entlang des Tellerrandes ab.

UMWICKELTE PAPPSTERNE
AUS VERSANDKARTONS

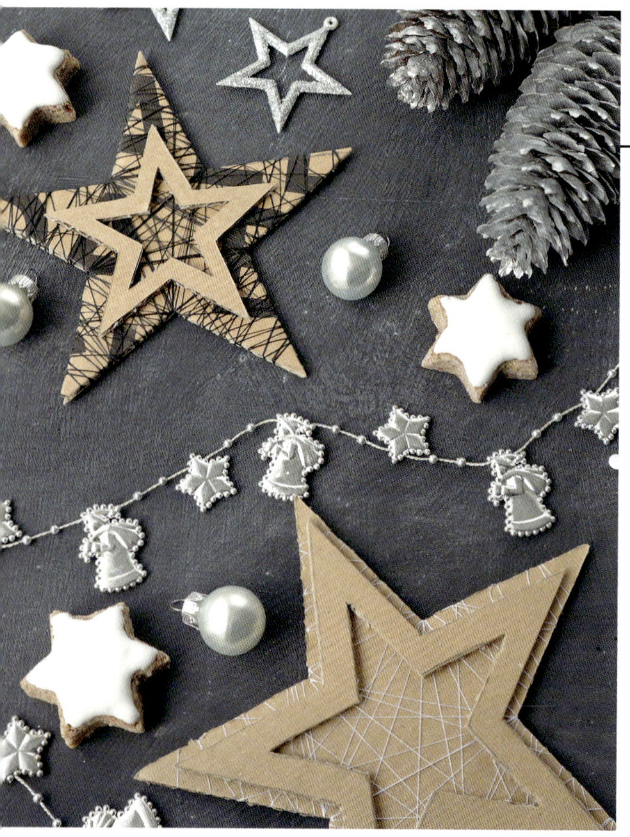

WAS DU BRAUCHST

- Sternvorlagen (S. 122/123)
- Pappe; z. B. aus Versandkartons
- Bleistift
- Schneidematte (oder sehr festen, dicken Karton)
- Bastelskalpell, Cutter- oder Teppichmesser
- Nähgarn in Schwarz & Weiß
- Klebestreifen
- Bastelkleber

TIPP

Auch bedruckte Bereiche von Versandkartons oder Versandtaschen eignen sich hervorragend für diese Art von Stern

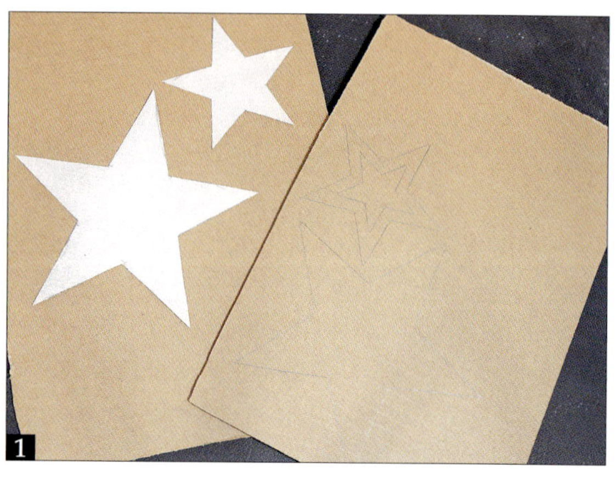

WIE ES GEHT

1. Für einen Stern benötigst du drei verschieden große Sternvorlagen. Die größte für den unteren Stern, die zwei kleineren für den oberen Sternrahmen. Die Größen können ansonsten frei variiert werden.

2. Nachdem du die Sterne mit Bleistift auf die Pappe übertragen hast, legst du sie auf eine Schneidematte oder ein Stück festen, dicken Karton. Schneide die Sterne nun vorsichtig, entlang der Bleistiftlinien, mit einem Bastelskalpell heraus. So knickt die Pappe nicht und franst nicht aus.

3. Jetzt klebst du den Anfang des Garns mit einem Klebestreifen auf der Rückseite des großen Sterns fest.

4. Umwickle den Stern nun kreuz und quer mit dem Nähgarn.

5. Auch das Ende des Garns befestigst du – wieder auf der Sternrückseite – mit einem Klebestreifen. Nun kann der kleinere Sternrahmen mit Bastelkleber auf die Vorderseite aufgebracht werden.

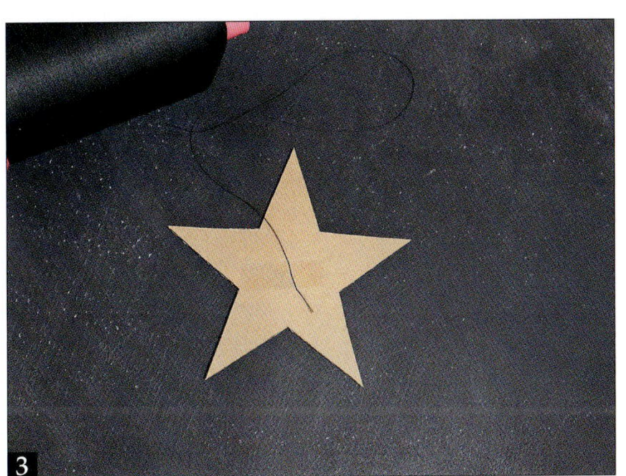

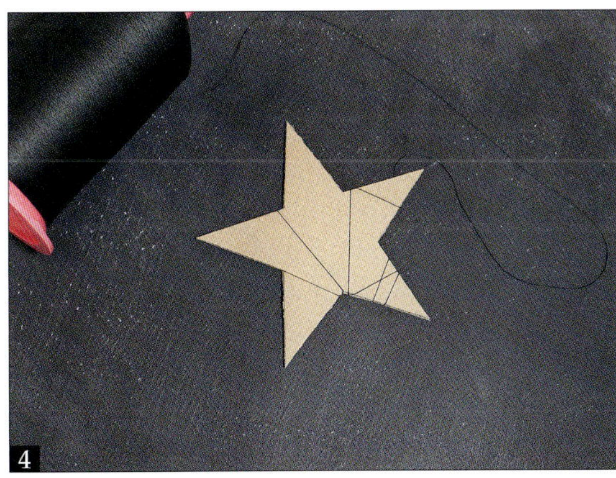

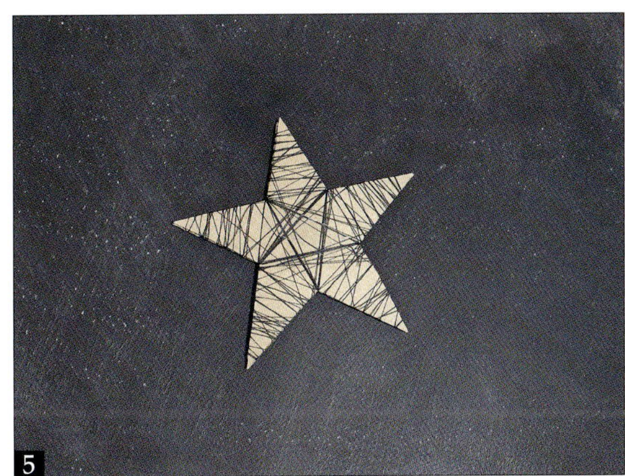

TEELICHT AUS ALTGLAS

WAS DU BRAUCHST

- Braunes Altglas
- Ausgeschnittene Sternschablonen aus Papier (S. 122/123)
- Klebestift
- Weiße Acrylfarbe
- Kleinen Schwamm
- Deckel zum Tupfen
- Wasser
- Juteschnur & Perlen
- Teelicht & etwas Sand

WIE ES GEHT

1. + 2. Klebe die ausgeschnittenen Sternschablonen mit Klebestift auf das Glas.

3. Mit einem kleinen Schwamm (du kannst hierfür einfach einen großen zerschneiden) nimmst du etwas Acrylfarbe auf und tupfst sie zunächst auf einem Deckel ab, damit du im nächsten Schritt nicht zu viel Farbe auf das Glas gibst. Je weniger Farbe du auf das Glas tupfst, desto mehr wirkt es wie ein echtes Schneegestöber.

4. Lasse die Farbe richtig gut durchtrocknen. Das kann mehrere Stunden dauern.

5. Befeuchte die zuvor aufgeklebten Papiersterne mit Wasser. Hierfür eignet sich wieder ein Schwämmchen. Sei dabei vorsichtig, falls die Farbe doch noch ein wenig verwischt. Die angefeuchteten Sterne lassen sich ganz einfach vom Glas entfernen.

6. Wische die letzten Klebespuren weg. Nachdem du eine Schnur samt aufgefädelter Perlen um das Gefäß gewickelt und festgeknotet hast, befüllst du es mit Sand, um Unebenheiten am Boden auszugleichen. Nun fehlt nur noch das Teelicht, welches durch das braune Glas ein wunderbar wohliges Licht verströmt.

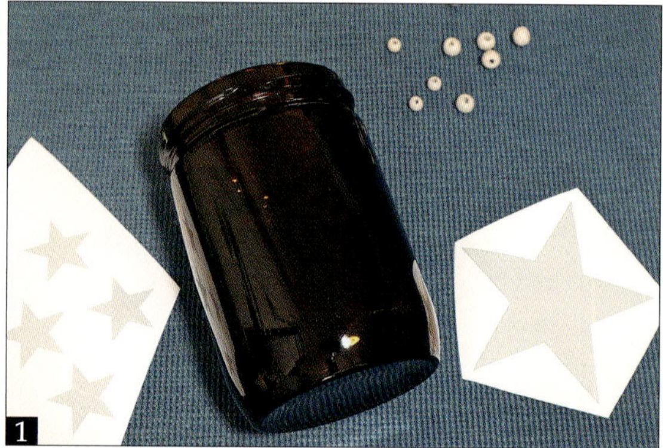
1

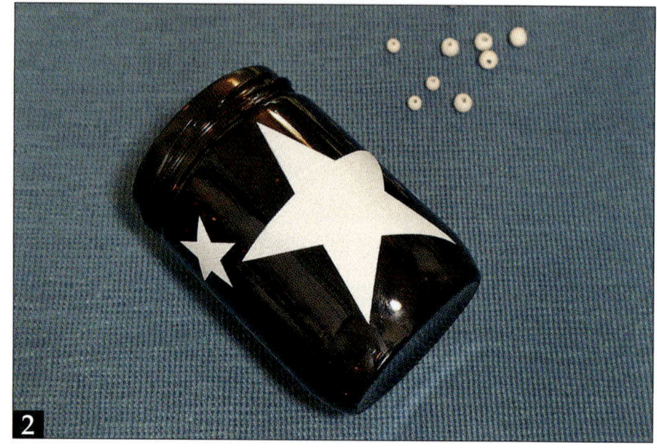
2

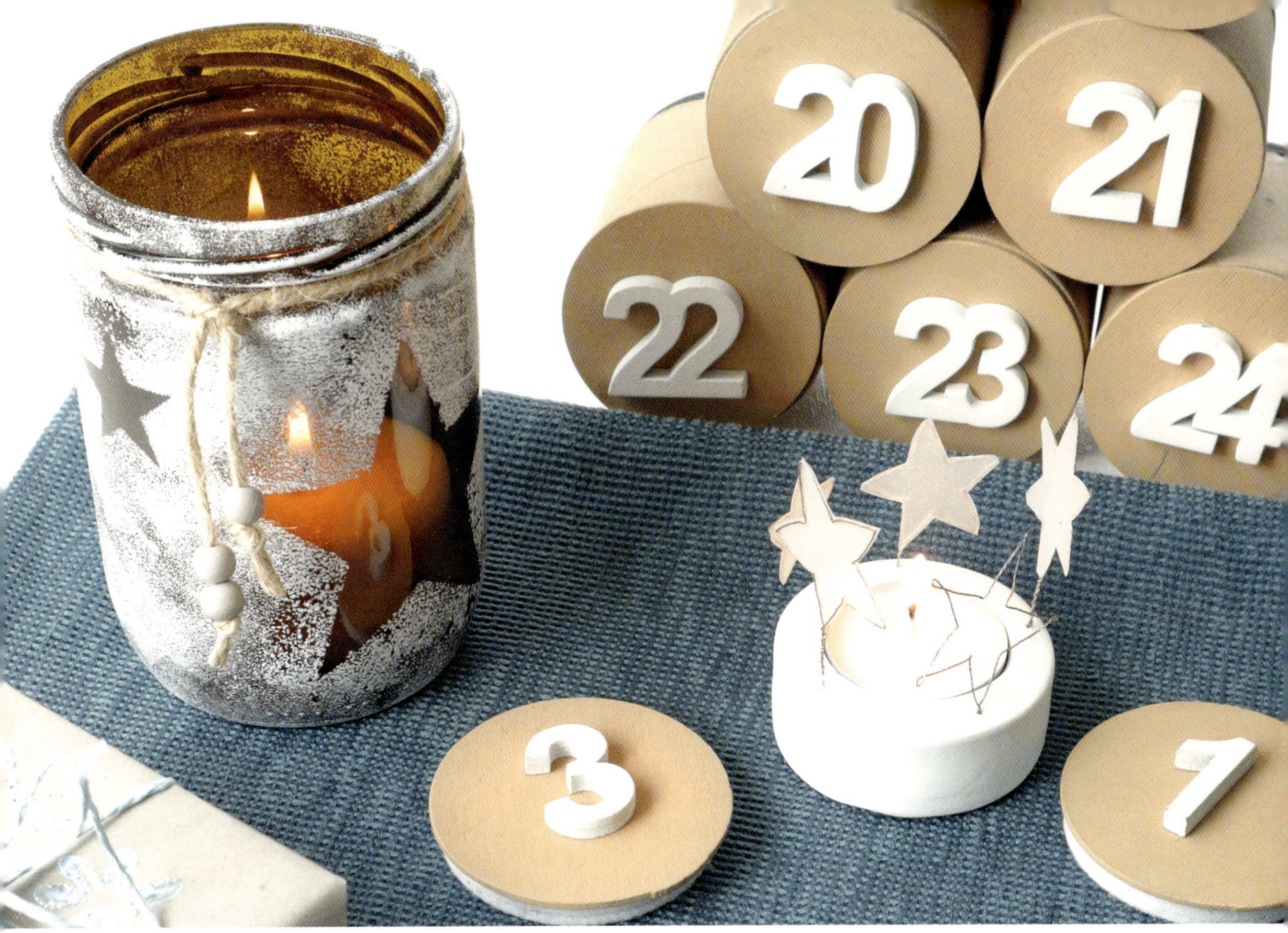

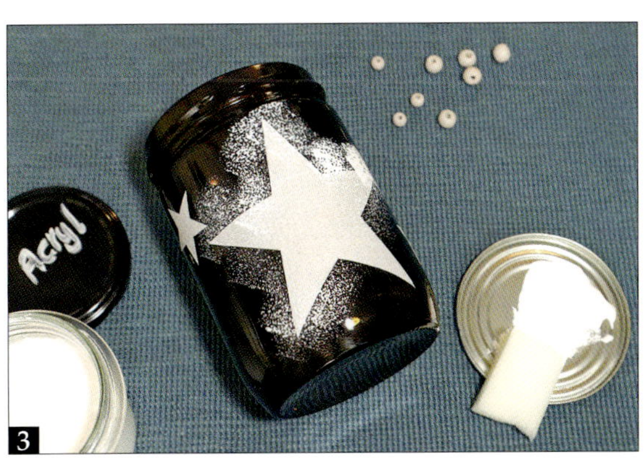
Acryl
3

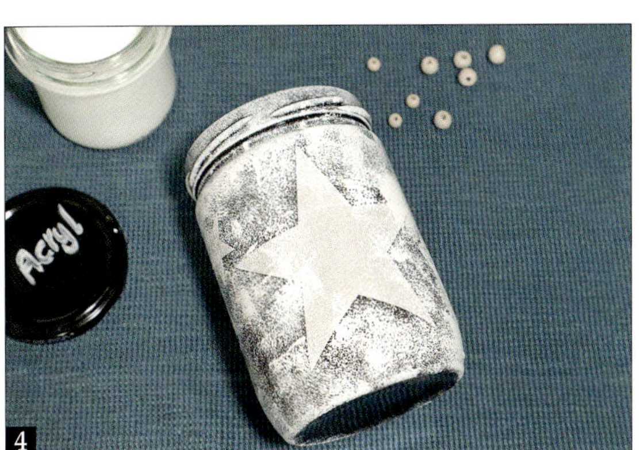
Acryl
4

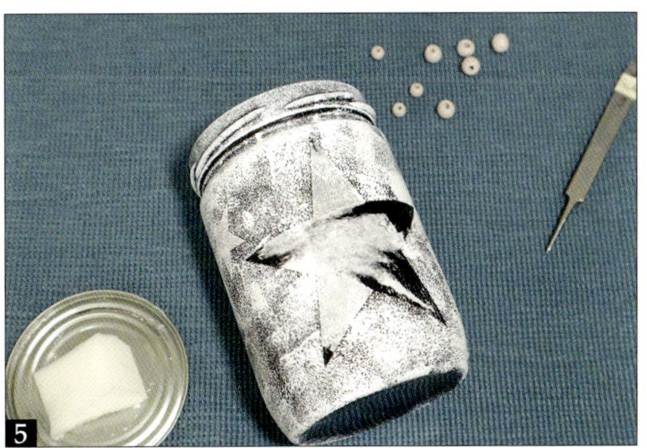
5

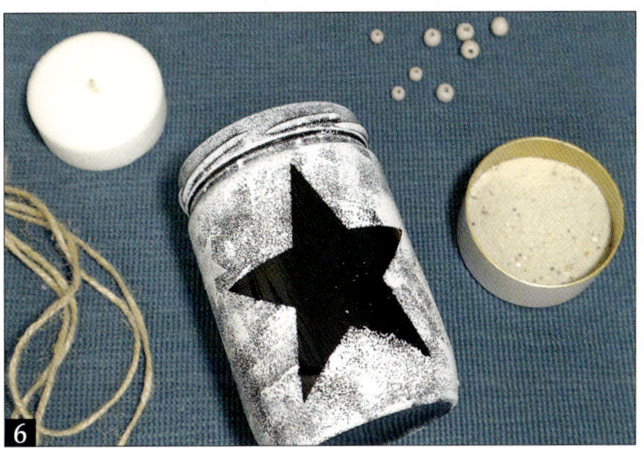
6

NOCH MEHR DRAHTSTERNE

AUS ALTEN KABELN

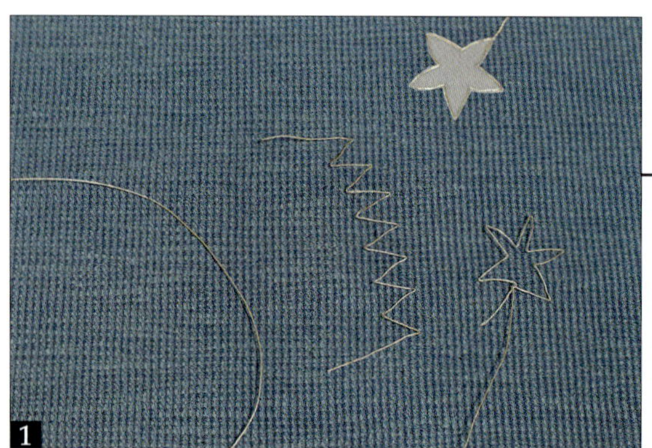

1

WAS DU BRAUCHST

- Draht, z. B. aus einem alten Kabel (S. 66/68) oder Blumendraht
- Schere & langes Lineal
- Bastelkleber & feinen Pinsel
- Pergamentpapier, z. B. die Reste aus dem Projekt von Seite 28

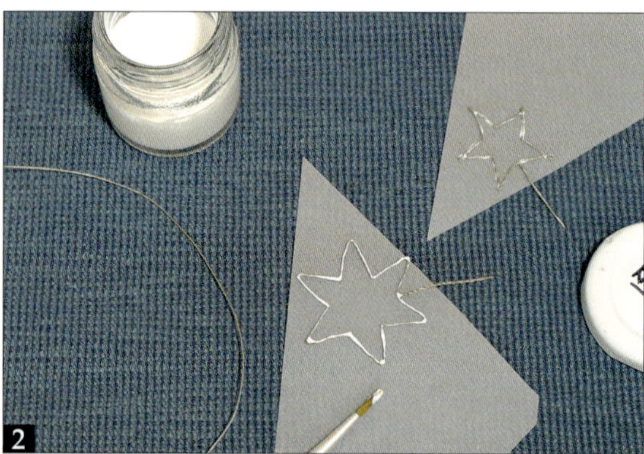

2

WIE ES GEHT

1. Aus dem dreifach verdrillten Draht eines alten Kabels schneidest du 20 cm lange Stücke zurecht (verwendest du Blumendraht, bleibt dieser unverdrillt). Für einen sechsstrahligen Stern knickst du den Draht so, dass sieben Zacken entstehen, die nach rechts zeigen, und sechs Zacken, die nach links zeigen. Für einen fünfstrahligen Stern knickst du sechs zur einen und fünf zur anderen Seite gerichtete Zacken. Biege den Draht nun zu einem Kreis, und zwar so, dass die Seite mit der kleineren Anzahl an Zacken nach außen zeigt. Wo der erste und der letzte Knick aufeinandertreffen, verzwirbelst du den Draht. Biege die Zacken so zurecht, dass ein möglichst symmetrischer Stern entsteht.

2. Mit einem feinen Pinsel verteilst du Bastelkleber auf dem Drahtstern und klebst diesen auf das Pergamentpapier. Lasse alles gut trocken.

3. Schneide den Stern nah am äußeren Rand des Drahtes aus.

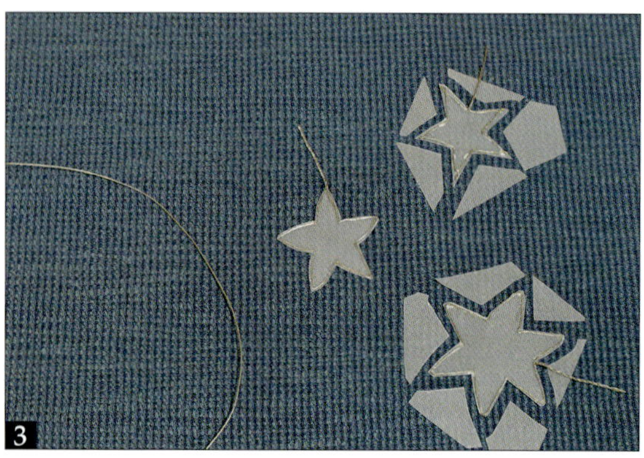

3

TIPP
Auch ganz ohne Pergamentpapier machen diese Sterne viel her!

ON TOP – TEELICHT MIT DRAHTSTERNEN

4.–7. Wie du auf dem Bild sehen kannst, stecken meine Drahtsterne nun um ein kleines Teelicht herum. Dafür wurden eine XXL-Teelichthülse aus Aluminium sowie die eines Plastikteelichts als »Gießformen« benutzt. Und so geht's: Drücke lufthärtende weiße Tonmasse in die XXL-Hülse. Anschließend presst du das Plastikteelicht in den Ton – so entsteht eine Kuhle für das eigentliche Teelicht (die Plastikform ist praktischer Weise etwas größer als die aus Aluminium). Glätte nun den oberen Rand des Tons und stecke die Drahtsterne in regelmäßigen Abständen hinein. Nach einem Tag Trocknungszeit entfernst du die Drahtsterne wieder, damit die nächsten Schritte leichter zu handhaben sind. Schneide die XXL-Aluhülse ein wenig ein und ziehe sie vorsichtig ab. Auf den Kopf gedreht trocknet alles für einen weiteren Tag. Nun ziehst du die innere Hülse vorsichtig heraus. Nochmals alles gut trocknen lassen. Zum Schluss setzt du ein kleines Aluminiumteelicht in die Form und steckst auch wieder alle Sterne hinein.

Wer hier wegen der Feuergefahr auf Nummer Sicher gehen will, verwendet feuerfestes Lichterpapier, Sterne ganz ohne Pergament oder ein LED-Teelicht.

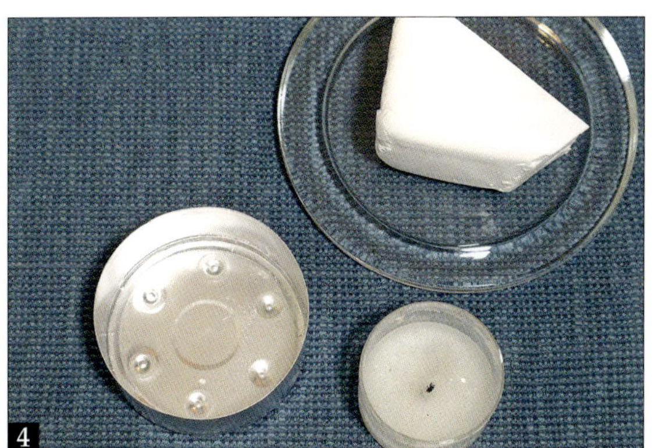
4

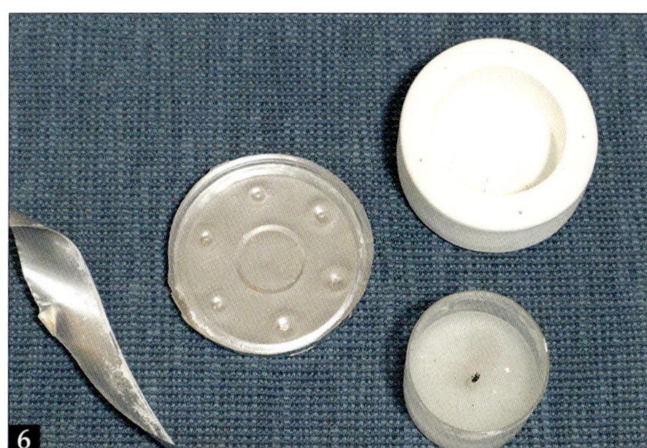
6

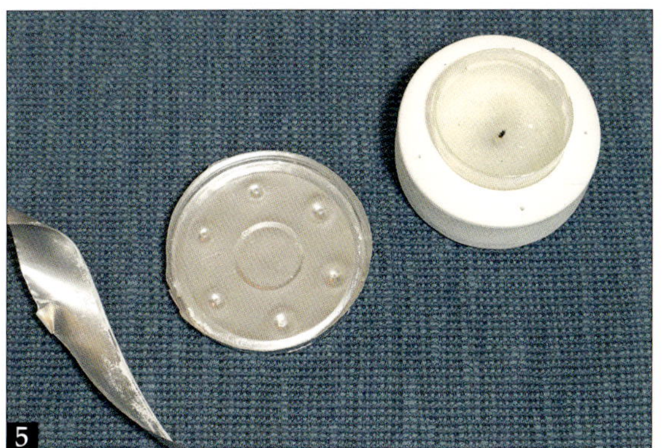
5

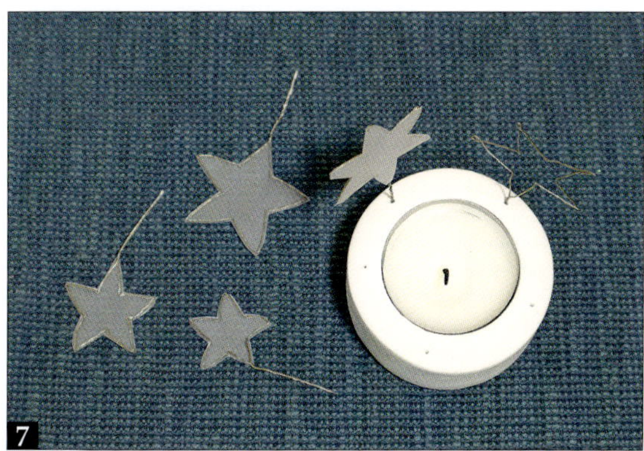
7

PAPPSTREIFEN-STERNE
AUS PAPPROLLEN

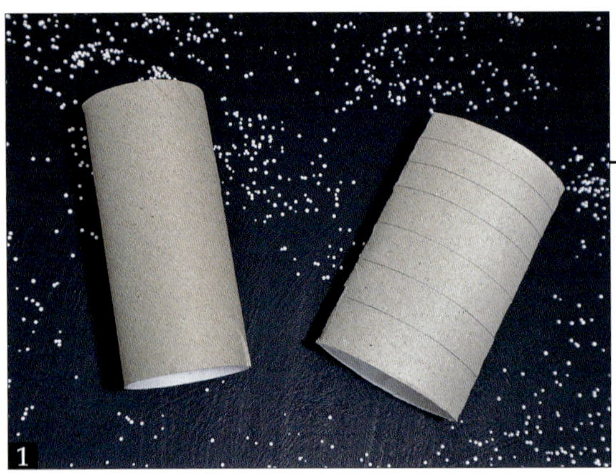
1

WAS DU BRAUCHST

- Leere Papprollen; z. B. von Küchenkrepp oder Toilettenpapier
- Schere (groß & klein)
- Lineal & Bleistift
- Bastelkleber
- Weiße Acrylfarbe & feinen Pinsel oder Acrylstift

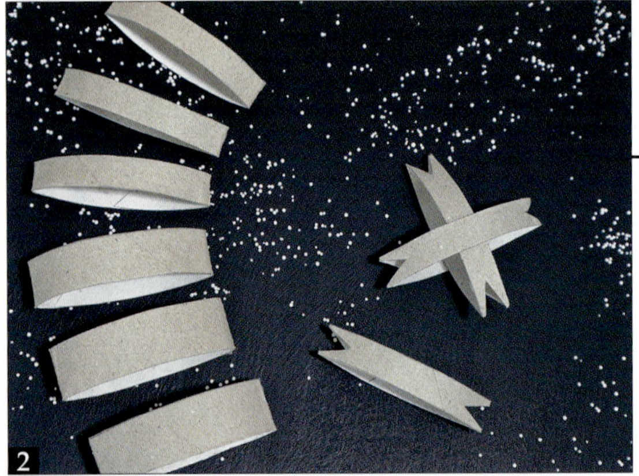
2

WIE ES GEHT

1. + 2. Die Papprolle wird pro Stern in drei gleich breite Streifen (z. B. 1 cm) geschnitten.

2. + 3. In die äußeren Ränder der Streifen schneidest du ein Dreieck hinein, jedoch so, dass die Kante geschlossen bleibt. Dafür lässt du einfach ein wenig Platz zum äußeren Rand. Die drei fertigen Streifen steckst du ineinander und verklebst sie in der Mitte mit Bastelkleber. Verziere die Sterne nach dem Trocknen mit Acrylfarbe.

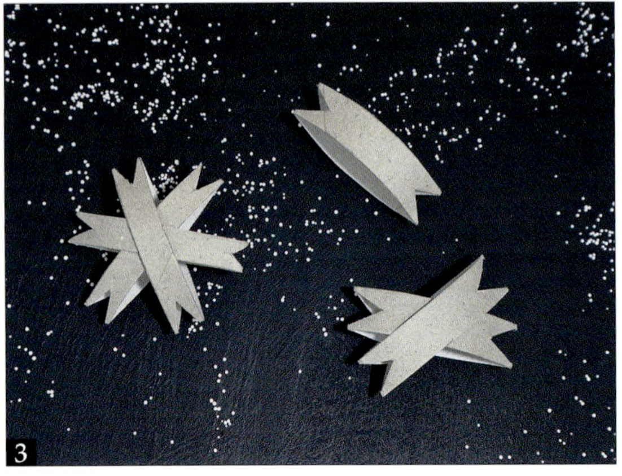
3

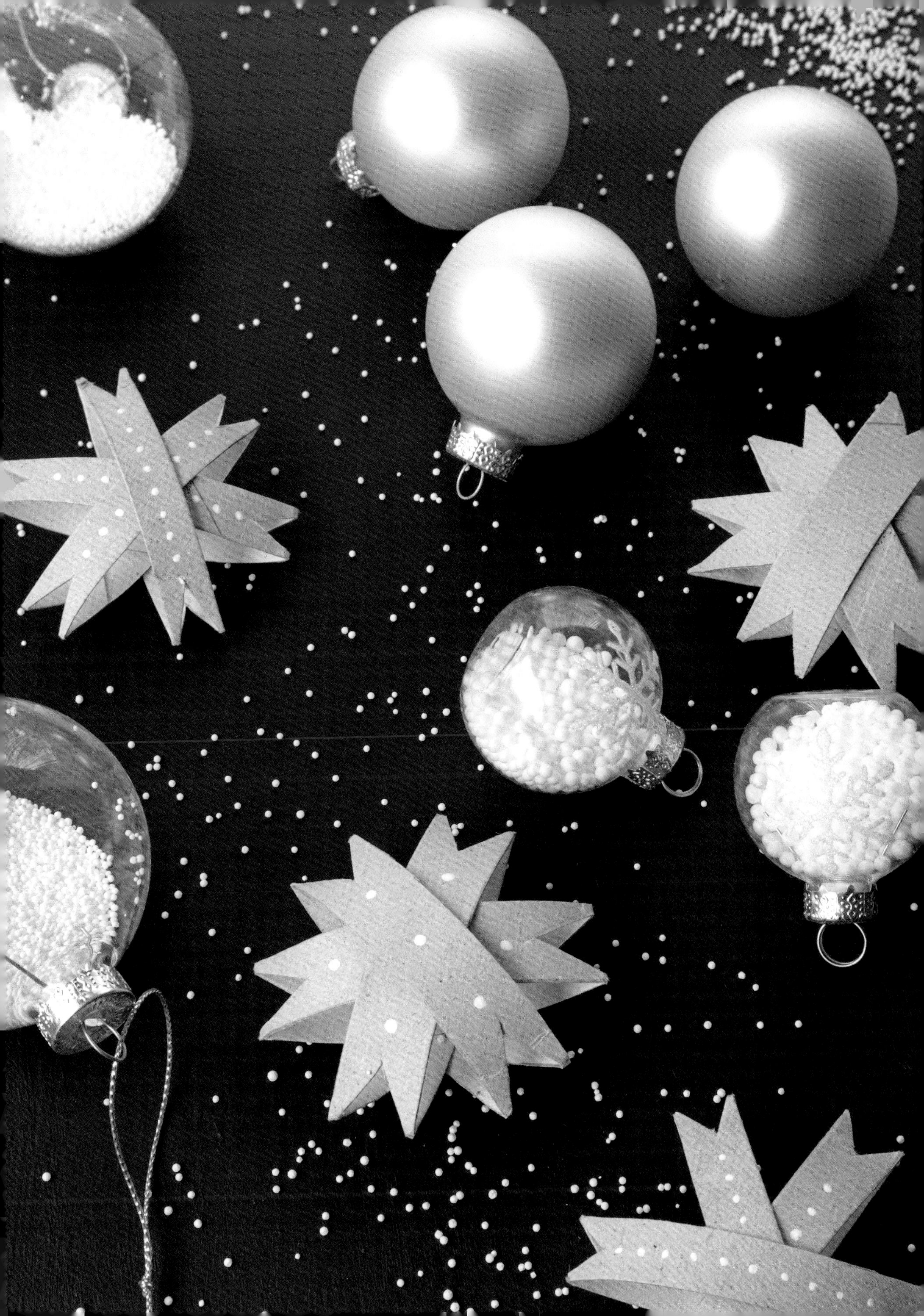

ORIGAMI 3: GESTECKTER STERN MIT ACHT ZACKEN

AUS PACKPAPIER

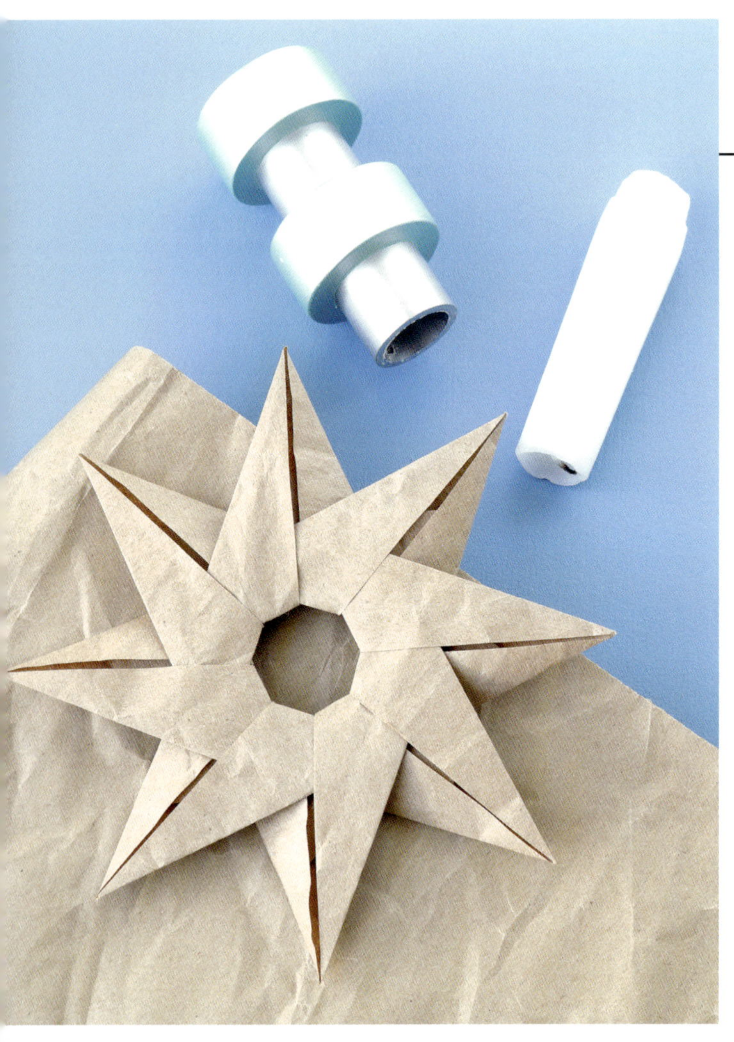

WAS DU BRAUCHST

- Packpapier
- Evtl. Lineal & Bleistift (zum Anzeichnen der Quadrate)
- Schere

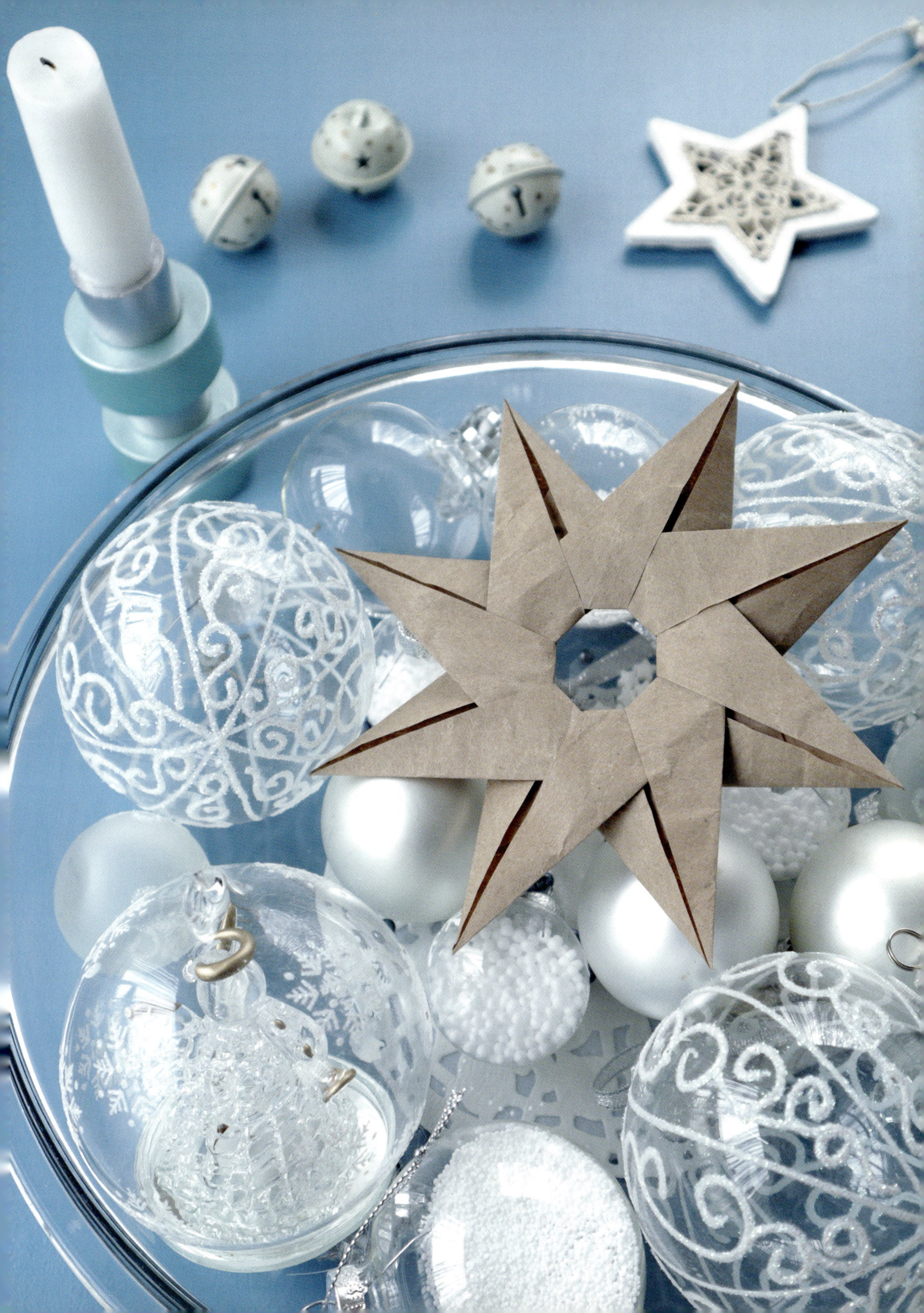

WIE ES GEHT

1. Schneide dir acht gleich große Quadrate aus Packpapier zurecht und falte alle wie folgt:

2. Halbiere das Quadrat diagonal und klappe es wieder auf.

3. Anschließend faltest du die rechte, untere Seite hin zur Diagonalen in der Mitte.

4. Falte die schräg gegenüberliegende Seite ebenso zur Diagonalen.

5. Das gleiche wiederholst du ein weiteres Mal mit der kurzen rechten oberen Seite.

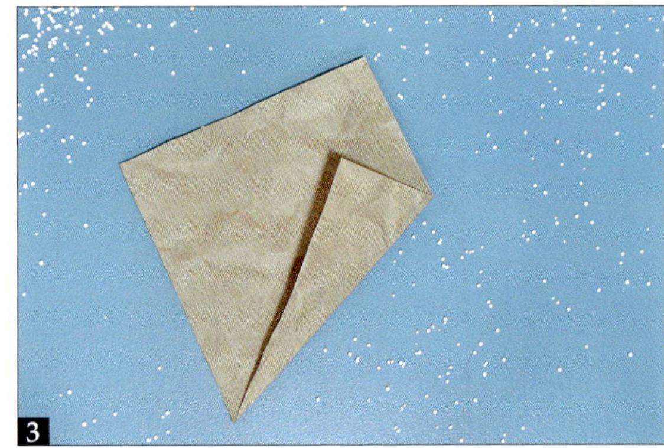

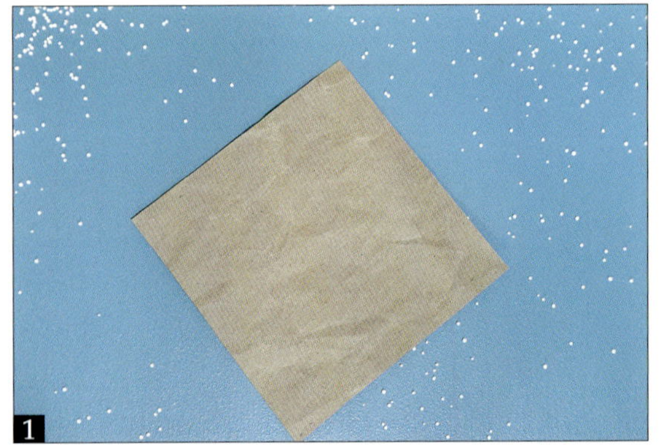

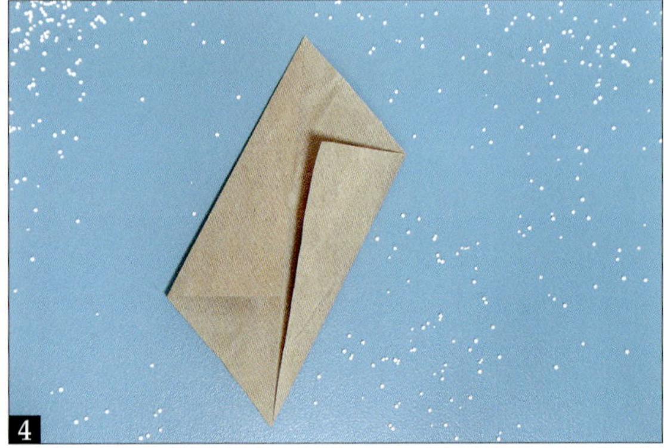

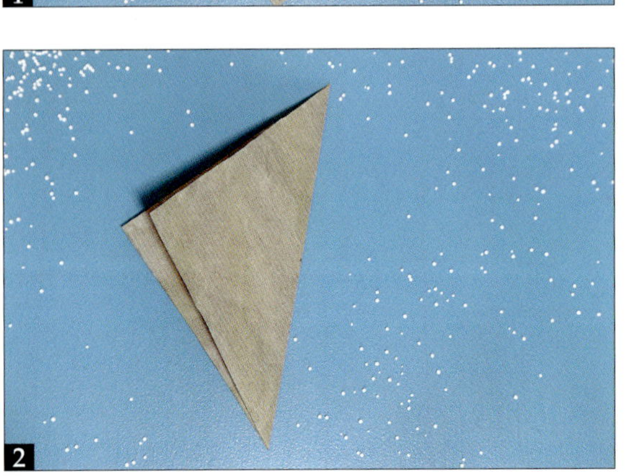

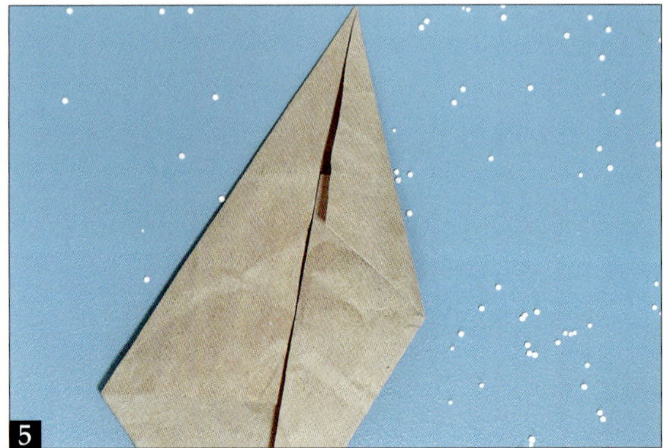

6. Als Nächstes knickst du den unteren Bereich so nach hinten weg, dass der Falz an der linken und rechten Ecke liegt.

7. + 8. Hast du alle Quadrate auf diese Art gefaltet baust du den Stern zusammen. Um die Spitzen ineinanderstecken zu können, öffnest du die rechte Lasche der ersten Zacke und schiebst die zweite Zacke hinein.

9. Schließe die Lasche danach wieder.

10. + 11. So verfährst du mit allen weiteren Zacken und schließt den Stern.

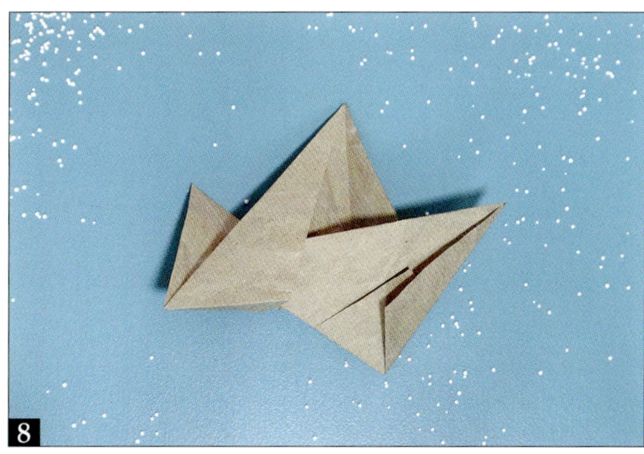
8

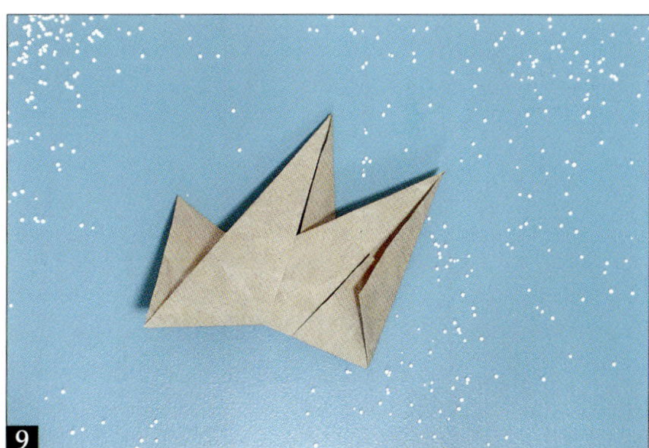
9

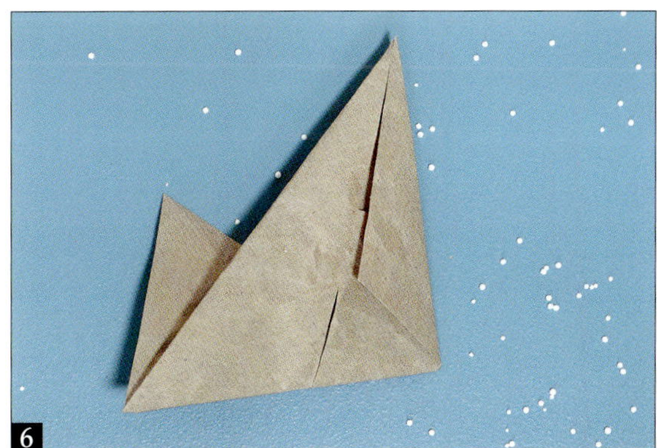
6

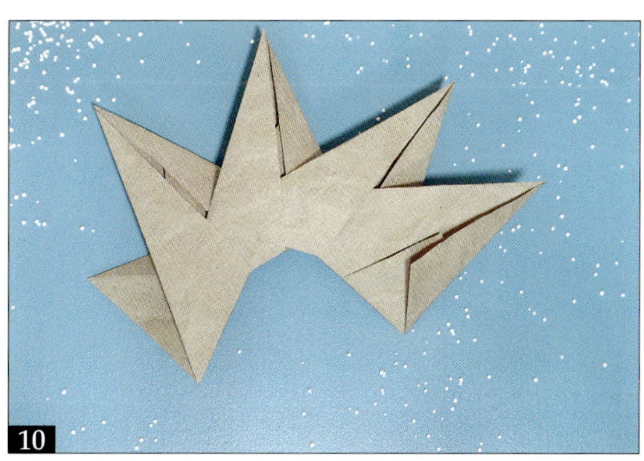
10

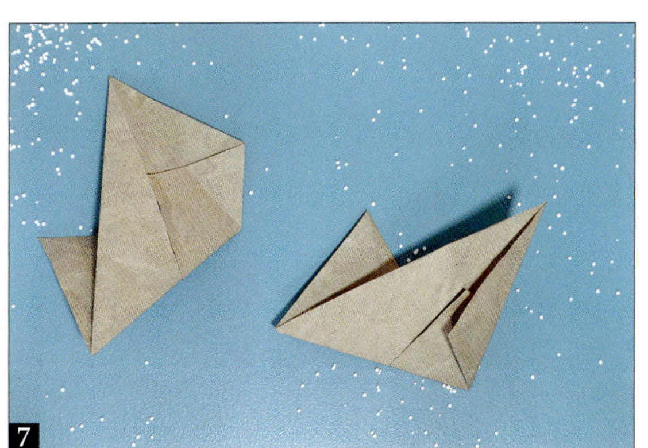
7

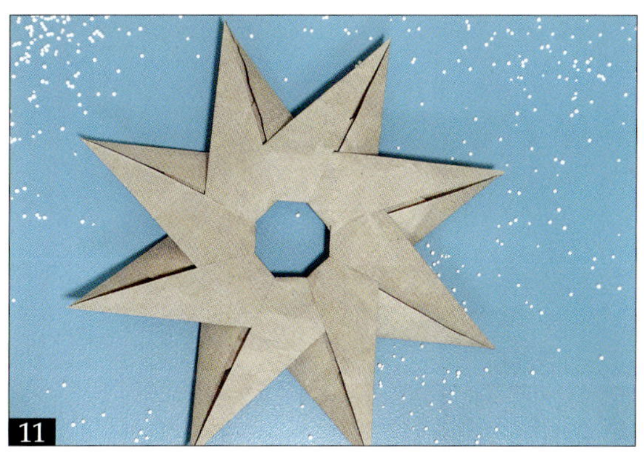
11

FRANSIGE STOFFSTERNE
AUS EINER ALTEN JEANS

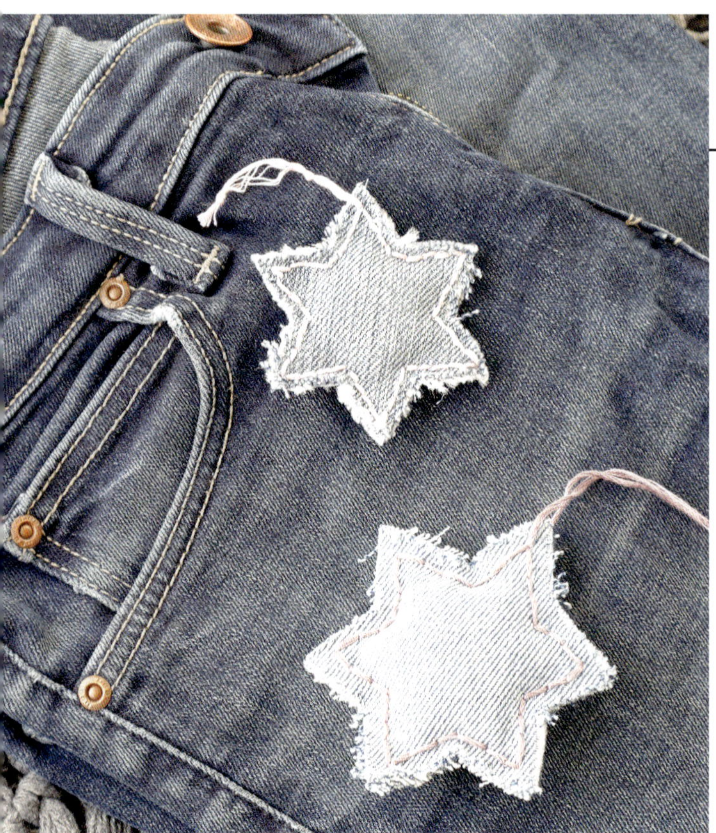

WAS DU BRAUCHST

- Sternvorlage (S. 122/123) oder Keksausstecher
- Kreide, Kugelschreiber oder Stoff-Markierer
- Alte Jeans / Stoffreste
- Schere
- Starke Nähnadel & Stick- oder Stopfgarn
- Füllmaterial
- Evtl. Stift

FÜLLMATERIAL

Als Füllmaterial kannst du anstelle von Füllwolle auch Reste von Handarbeits-Projekten wie kleine Stoffabschnitte, Faden- und Wollreste verwenden.

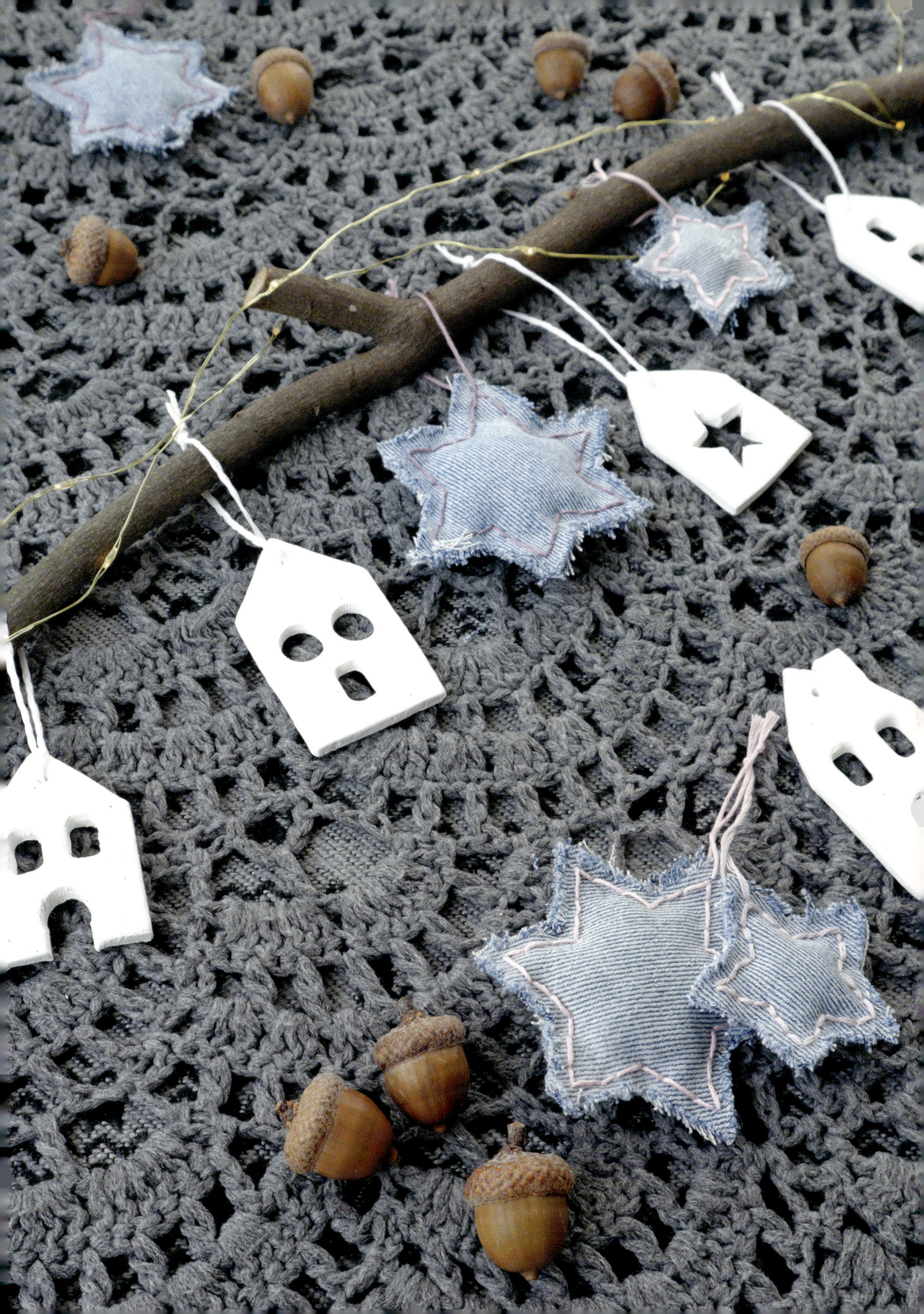

WIE ES GEHT

1.–3. Pro Stern überträgst du dir die Form zweimal, z. B. mit einem Kugelschreiber, auf den Stoff und schneidest sie aus.

4. Mit einer Nahtzugabe von ca. 0,5 cm nähst du nun die zwei Stoffsterne links auf links zusammen, die schöne Seite zeigt also bereits nach außen. Beginne beim Zusammennähen an der Spitze einer Zacke.

5. Kurz vor dem Beenden gibst du das Füllmaterial in den Stern hinein. Hier kann ein Stift als Stopfhilfe dienen.

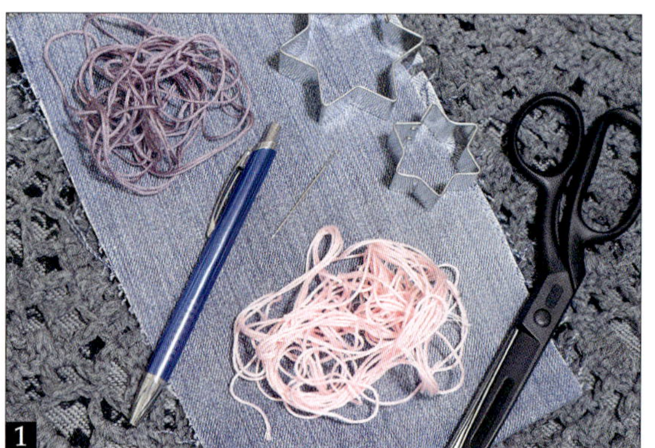
1

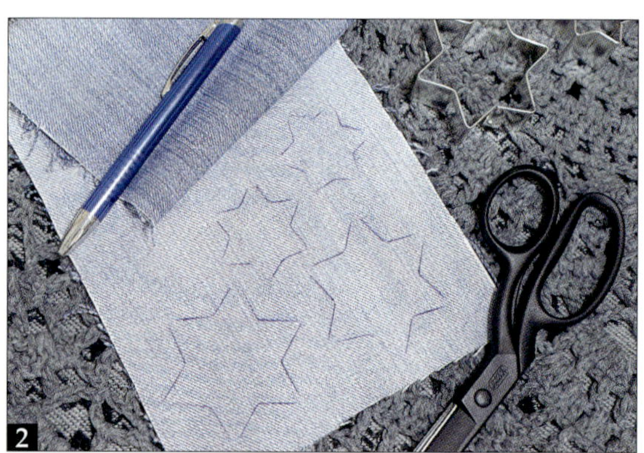
2

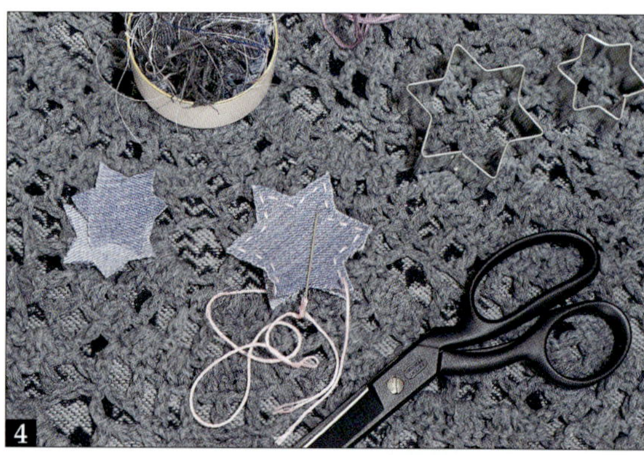
4

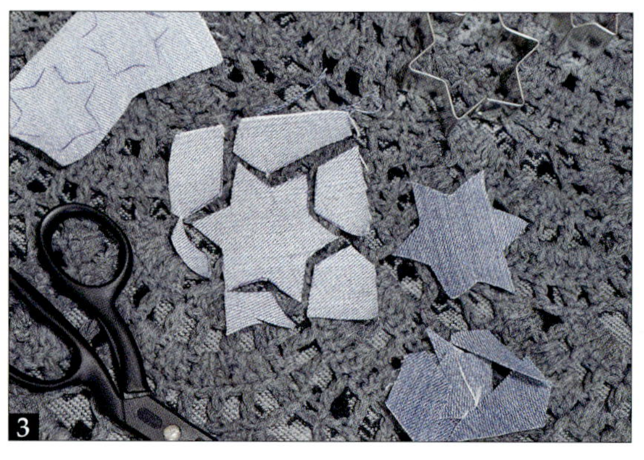
3

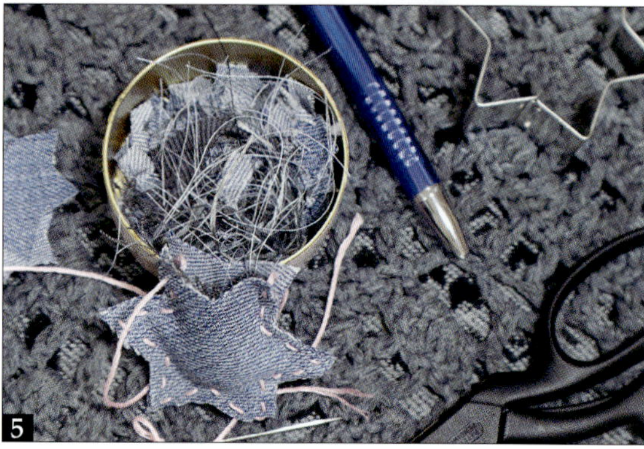
5

6. + 7. Nähe den Stern fertig zusammen und verknote die zwei Fadenenden zu einer Schlaufe, die gleich als Aufhänger genutzt werden kann.

8. Zum Schluss wird der Rand noch etwas ausgefranst.

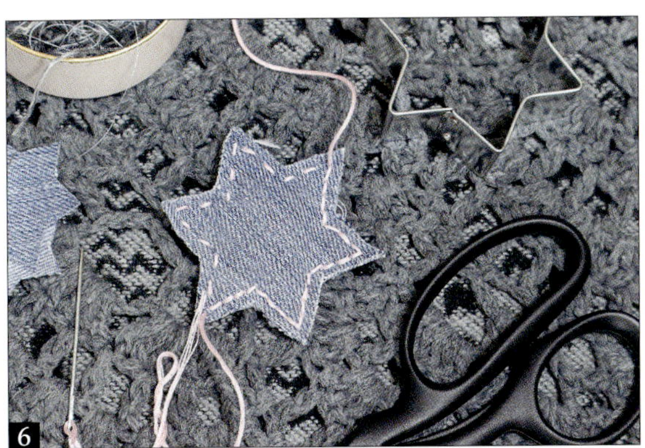

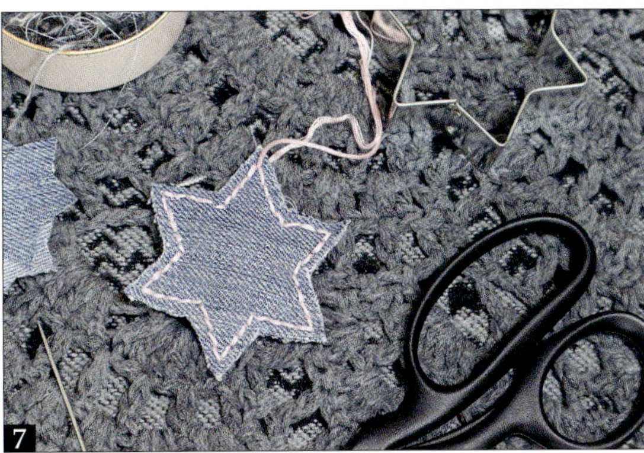

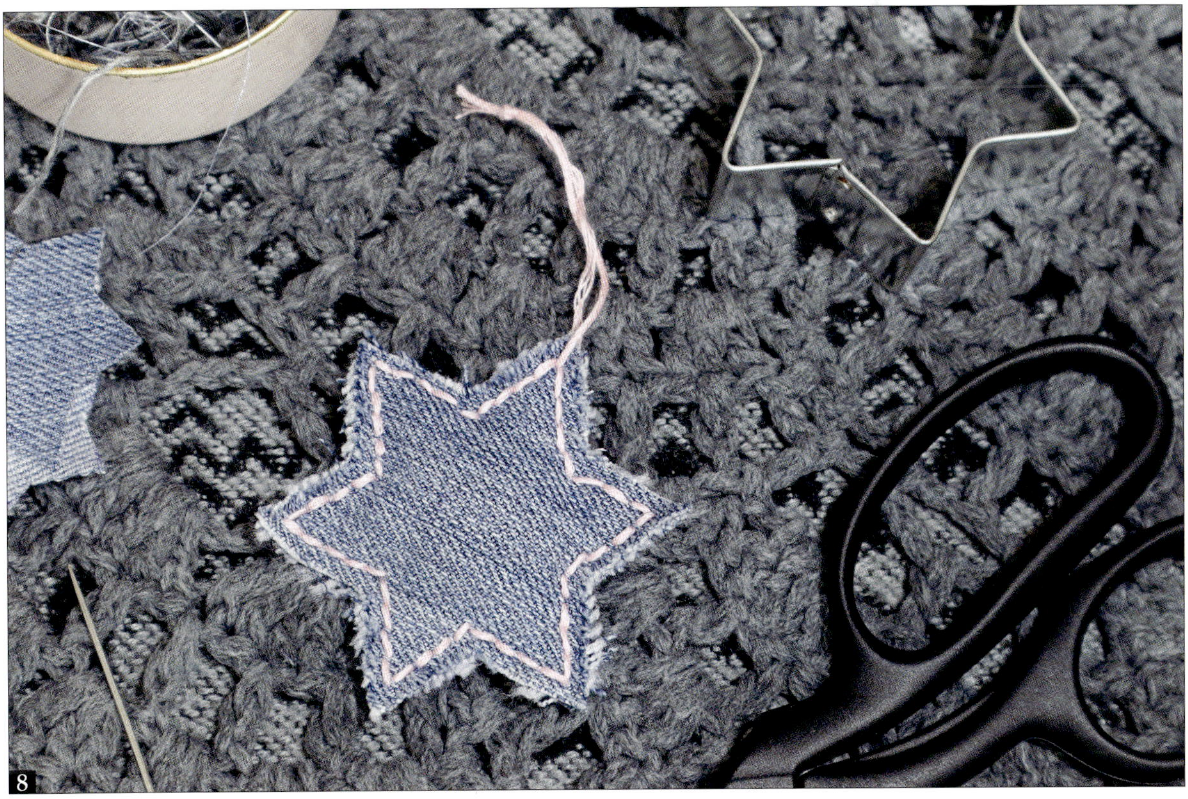

8

ZIEHHARMONIKASTERN MIT RAND

AUS EINEM ALTEN NOTENHEFT

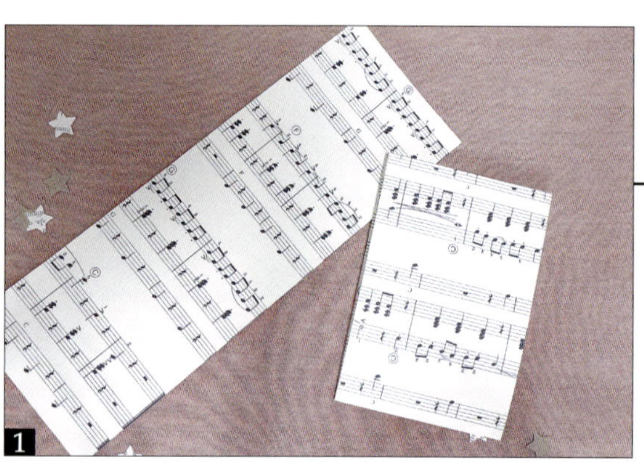

WAS DU BRAUCHST

- Bleistift, Schere & Lineal
- Altes Notenpapier
- Klebestift
- Heißkleber
- Gestanzter Stern zur Zierde

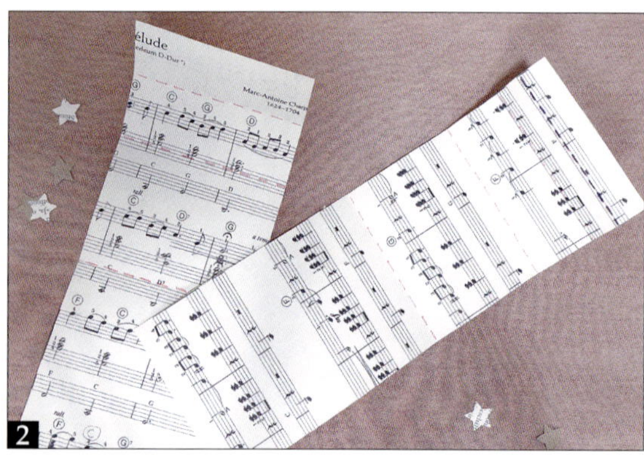

WIE ES GEHT

Bereite dir aus Notenpapier zwei Streifen mit den Maßen 9 cm x 26 cm vor. Beide faltest du wie eine Ziehharmonika. Damit die Falten gleichmäßig sind, gehst du mit beiden Papierstreifen wie folgt vor:

1. Falte den Streifen zunächst in der Mitte.

2. Nun legst du eine der kurzen Kanten an den mittleren Knick und faltest so die nächste Falte. Nimm wieder die kurze Kante und lege sie an den gerade eben entstanden Falz an. Fahre fort, bis der ganze Streifen acht Segmente besitzt.

3. Wende das Papier und falte nun jeweils in der Mitte zwischen den bereits getätigten Faltungen, so dass es insgesamt 16 Segmente werden.

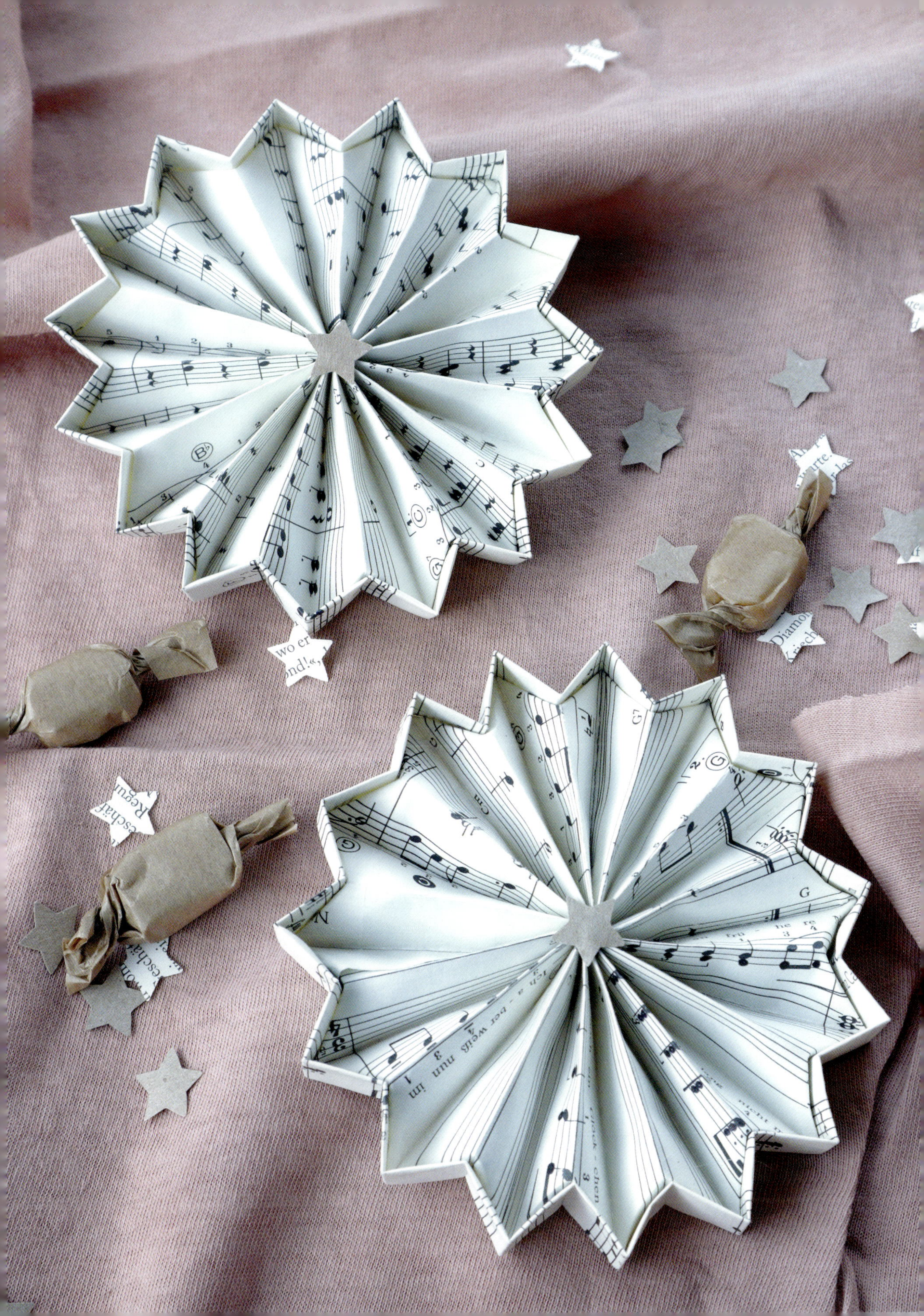

4. Lege die zwei Ziehharmonikas aus Papier anschließend so hin, dass der untere erste Knick des einen Papiers nach unten (Talfalte) und der des anderen Papiers nach oben (Bergfalte) zeigt. Knicke die jeweils rechte Ecke in der Breite des Segments nach vorne.

5. Nun glättest du das Papier etwas und faltest die lange Seite in der Breite des Dreiecks um.

6. So faltest du nun ein zweites Mal. Das Dreieck ist in der Faltung verschwunden und nicht mehr zu sehen. Wende den Streifen dann, sodass die Faltung nach unten, in Richtung deiner Arbeitsfläche, zeigt.

7. Jetzt geht es an die Knicke der Außenseite des Sterns. Mit der einen Hand drückst du eine Ecke in den umgeknickten langen Rand, während du mit der anderen an der gegenüberliegenden langen Seite die zwei dazugehörigen benachbarten Bergfalten zusammendrückst. So lässt sich die Zacke leichter bilden.

8. Das wiederholst du für den gesamten Rand sowie für den zweiten Streifen.

9. Nun werden die zwei Ziehharmonikas zu einer einzigen langen zusammengeklebt. Dafür schiebst du eine Seite ohne umgeknicktes Dreieck in die mit umgeknicktem Dreieck und verklebst die beiden mit Klebestift.

10. Das wiederholst du auf der anderen Seite des Streifens, so schließt sich das Papier zu einem Kreis. Wende den Papierkreis.

11. Drücke den Stern so zusammen, dass die Falten in der Mitte aufeinandertreffen, und verklebe sie hier mit Heißkleber. Ein Mini-Papierstern verziert das Zentrum.

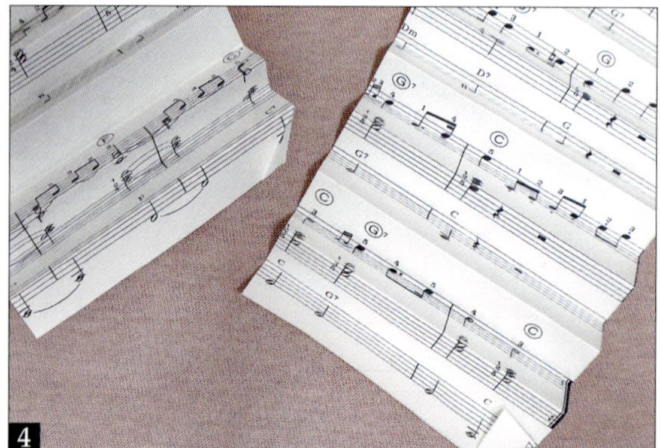

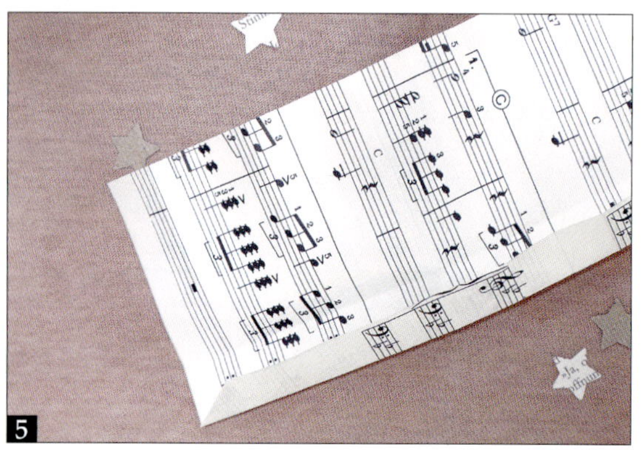

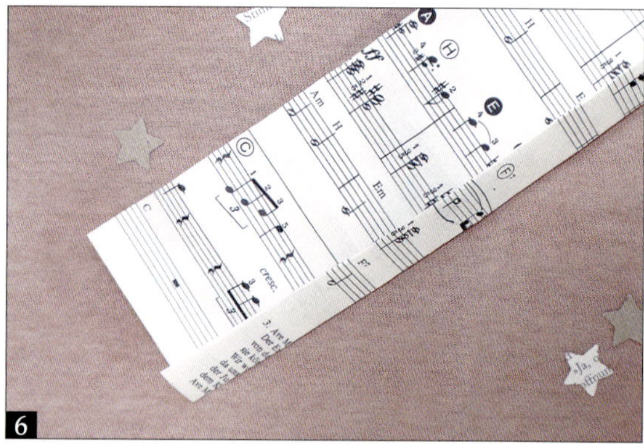

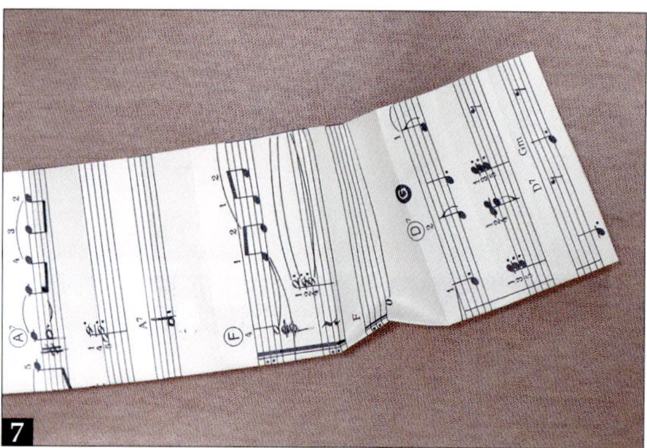

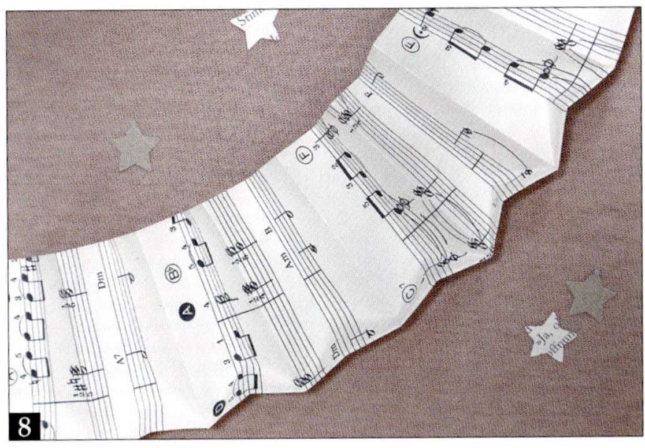
8

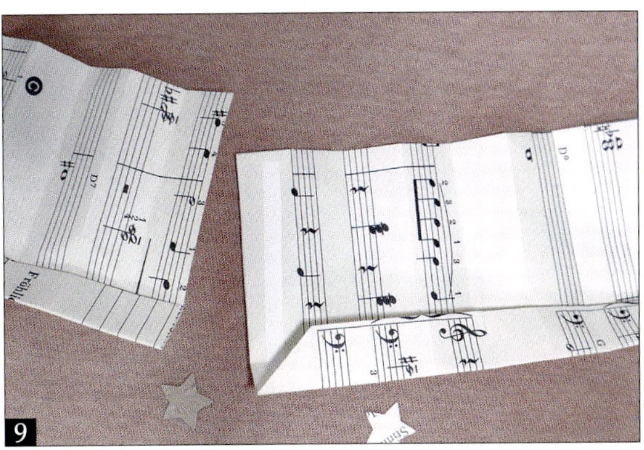
9

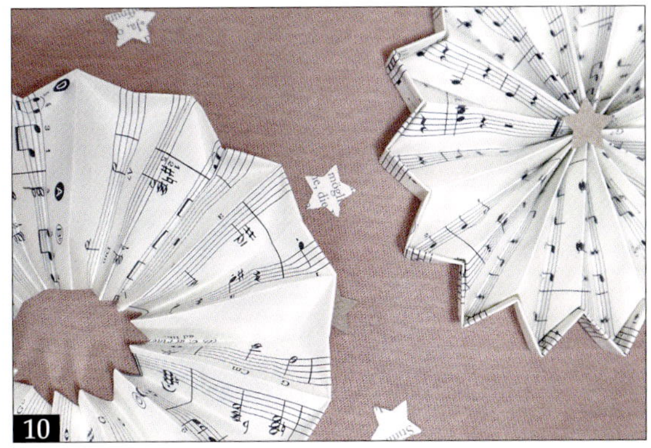
10

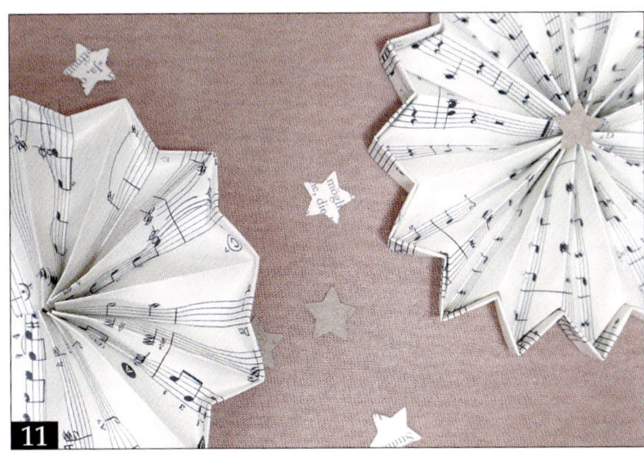
11

Rezeptidee

SUPER LECKERE KARAMELLOS

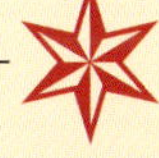

ZUTATEN

- 80 g weiße (Vanille-)Schokolade
- 150 g Zucker
- 100 g Butter
- 2 EL Honig
- 200 ml Sahne

ZUBEREITUNG

Zucker, Butter, Sahne und Honig langsam in einem Topf erhitzen und anschließend für 15 bis 20 Minuten köcheln. Rühre hierbei ständig um, damit nichts anbrennt. Die Masse sollte nun dunkler sein als zu Beginn. Nimm sie vom Herd und rühre die weiße Schokolade ein, bis sie sich ganz aufgelöst hat.

Anschließend gibst du die Masse auf ein mit Backpapier ausgelegtes Backblech oder in eine große, flache mit Backpapier ausgelegte rechteckige Backform zum Abkühlen und Festwerden. Sobald die Masse etwas fester ist, schneide sie in kleine Stücke und wickle sie nach weiterem Auskühlen, wie Bonbons, in quadratisch zugeschnittenes Backpapier ein. Bewahre sie im Kühlschrank auf.

FILIGRAN GEDRILLTER STERN AUS PACKPAPIER

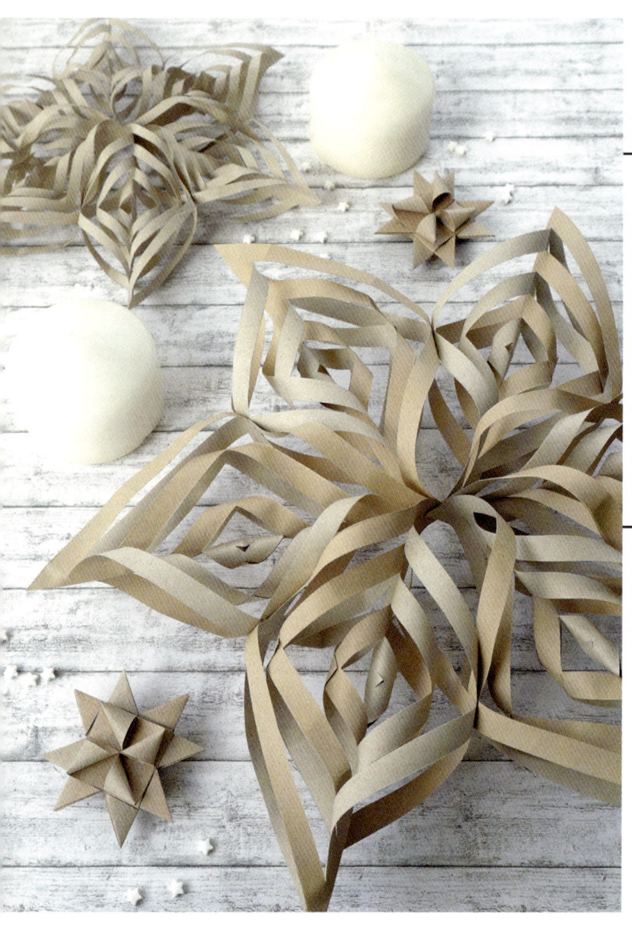

WAS DU BRAUCHST

- Packpapier
- Geodreieck & Bleistift
- Schere
- Bastelkleber
- Wäscheklammern

WIE ES GEHT

Aus Packpapier bereitest du dir sechs gleich große Quadrate vor. Für einen Stern mit 25 cm Durchmesser brauchst du Quadrate mit einer Seitenlänge von 9,5 cm. Alle Quadrate faltest und schneidest du wie folgt:

1. Falte das Papier diagonal zu einem Dreieck. Falte nochmals, so dass ein kleineres Dreieck entsteht. Lege nun das Geodreieck unten an die lange Seite des Dreiecks. Schiebe das Geodreieck nach und nach hoch in Richtung der Spitze des Dreiecks und ziehe dabei alle 0,5 cm eine Linie. Die Linie geht bis zum Knick, der alle Seiten umfasst. Gegenüber endet sie 0,5 cm vor dem Rand.

TIPP

Die Anleitung für den Fröbelstern findest du auf Seite 100.

2. Entsprechend der Linien schneidest du das gefaltete Dreieck ein. Falte das Papier wieder zu einem Quadrat auf. Klebe jeden zweiten der entstanden dreieckigen Streifen paarig mit seinem Gegenüber an den Spitzen zusammen. Ein kleiner Tropfen Bastelkleber genügt. Falls nötig, fixiere die Stellen mit Wäscheklammern.

3. Bist du mit der einen Seite fertig, verklebe die übrig gebliebenen Streifen auf der gegenüberliegenden Seite.

4. So sieht es aus, wenn beide Seiten fertig geklebt sind.

5. Hast du alle sechs Quadrate auf diese Weise vorbereitet, klebe die einzelnen Teile in der Mitte und am unteren Ende zu einem Stern zusammen. Wenn nötig, fixiere die Klebestellen wieder mit Wäscheklammern.

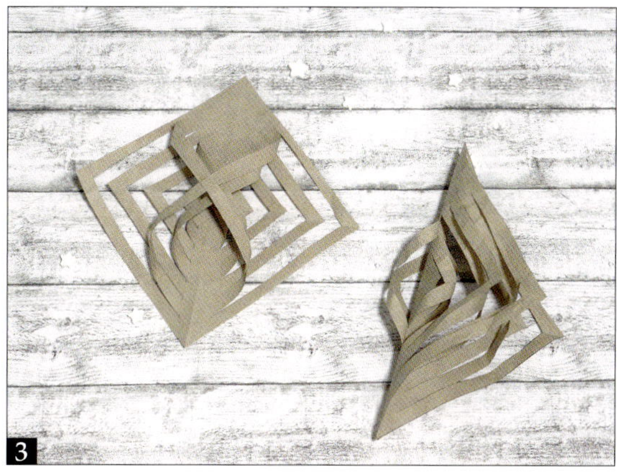
3

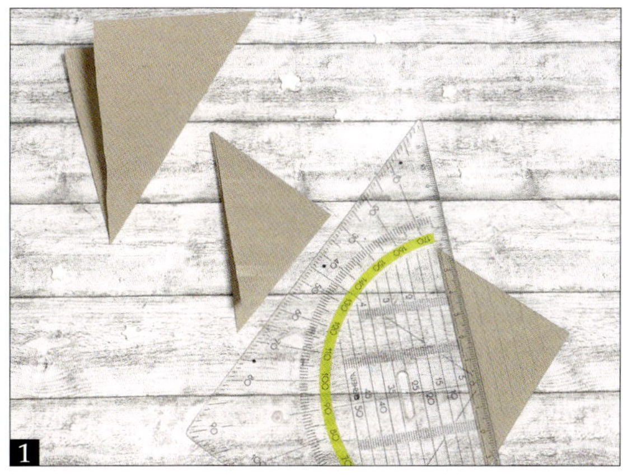
1

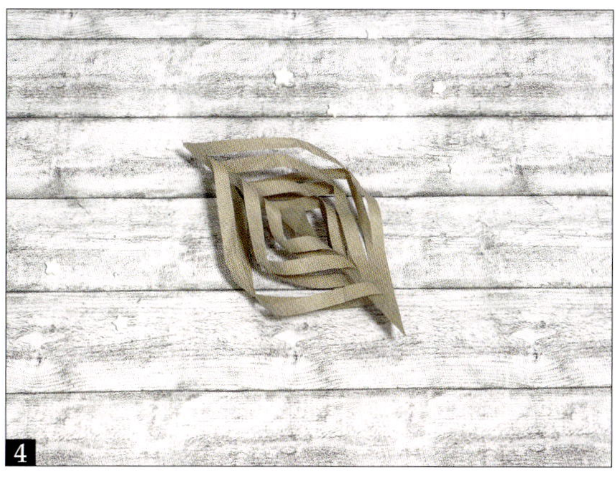
4

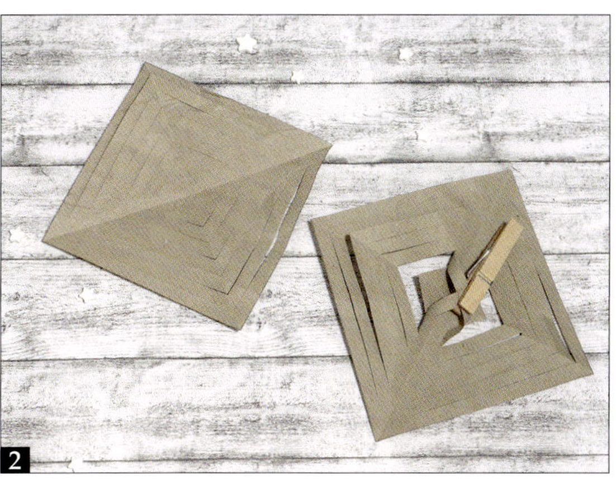
2

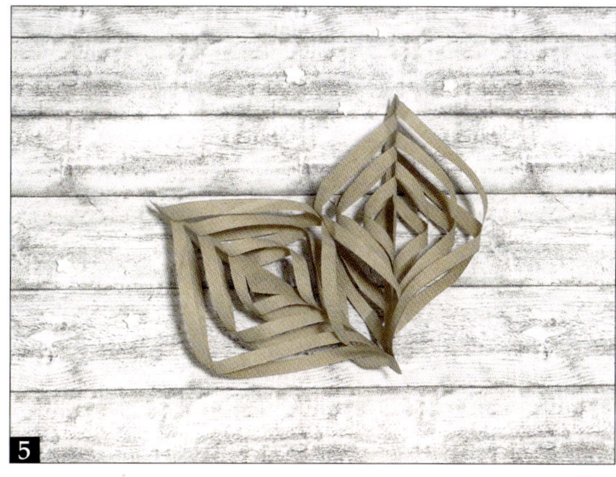
5

STERNENLATERNE
AUS EINER PARMESANDOSE

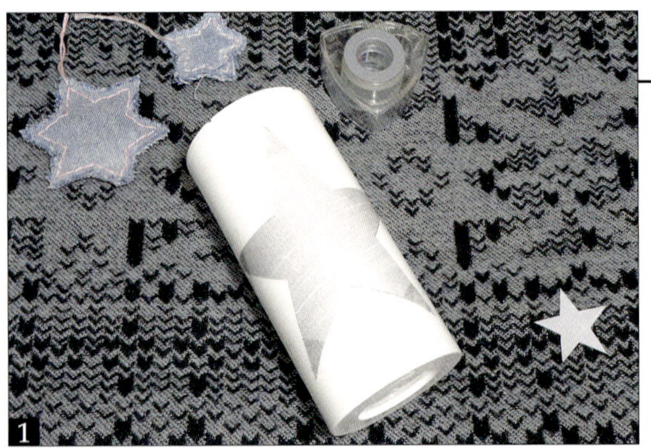

WAS DU BRAUCHST

- Leere Parmesandose (Plastikdose)
- Sternschablonen aus Papier in verschiedenen Größen
- Durchsichtige Klebestreifen
- Folienstift
- Akkubohrer
- LED-Teelicht

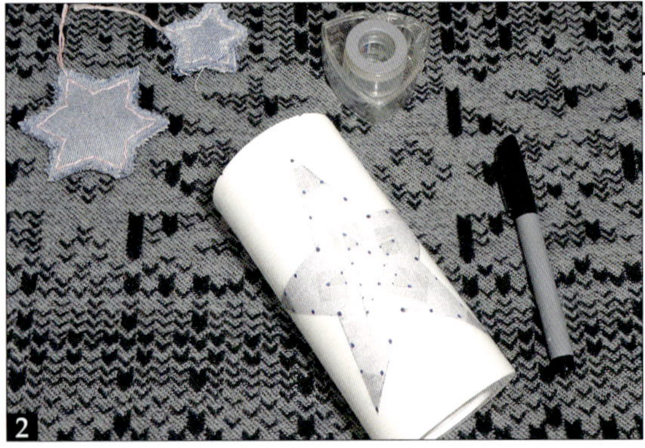

WIE ES GEHT

1. Klebe einen großen Papierstern auf die Plastikdose. Fixiere die Ecken hierfür mit Klebestreifen. Darüber klebst du mittig einen kleineren Stern. Die Größen und die Anzahl kannst du frei wählen. Die Skizzen auf Seite 99 zeigen dir zwei verschiedene Beispiele.

2. Als Nächstes zeichnest du mit einem Folienstift in regelmäßigen Abständen Markierungen zum Bohren ein.

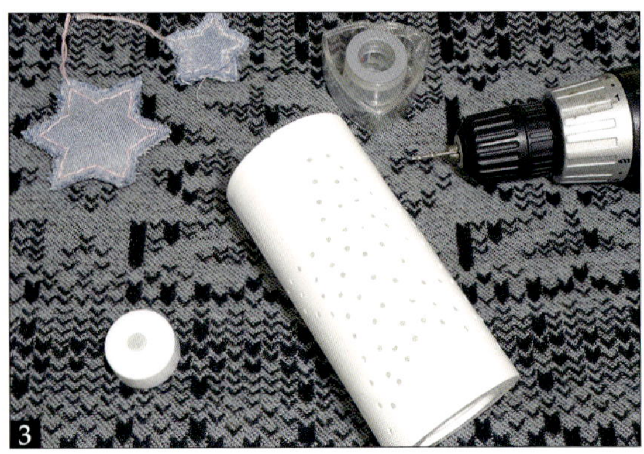

3. An den eingezeichneten Punkten bohrst du nun mit dem Akkuschrauber kleine Löcher in die Dose. Einfacher geht es, wenn die Dose hierbei mit ihrem Deckel verschlossen ist. Auf diese Weise ist die Dose stabiler und gibt nicht so leicht nach. Nach dem Bohren ziehst du die Papiersterne ab und beseitigst etwaige Grate. Mit einem LED-Teelicht im Inneren kommt sofort weihnachtliche Stimmung auf.

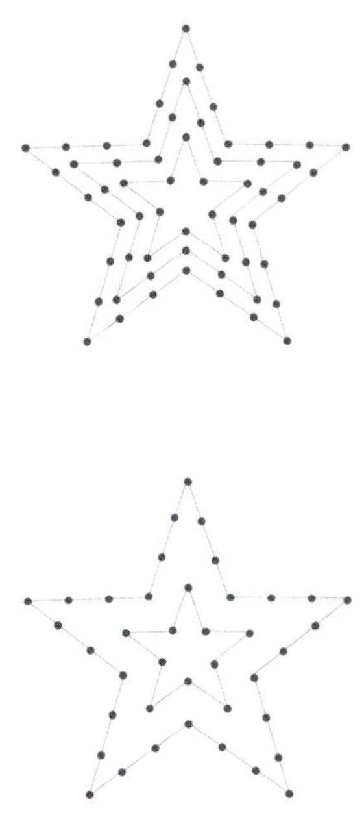

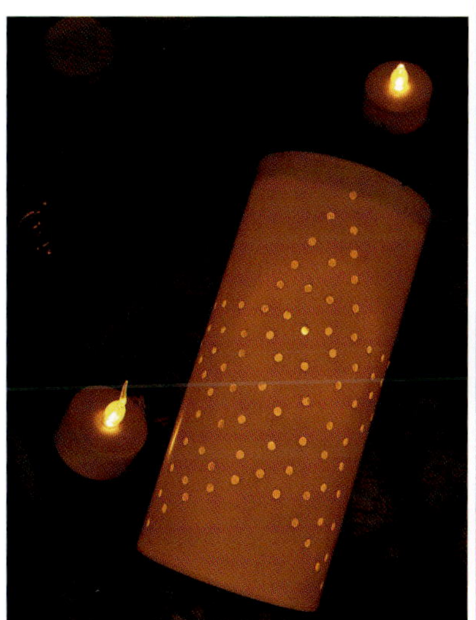

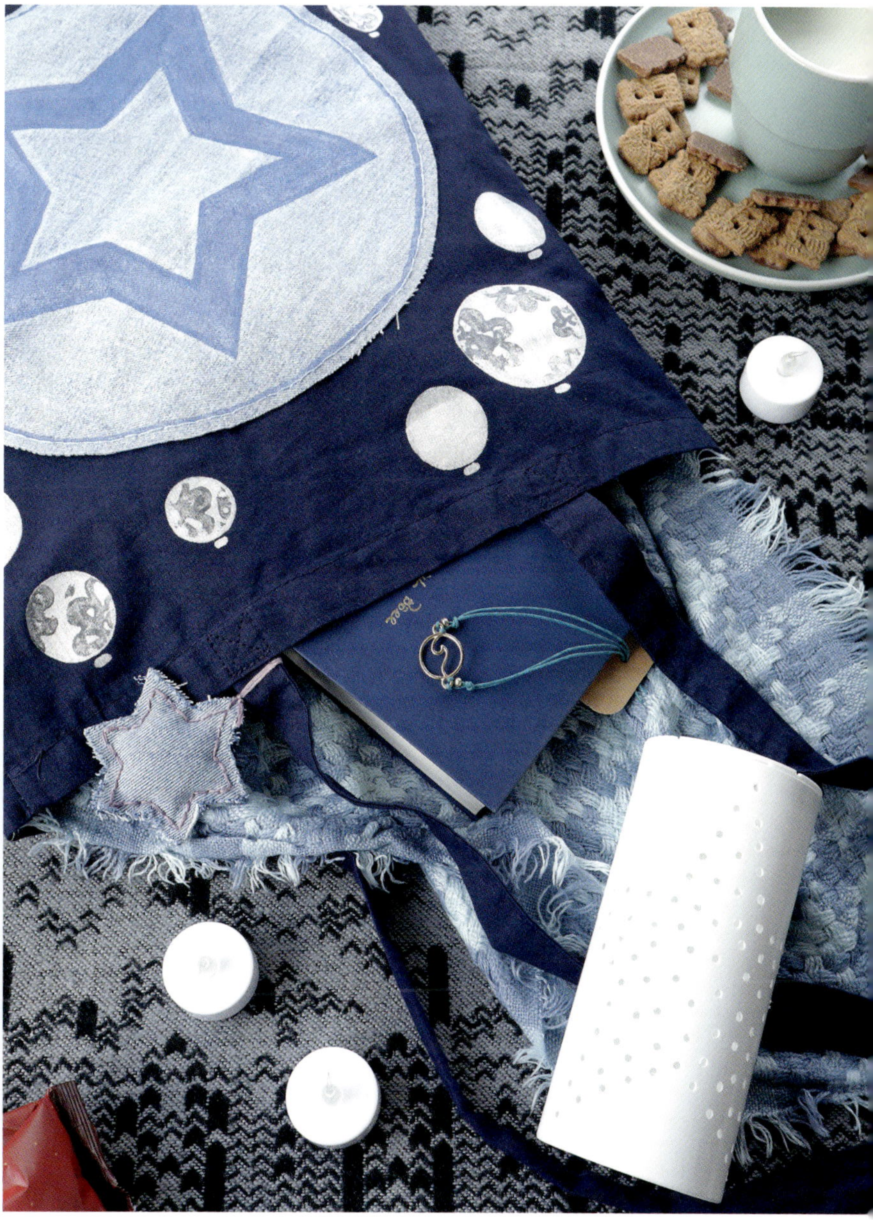

TIPP

Hast du es entdeckt? Auch der Stoffbeutel auf dem Bild ist eine Upcycling-Idee! Ein runder Jeansrest versteckt den Werbeaufdruck. Auf den Jeansflicken wurde mit Stoffmalfarbe, ganz zum Thema passend, ein großer Stern gemalt. Aber achte auch einmal auf die weihnachtlichen Baumschmuckkugeln auf der Tasche. Die Verzierungen auf den gemalten Kreisen stammen von runden Stempeln aus Schuhsohle! Wie auch du dir solche Stempel machen kannst, erfährst du auf Seite 104.

Rezeptidee

HEISSE WEISSE SCHOKOLADE

Dafür brauchst du nur 100 g weiße Kuvertüre in einem Liter Milch zu schmelzen. Runde das Ganze mit etwas Zimt ab und schon kannst du es dir so richtig gemütlich machen!

ZEITLOS: DER FRÖBELSTERN

AUS DEM REST EINER GESCHENKPAPIERROLLE

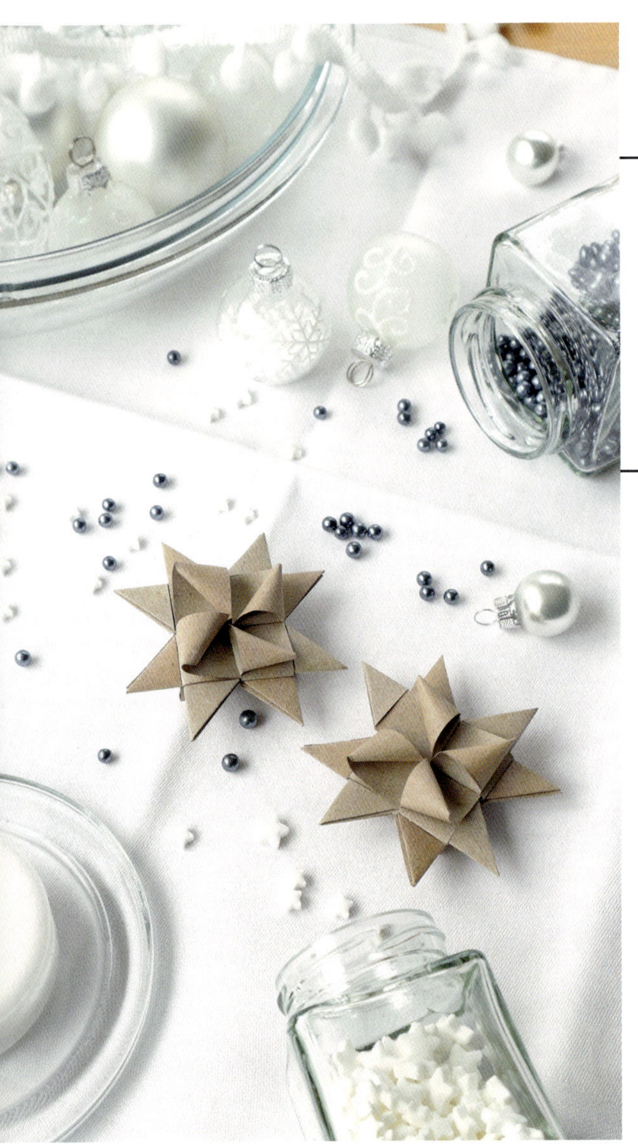

WAS DU BRAUCHST

- Die Pappe, die sich im Inneren von Geschenkpapierrollen verbirgt
- Bleistift, Schere & Lineal
- Geodreieck

WIE ES GEHT

Manches Mal gönnt man sich auch als Upcycler*in eine schöne Rolle Geschenkpapier. Ist dieses aufgebraucht wartet im Inneren eine kleine Überraschung: stabiles Kraftpapier zum Verarbeiten. Zum Beispiel zu schlichten, jedoch wunderschönen Fröbelsternen! Der erste Versuch einen solchen zu falten, mag ein wenig kompliziert sein, aber schon bald hast du den Dreh raus!

DER ANFANG

1. Aus dem Kraftpapier bereitest du dir pro Stern vier Streifen mit einer Breite von 1,5 cm vor und kürzt sie auf eine Länge von 45 cm.

2. Knicke jeden Streifen einmal in der Mitte, so dass er nur noch halb so lang ist, und schneide die Enden schräg ab.

3. + 4. Die Streifen verschränkst du jetzt miteinander wie in der Skizze zu sehen (eine Schlaufe liegt um zwei Lagen Papier!) und ziehst sie zusammen, jedoch nicht zu eng, sonst kommst du später schlecht durch die entstehenden Schlaufen.

DIE FLACHEN ZACKEN

5.–8. Nun beginnst du die oben liegenden Streifen nacheinander gegen den Uhrzeigersinn auf ihre gegenüberliegende Seite zu knicken. Hierbei werden sie mittig übereinandergelegt. Bist du beim letzten angekommen, schiebst du diesen unter die Lasche, die der erste Streifen gebildet hat. Begonnen hast du mit einem Quadrat mit vier »Flügeln« und endest nun bei einem mit acht Flügeln.

9. Knicke den unteren linken Streifen nach hinten und im 90°-Winkel nach links. Er liegt danach direkt und parallel neben dem linken Flügel.

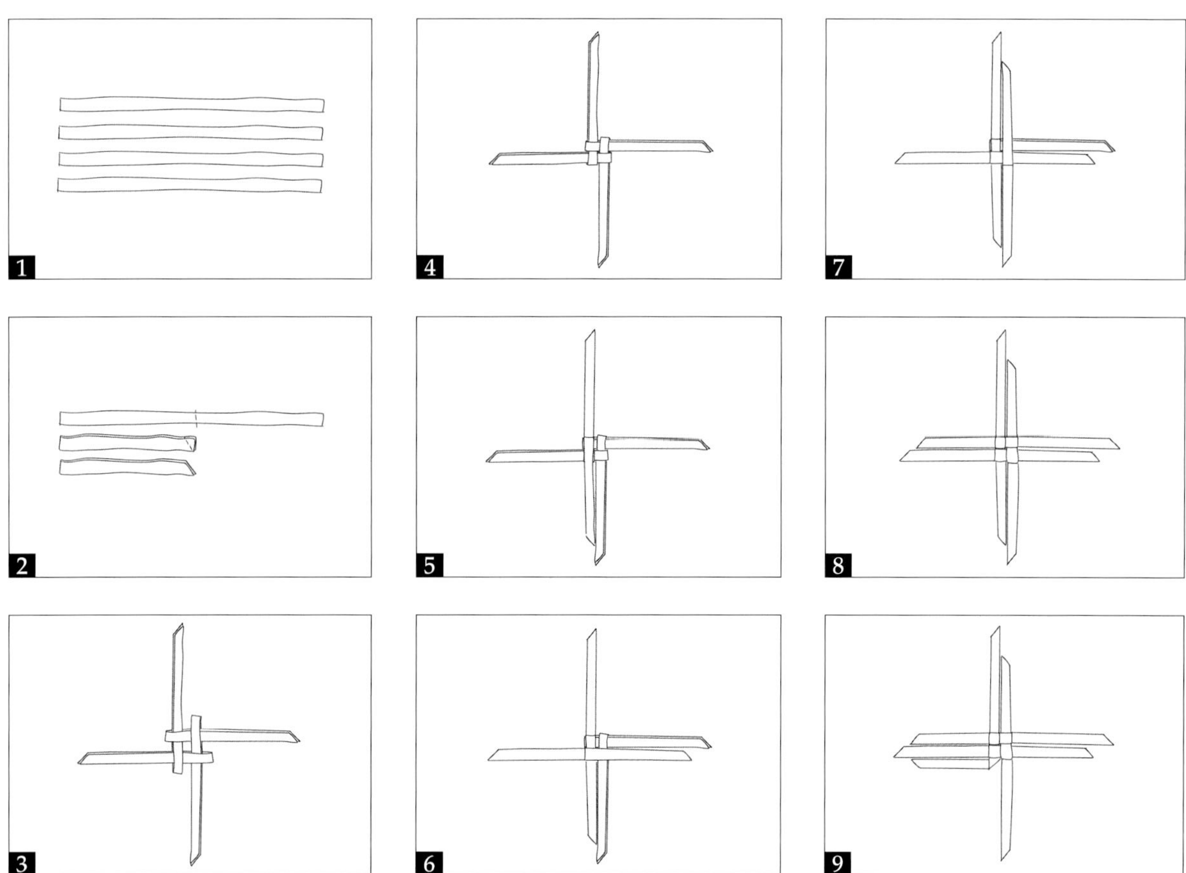

10. Den gleichen Streifen knickst du nun noch einmal, dieses Mal nach vorne und oben im 90°-Winkel.

11. Dann klappst du ihn nach rechts auf das darunter liegende, längere Ende desselben Streifens. Den oben liegenden, kürzeren Streifen schiebst du durch die untere linke Schlaufe. Hierbei hilft es, die entstandene Zacke kurz nach hinten wegzudrücken.

So verfährst du nun auch mit den anderen Streifen (gegen den Uhrzeigersinn), bis du wieder ein Quadrat mit vier Flügeln hast, dieses Mal mit vier zusätzlichen Zacken.

12. + 13. Nun wendest du das Ganze so, dass Hinten vorne und Vorne hinten liegt.

14 + 15. Wiederhole die Schritte 9 bis 11, um von einem Quadrat mit vier Flügeln auf eines mit acht zu kommen. Du hast nun acht flache Zacken.

DIE 3D-ZACKEN

16. Als Nächstes knickst du alle Streifen so um, dass sie sich NICHT überlappen, du musst dafür die Streifen, die »im Weg« sind anheben.

17. Ab hier faltest du wieder den unteren, obenauf liegenden Streifen nach links im 90°-Winkel.

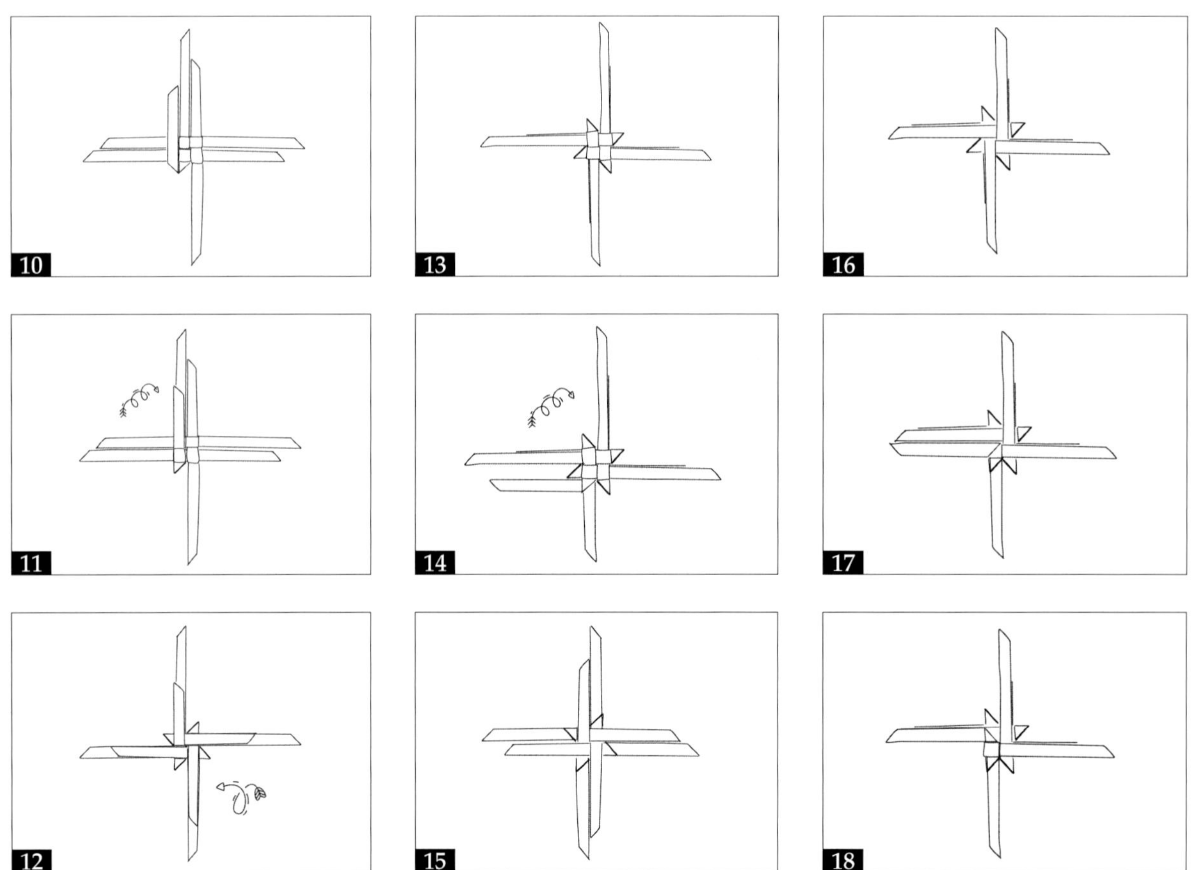

18. + 19. Richte den Streifen auf und schiebe ihn unter der Lasche, die rechts unten liegt, durch.

20. + 21. Du ziehst hierbei so an ihm, dass sich ein dreidimensionaler Zacken bildet. Bildet sich kein Zacken, war der Streifen falsch herum in der Lasche. Probiere es noch einmal andersherum. Der Streifen, welchen du hier durch die Lasche ziehst, kommt aus der Dreiecksspitze an der Seite heraus. Das wiederholst du anschließend mit den verbliebenen drei obenauf liegenden Streifen.

NOCH MEHR 3D-ZACKEN

22. Vertausche nun wieder vorne und hinten (wenden). Bei diesem vierflügeligen Quadrat (punktgespiegelt zu Schritt 16) knickst du nochmals alle Streifen so um, dass sie sich nicht überlappen (wie in Schritt 16) und erhältst nun ein achtflügeliges Quadrat. Dieses faltest du genauso wie vorher bereits ab Schritt 17, bis du erneut vier 3D-Zacken erhältst.

23. Nun schneidest du nur noch die überstehenden Enden ab und fertig ist der Fröbelstern.

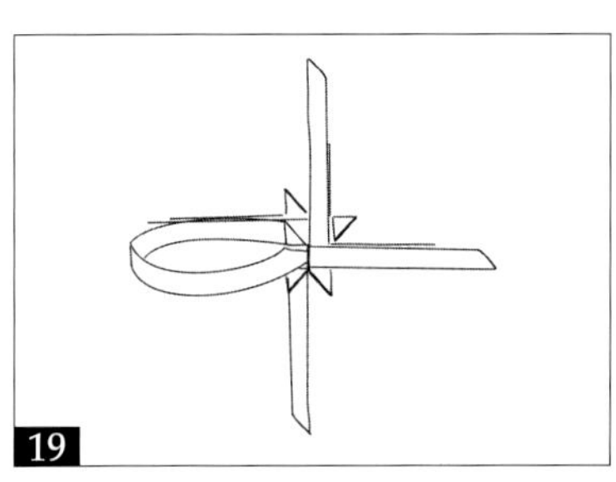
19

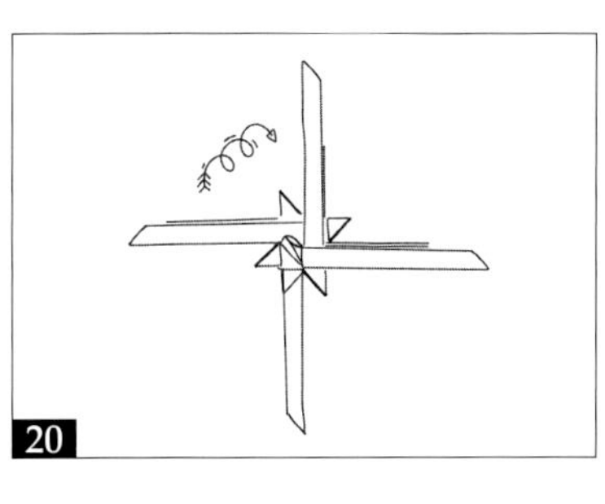
20

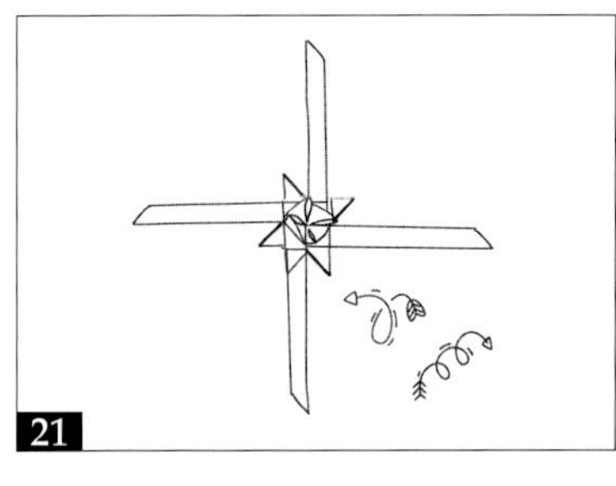
21

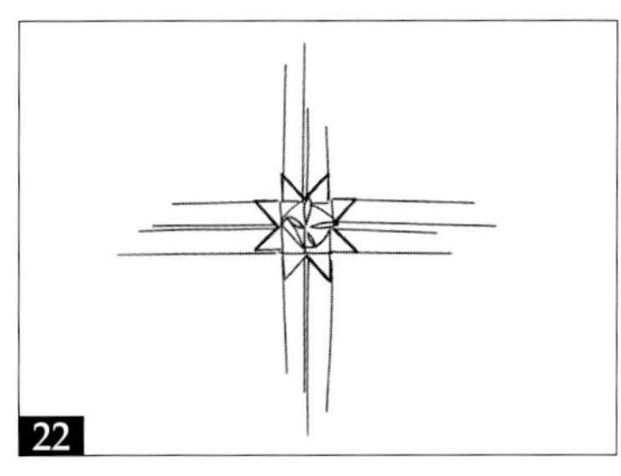
22

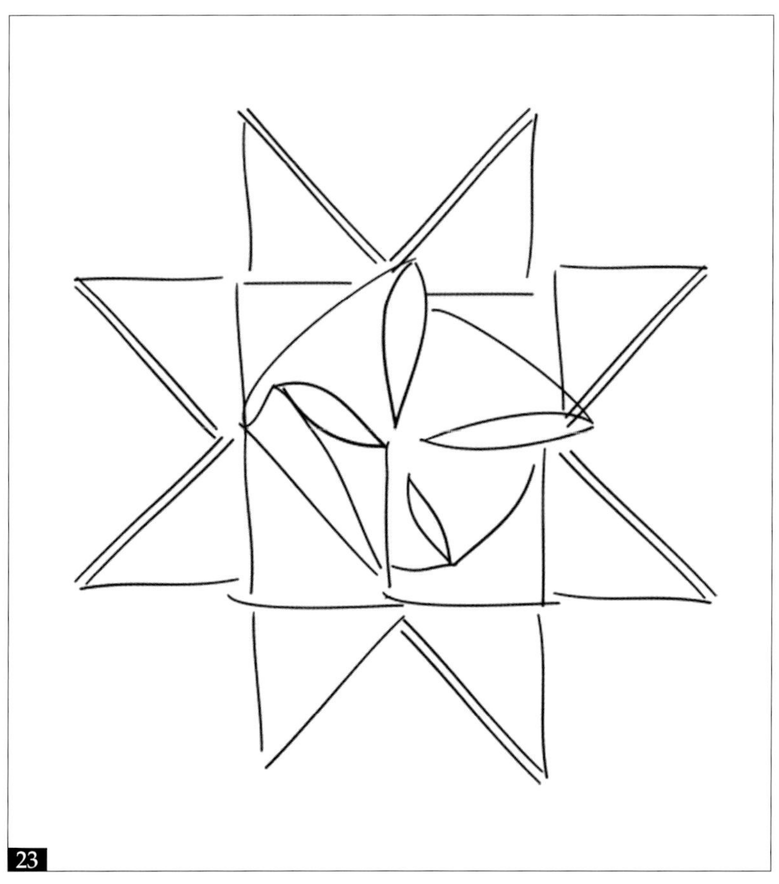
23

STERNENSTEMPEL 2.0

AUS SCHUHSOHLE

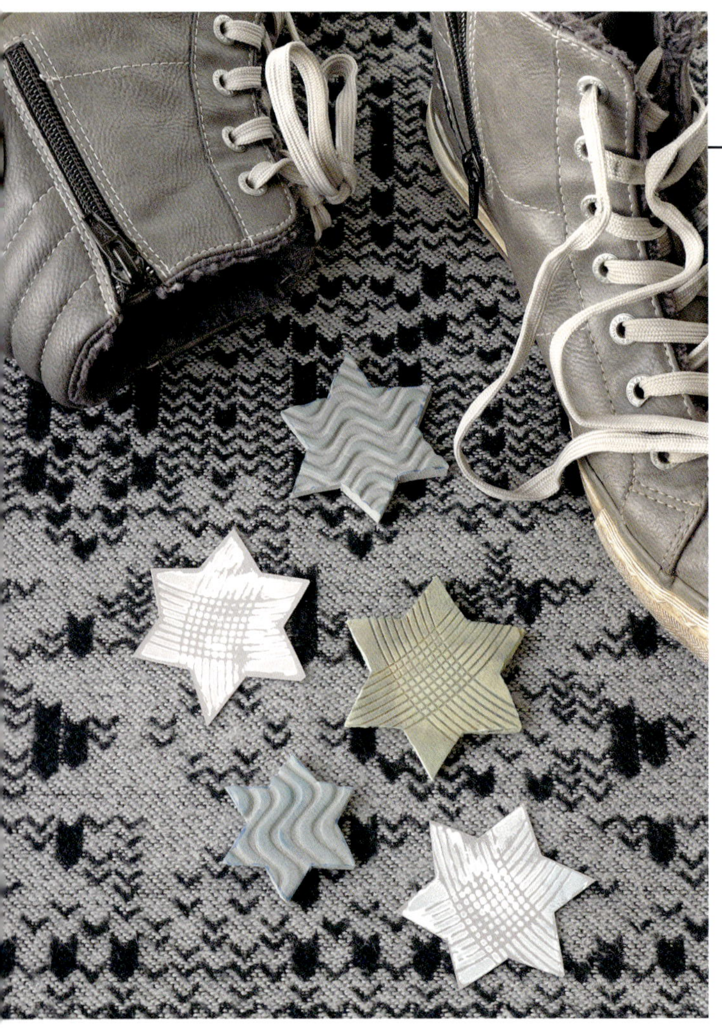

WAS DU BRAUCHST

- Alte Schuhe mit interessantem Profil
- Sternvorlagen (S. 122/123) oder -Ausstecher
- Kugelschreiber oder Folienstift
- Scharfe, kräftige Schere, evtl. Seitenschneider
- Tempera- oder Acrylfarbe
- Glasplatte & Gummiwalze
- Feinen Glitzer zum Streuen
- Optional: Pappe & Bastelkleber
- Optional: Stempelfarbe/Stempelkissen

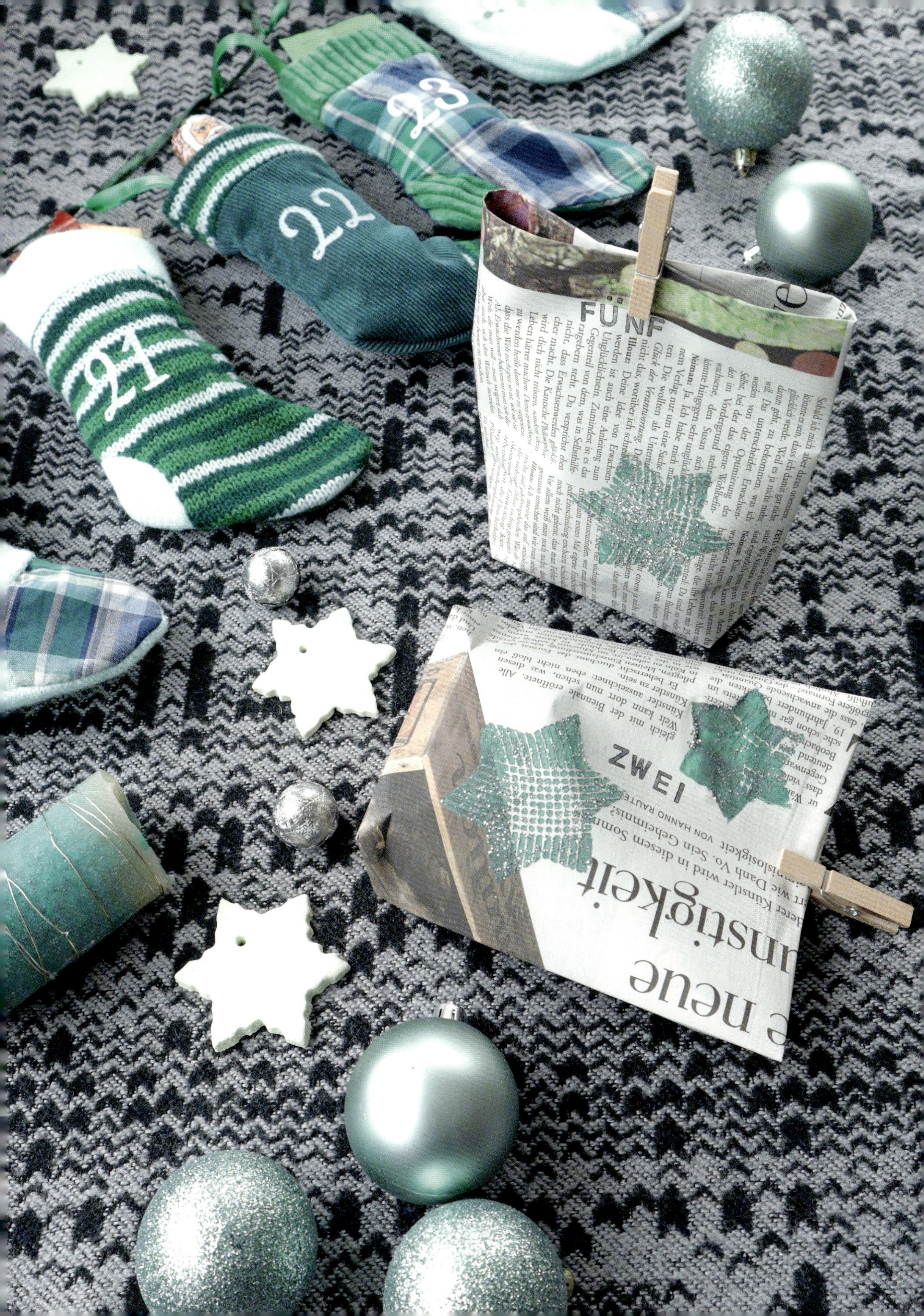

23
22
21
FÜNF
ZWEI

WIE ES GEHT

1.–4. Nachdem du die Sohle gereinigt hast, trennst du den oberen Teil des Schuhs mit einer kräftigen Schere ab. Übertrage mit einem Stift verschieden große Sterne auf die Sohle und schneide diese mit einer Schere aus. Oft sind die Sohlen so dick, dass man die Sterne sofort zum Stempeln benutzen kann.

5. Falls deine Sohle sehr dünn ist, kannst du sie auch auf mehrere Lagen Pappe kleben und erhältst so einen Stempelgriff.

6.–8. Auf eine Glasplatte gibst du etwas Tempera- oder Acrylfarbe und verteilst diese gleichmäßig mit einer Gummiwalze. Mit der Walze überträgst du die Farbe auf den Stempel. Bedrucke damit dein Papier nach Wahl und streue noch etwas Glitzer darüber.

9. Schneller geht es mit normaler Stempelfarbe. Teste jedoch vorher, ob der Kontrast für den von dir gewählten Untergrund stark genug ist. Auch hält der Glitzer auf der Tempera- oder Acrylfarbe durch ihre cremige Konsistenz wesentlich besser.

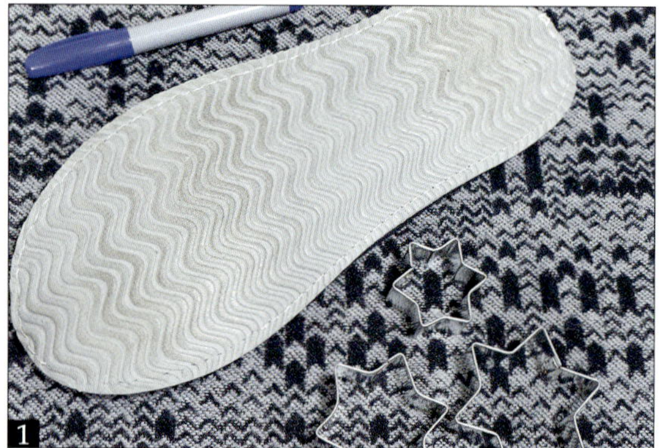
1

2

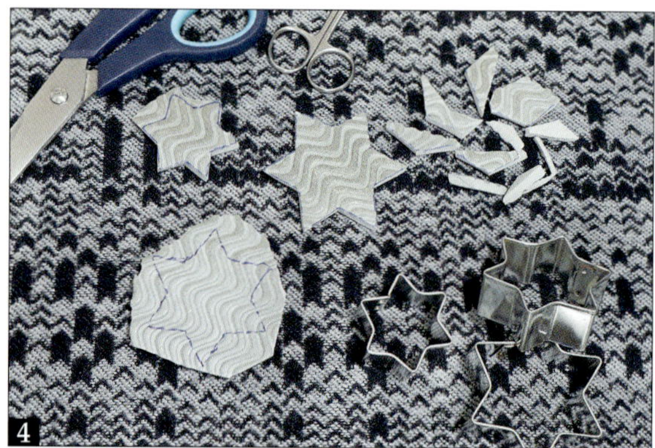
4

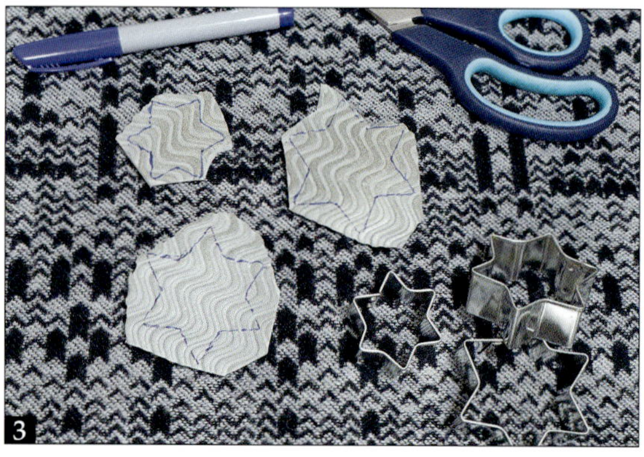
3

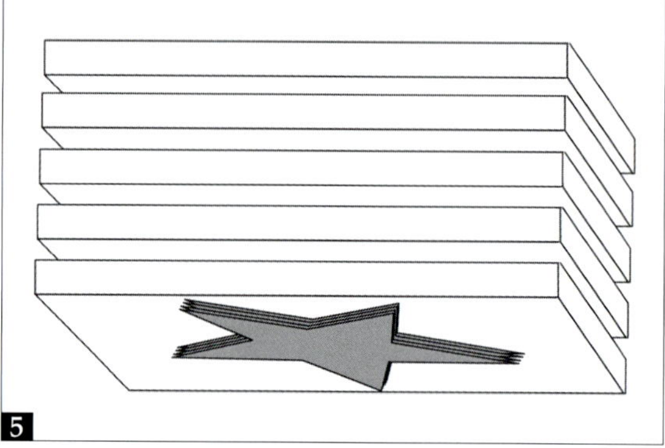
5

ON TOP: BEDRUCKTE PAPIERTÜTEN AUS ZEITUNGEN

Mit den Stempeln aus Schuhsohle kannst du Papiertüten aus alten Zeitungen bedrucken und ihnen so ein weihnachtliches Aussehen verpassen. Das große Bild (S. 104) zeigt die Umsetzung zu einem schnell gemachten Adventskalender. Auf dem kleinen Bild rechts siehst du die etwas edlere Version für Einzelgeschenke. Hierfür wurde eine Juteschnur um die Tüte gebunden und mit Siegellack verschlossen. Wie du die Tüten faltest, erfährst du auf der nächsten Doppelseite.

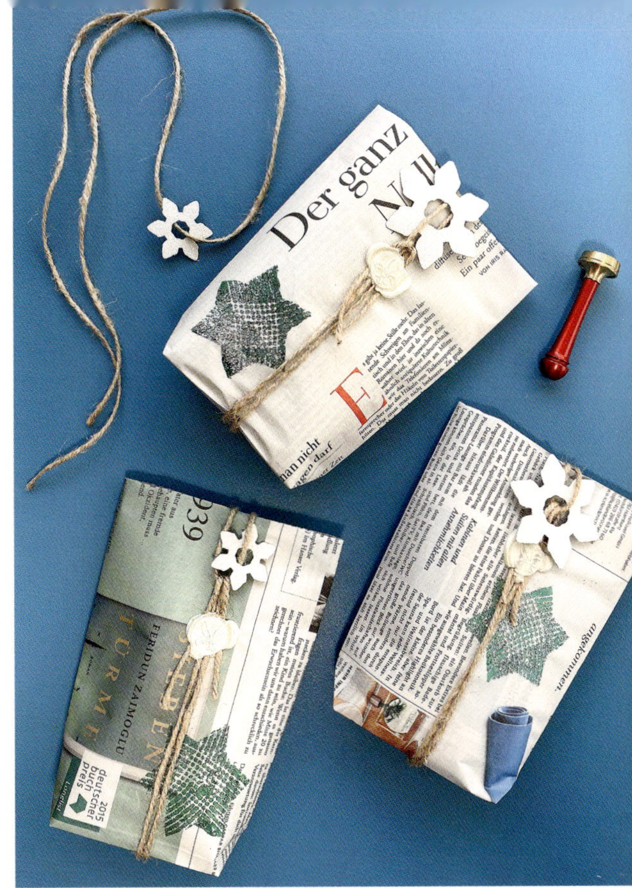

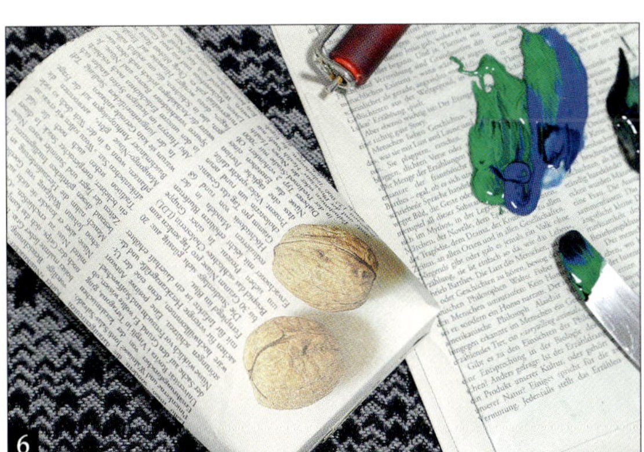
6

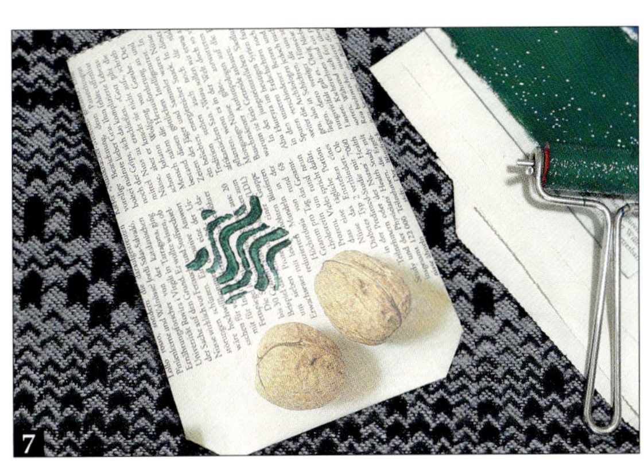
7

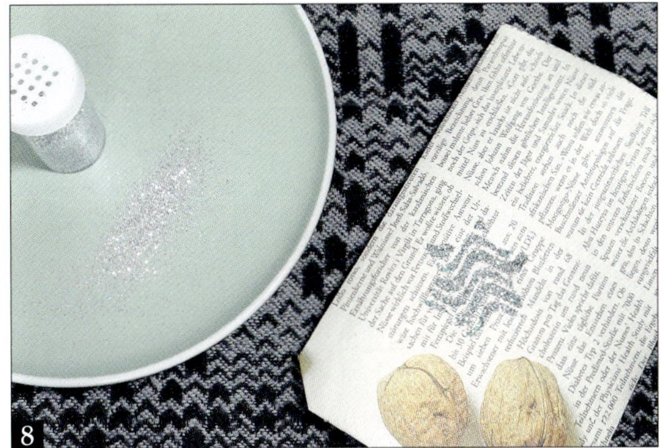
8

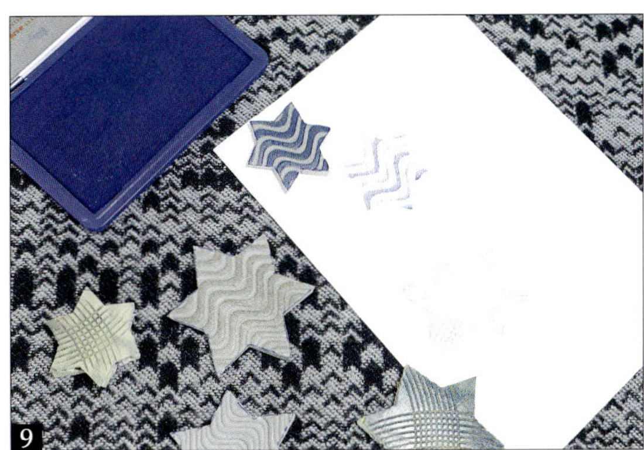
9

STABILE PAPIERTÜTE

AUS ZEITUNGSPAPIER

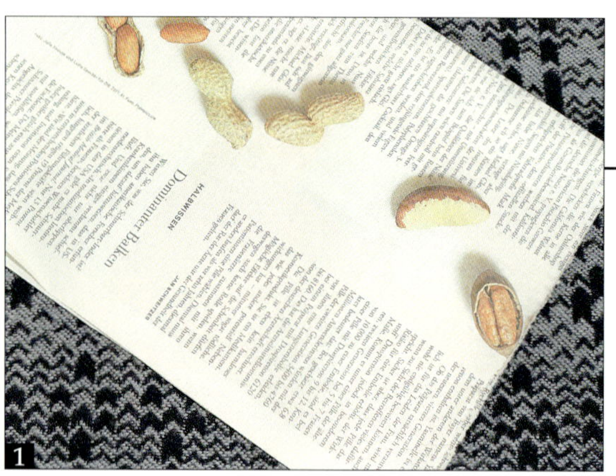

1

WAS DU BRAUCHST

- Zeitung
- Klebestift
- Eine Postkarte
- Zwei verschieden breite Lineale

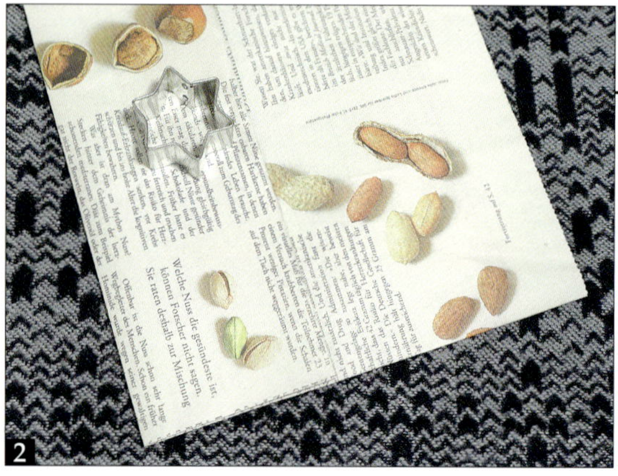

2

WIE ES GEHT

1. Reiße eine Seite aus einer großformatigen Wochenzeitung. Knicke sie in der Mitte über die kurze Seite. Nun liegt das Papier doppelt und die Tüte wird sehr stabil. Der Knick wird später den oberen Rand bilden, er macht auf diese Weise einen schönen Abschluss und reißt nicht so schnell ein. Zwischen den zwei Schichten ziehst du einmal einen Streifen mit dem Klebestift am Rand entlang, um sie miteinander zu verkleben.

2. Lege das Papier so, dass der raue, gerissene Rand unten liegt. Die spätere Öffnung, der glatte geknickte Rand, liegt oben. Falte nun die links liegende Seite knapp über die Mitte hinüber.

3. + 4. Lege dir eine Postkarte hochkant als Abstandshalter hinein, und falte die rechte Seite knapp über die Mitte. Orientiere dich hierfür an der Breite der Postkarte. So bist du recht fix, falls du gleich mehrere Tüten – z. B. für einen Adventskalender – herstellen möchtest.

5. Nun nimmst du dir das breite Lineal als Abstandshalter und klappst den unteren Rand einmal hoch.

6. + 7. Klappe den Boden wie im Bild auf, nimm dir das schmalere Lineal und knicke die einzelnen Seiten zusammen.

8.–10. Verteile den Klebestift wie gezeigt und schließe so den Boden.

11. Geh mit der Hand in die Tüte und plustere sie auf, so dass sie auf ihrem Boden stehen kann.

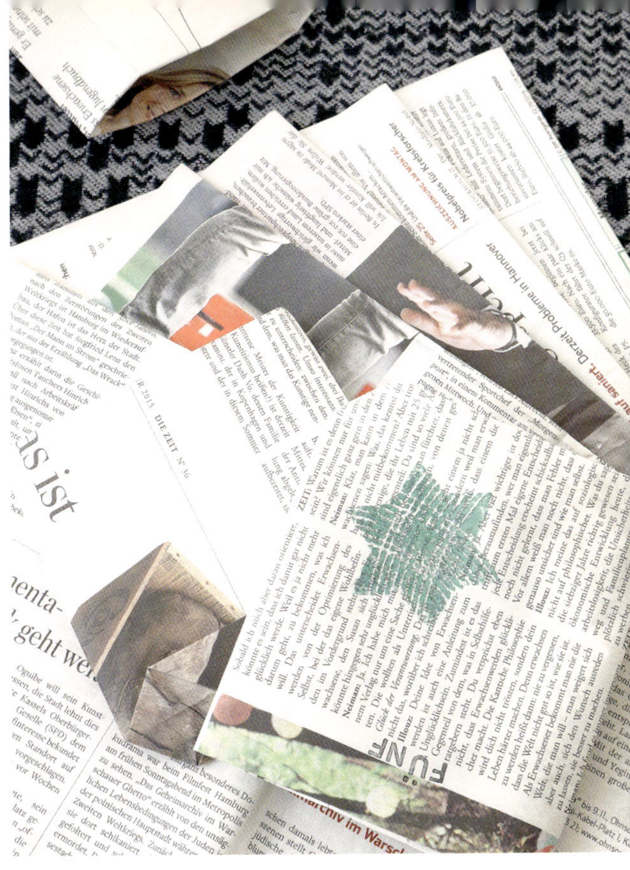

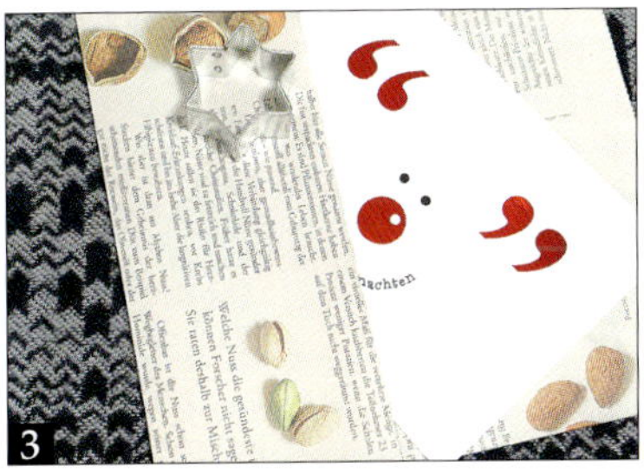

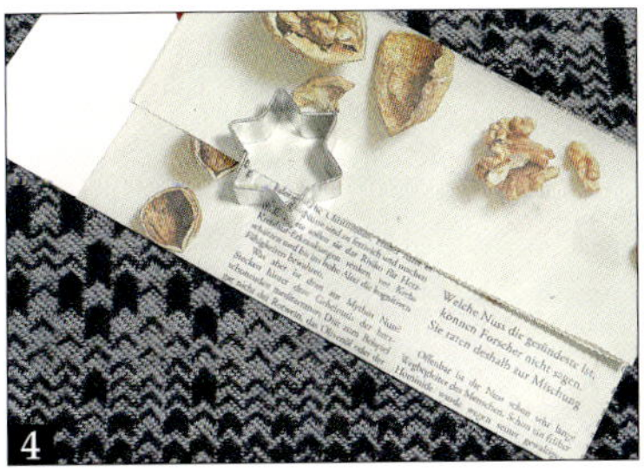

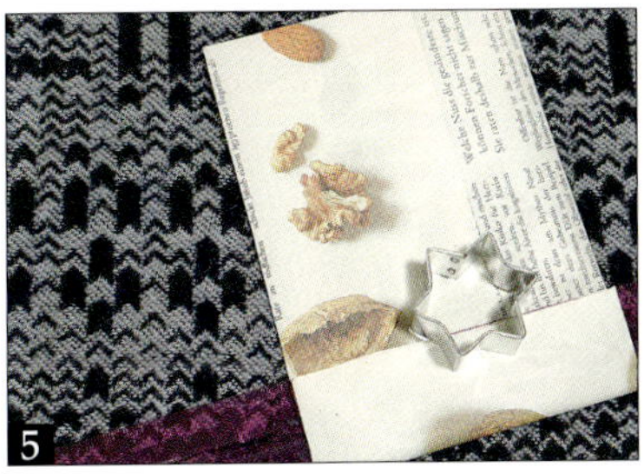

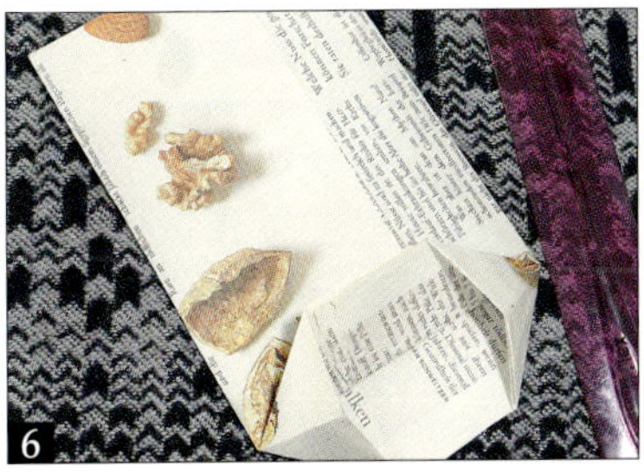

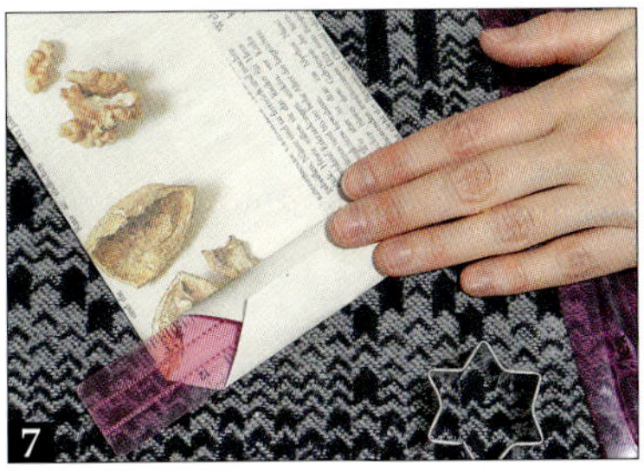

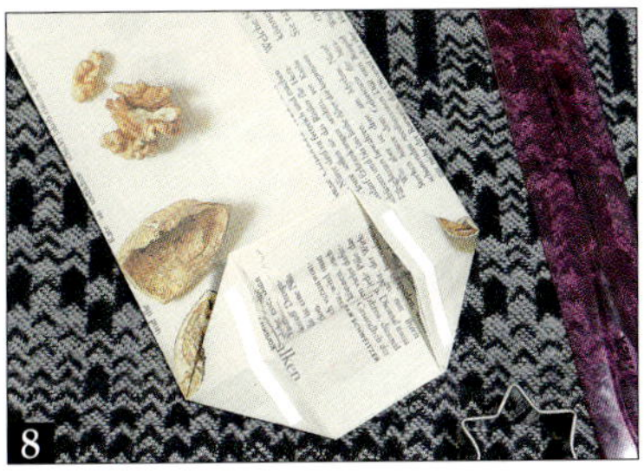

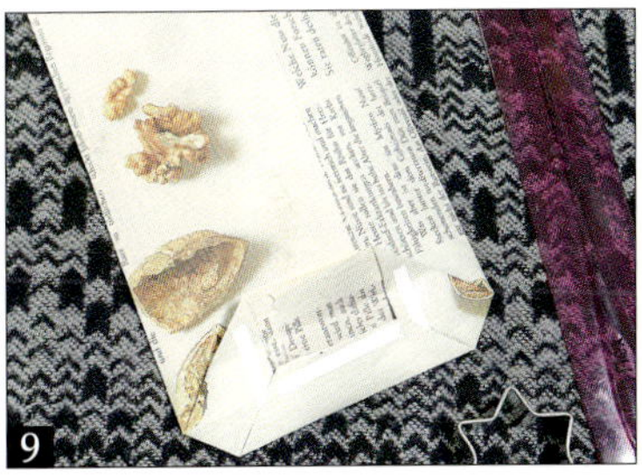

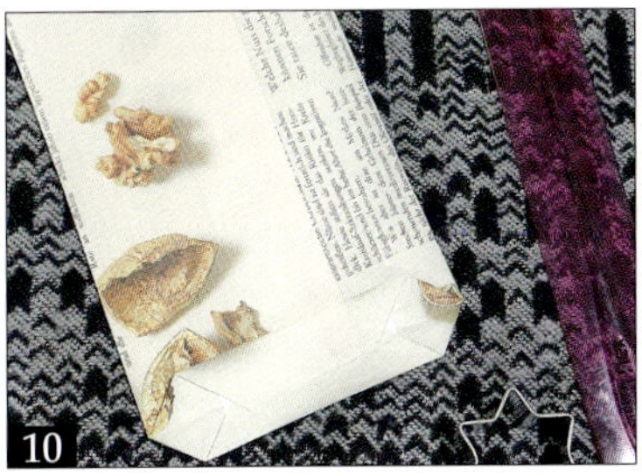

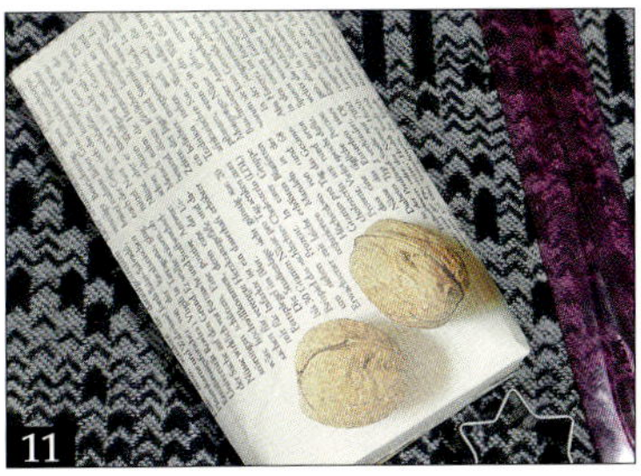

STERNENMOBILE
AUS ALTEN CDS

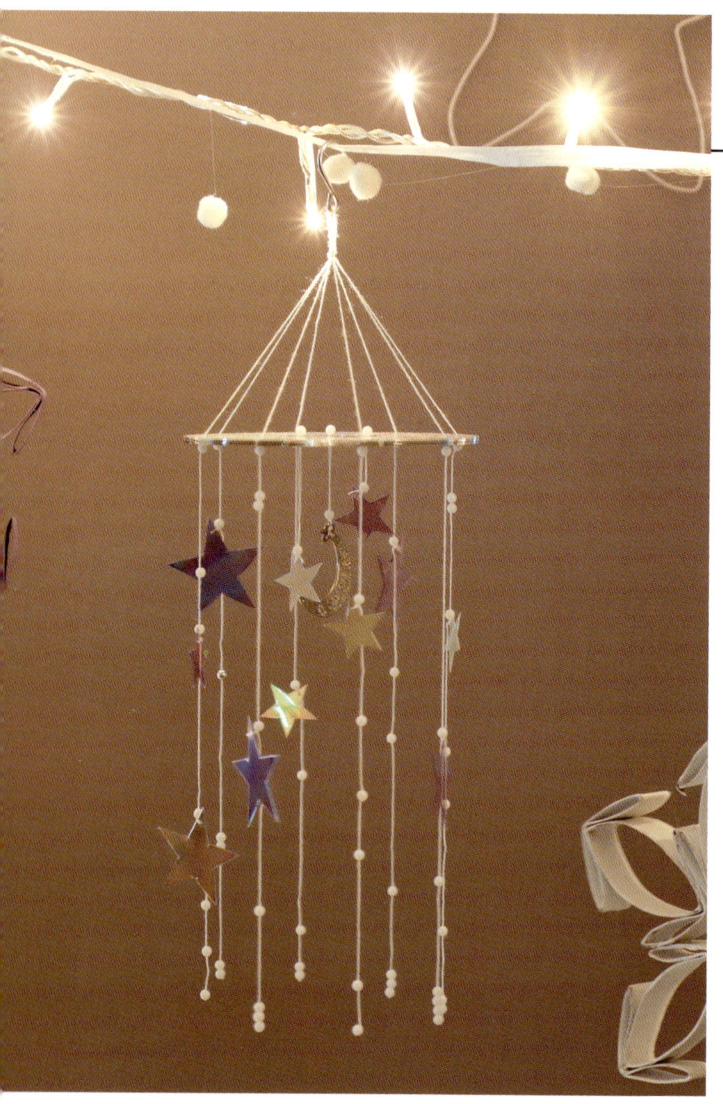

WAS DU BRAUCHST

- alte CDs
- Sternschablonen
- Wasserfesten Folienstift
- Topf mit heißem Wasser
- Starke Schere
- Lineal
- Akkuschrauber & kleinen Bohraufsatz
- Holz als Unterlage zum Bohren
- Weißes Garn
- Perlen
- Bastelkleber
- Optional: weitere Schätze zum Verzieren
- Optional: schwarze Acrylfarbe, Holzspieß & Klarlack

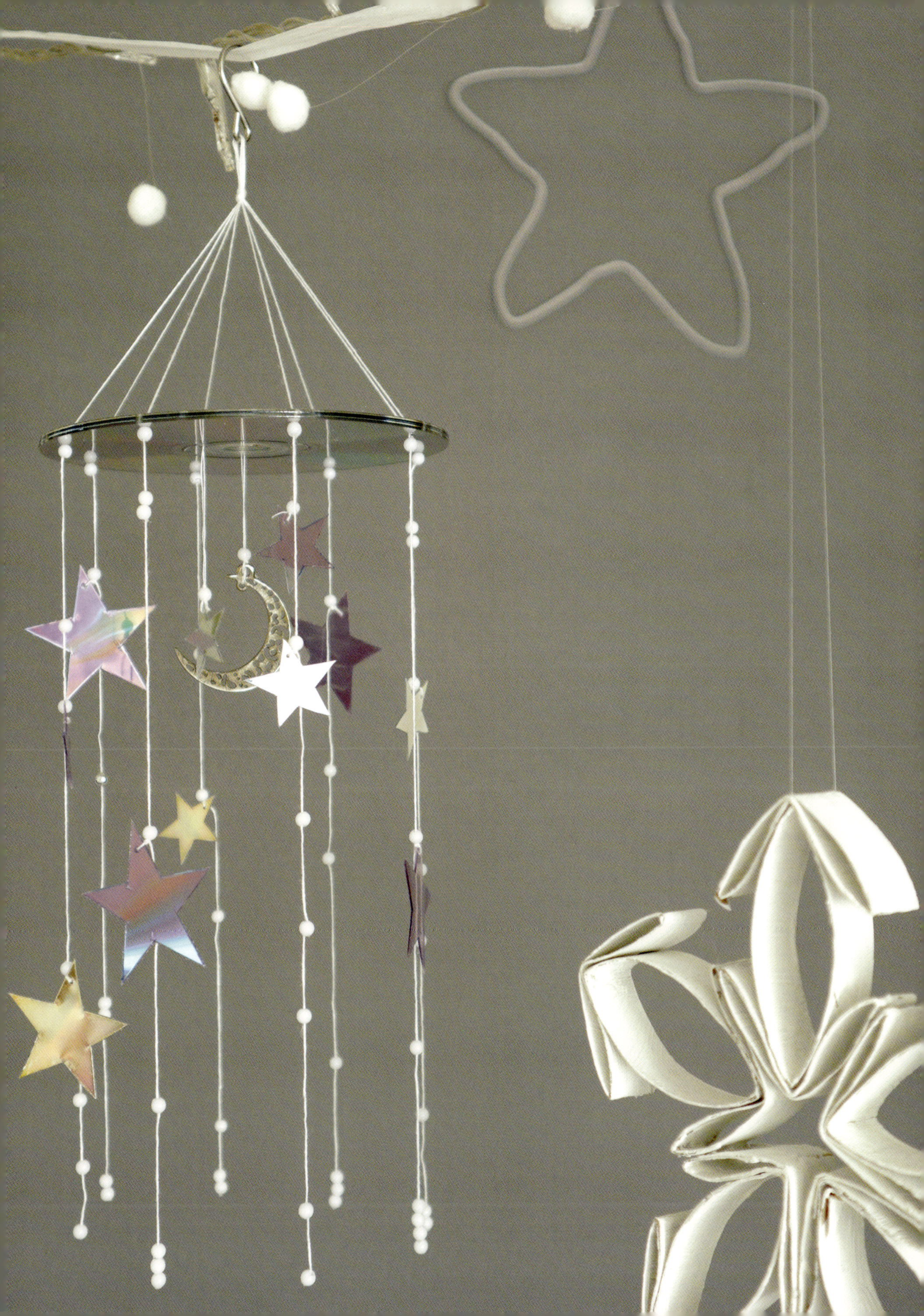

WIE ES GEHT

Eine Info vorweg: CD ist nicht gleich CD! Wundere dich also nicht, wenn sich dieses besondere Bastelmaterial oft sehr verschieden verhält. Manche Scheiben werden brechen und unbrauchbar sein. Manche zerfallen in zwei Schichten, die du dennoch einzeln weiterverwenden kannst. Und manche verhalten sich tatsächlich so, wie sie es sollen. Sehr gute Erfahrungen habe ich mit beschreibbaren CDs gemacht.

1. Übertrage verschieden große Sterne mit dem Folienstift auf mehrere CDs. Nimm hierfür Bereiche ohne Aufdruck. Lege die CD für ein paar Minuten in einen Topf mit heißem Wasser. Danach lässt sie sich etwas leichter schneiden. Schneide die Sterne aus.

2. Bohre mit dem Akkuschrauber auf einer Holzunterlage jeweils in einen Zacken der Sterne ein kleines Loch zum späteren Auffädeln.

3. Auf eine weitere CD zeichnest du rund um den Rand herum acht gleichmäßig verteilte Punkte. Lege die CD auf die Holzunterlage und bohre, gemäß der Punkte, Löcher hinein. Nun legst du eine weitere CD, dieses Mal mit der bedruckten Seite nach oben, unter die CD mit den Bohrlöchern. Übertrage die Löcher mit dem Folienstift auf die bedruckte Seite der unten liegenden CD. Bohre die Löcher nun auch in den zweiten Datenträger.

4. Lege vier ca. 80 cm lange Garnfäden doppelt und verknote sie in der Mitte zu einer Aufhängeschlaufe. Bei ca. 9,5 cm unterhalb des Knotens zeichnest du dir eine Markierung ein. Fädle je eine Perle auf.

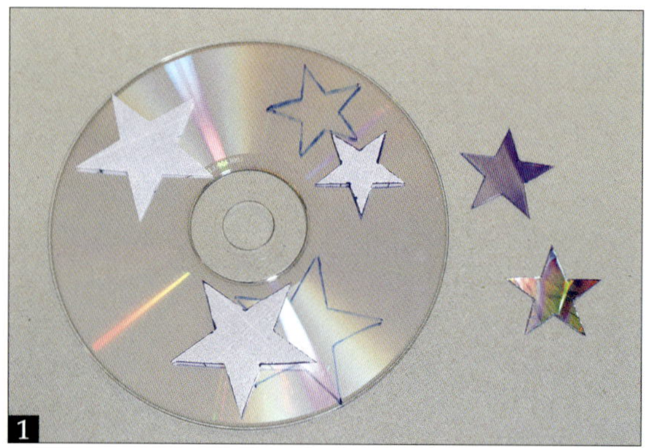
1

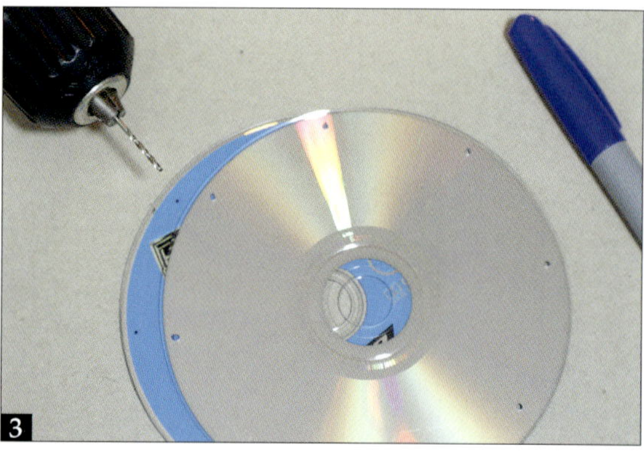
3

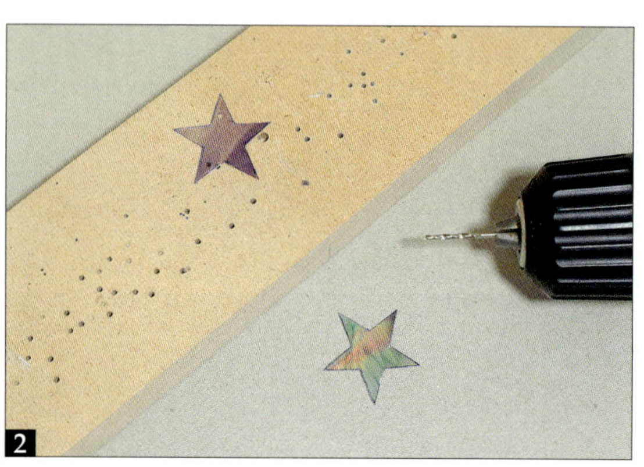
2

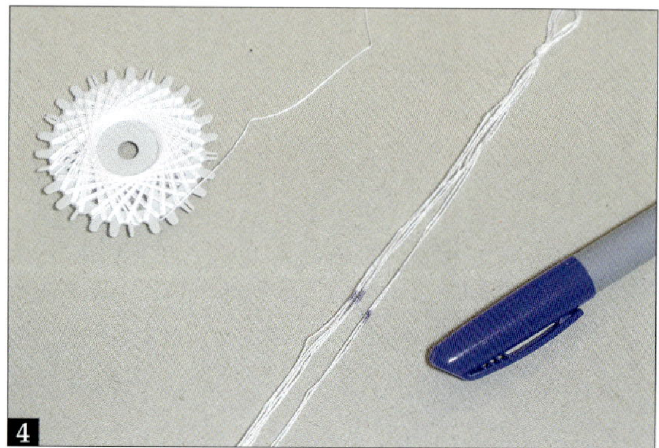
4

5. Lege die zwei durchlöcherten CDs mit ihren Bohrungen übereinander (die silberne Seite zeigt jeweils nach außen) und fädle die acht Fäden durch beide Scheiben. Fädle pro Faden eine weitere Perle auf.

6. Diese zweite Perle fixierst du jeweils mit Bastelkleber, und zwar genau an der markierten Stelle. So hängt das Mobile nachher gerade. Hänge es nach (!) dem Trocknen des Klebers auf und verziere nach Lust und Laune mit den CD-Sternen und weiteren Perlen. Die Sterne werden mit den Schnüren verknotet, die Perlen einfach wieder geklebt. Hast du noch besondere Schätze, die farblich oder thematisch gut passen? Befestige auch diese am Mobile!

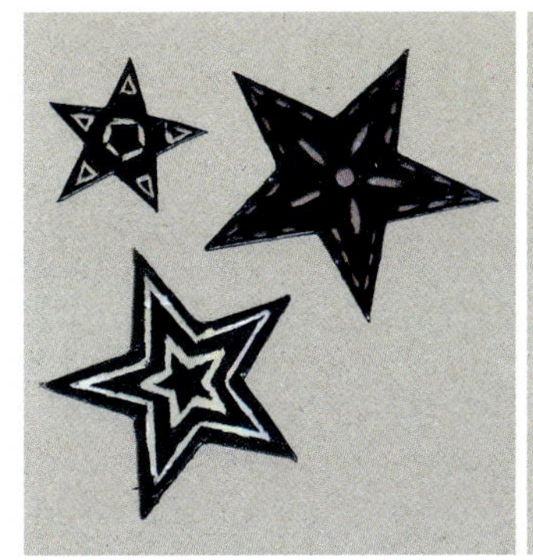

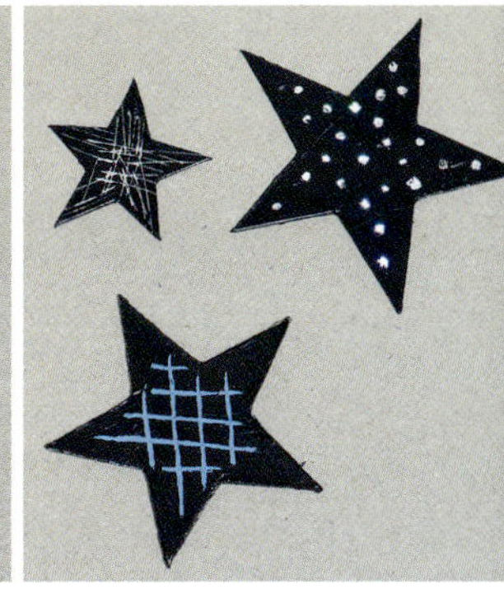

TIPP

Wie wäre es mit Kratzsternen? Aus den CD-Sternen kannst du eine weitere Variante gestalten: Bepinsele die Sterne in mehreren Schichten mit schwarzer Acrylfarbe. Nach dem Trocknen kannst du mit einem Bambusspieß Muster hineinkratzen. Im letzten Schritt versiegelst du die Sterne mit Klarlack.

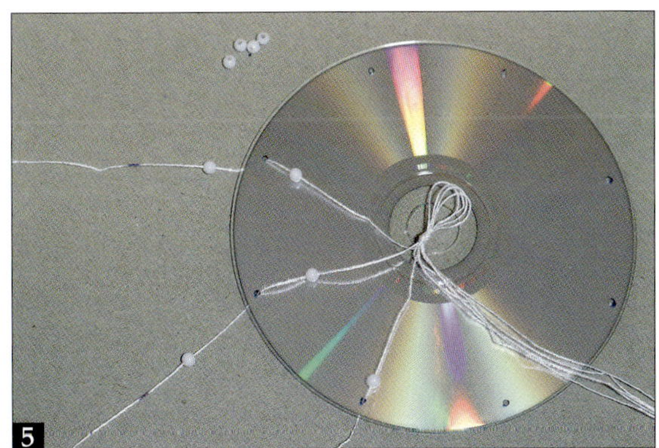

5

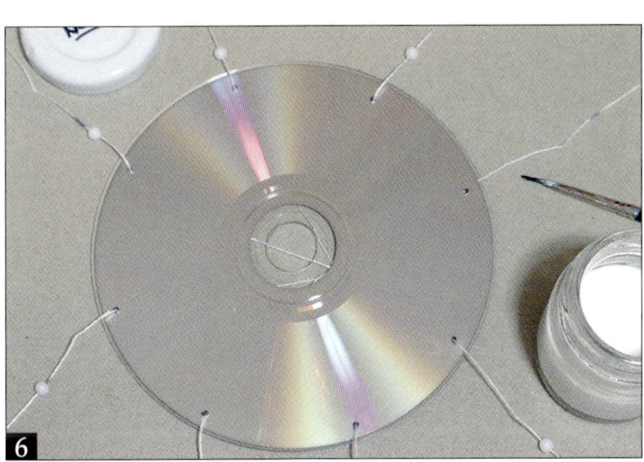

6

ON TOP: STERN AUS PAPPROLLEN

Wie du auf dem großen Bild auf Seite 111 sehen kannst, sind Papprollen absolut vielseitig und ermöglichen wunderschöne Variationen von Sternen. Die Skizze zeigt dir, wie die einzelnen Streifen aus mehreren Papprollen (in mehreren Schichten mit weißer Acrylfarbe bemalt) miteinander verklebt wurden.

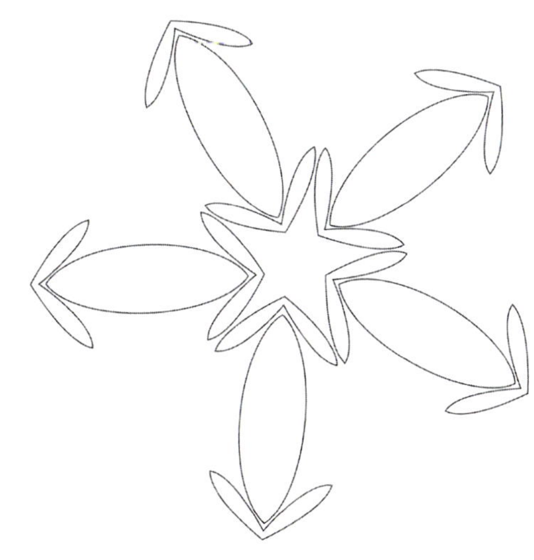

OHRRINGE AUS PET-FLASCHE & GETRÄNKEKARTON

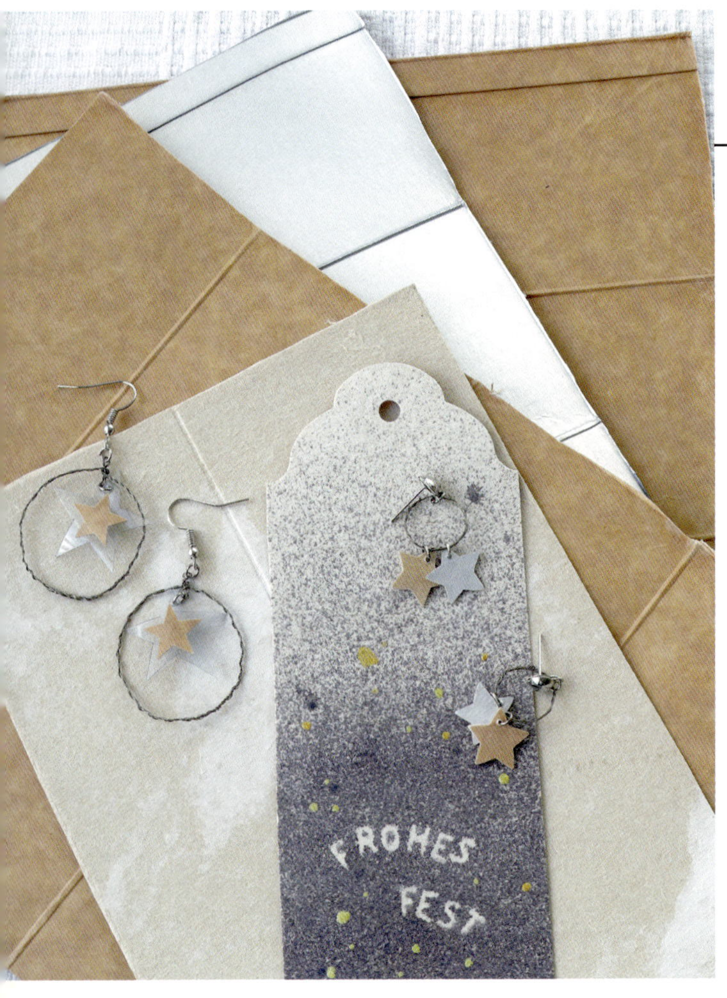

WAS DU BRAUCHST

- Draht aus einem alten Kabel (S. 66/68)
- Zahnstocher
- Leere, gereinigte Plastikflasche; gerne mit einem leichten Hauch von Farbe
- Sternvorlagen (S. 122/123)
- Wasserlöslicher Folienstift
- Bleistift & Schere
- Getränkekarton-Teilstücke (mit silberner & brauner Innenbeschichtung)
- Bastelkleber
- Ahle oder stabile Nadel
- Ohrring-Rohlinge (Ohrhaken & Ohrstecker mit Aufhängung)
- Spaltringe; 4 mm Durchmesser
- Zangen für die Spaltringe
- Deckel und Stiftkappen als Größengeber
- Klammern zum Fixieren
- Optional: Stern-Motivlocher

TIPP

Möchtest du deine DIY-Ohrringe verschenken, kannst du die Geschenkanhänger von Seite 36 dafür benutzen. Stich mit der Lochzange zwei Löcher für die Ohrringe oder Ohrstecker hinein und fertig ist eine wunderbare Geschenkidee!

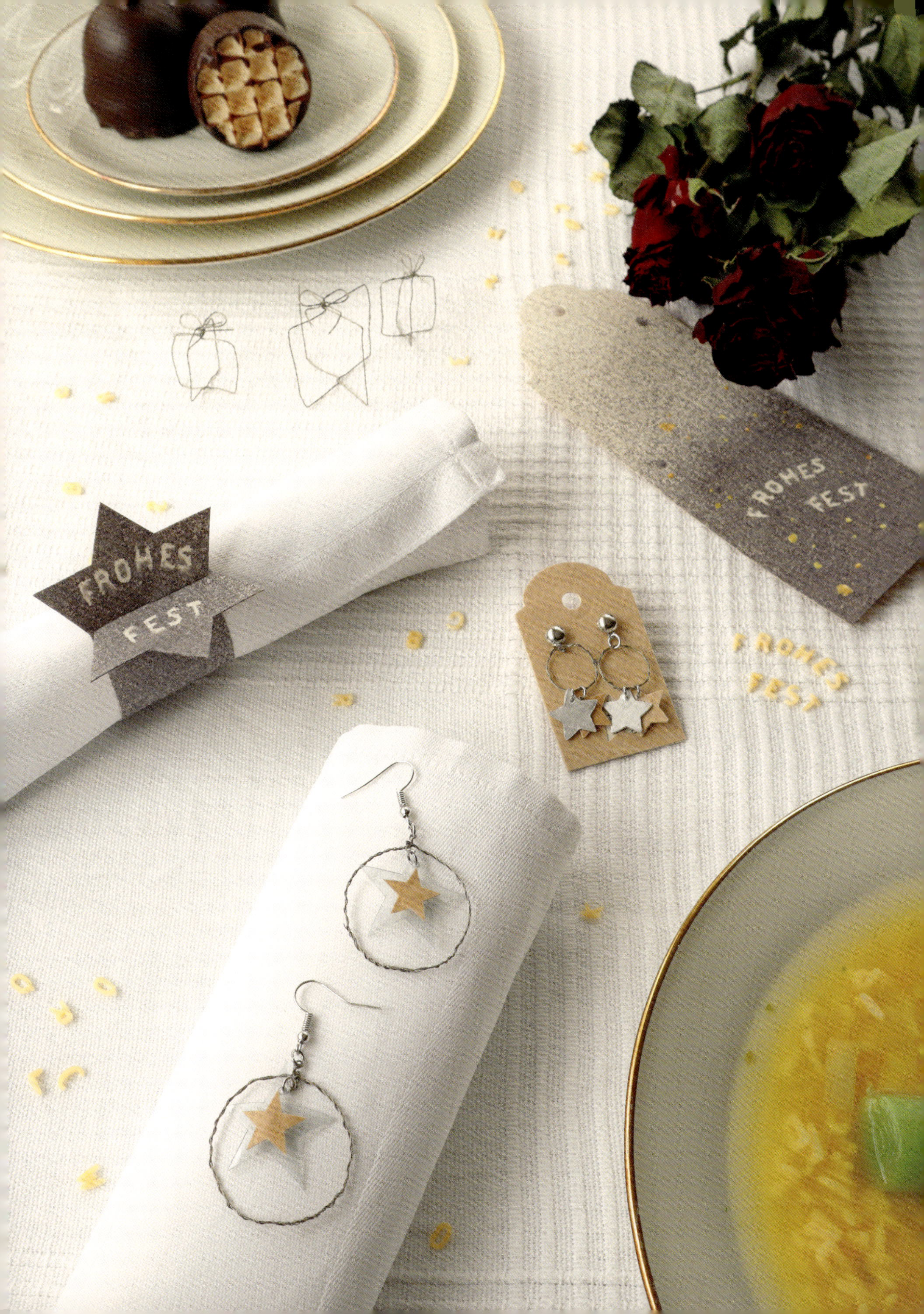
FROHES FEST
FROHES FEST
FROHES FEST

STERN IM GROSSEN RING

1. + 2. Aus dem dreifach gedrillten DIY-Draht zwirbelst du einen Ring. Damit die Ringe für beide Ohrringe gleich groß werden, nimmst du dir einen Deckel und wickelst den Draht jeweils darum. Verschließe den Draht, indem du ihn dreimal mit sich selbst zwirbelst, und öffne ihn wieder.

3. + 4. Mit einem Zahnstocher drehst du nun an den entstandenen Knicken jeweils eine kleine Öse.

5. Verbinde die Drähte wieder miteinander und achte darauf, dass eine Öse nach oben und die andere nach unten zeigt.

6. + 7. Die überstehenden Drähte wickelst du um deinen Ring herum. Zum Ende hin franst du die Drähte jeweils etwas auf und kürzt sie auf unterschiedliche Längen ein. Verzwirble sie am unteren Teil des Ringes nach links und rechts um den Ring herum, sodass nichts mehr übersteht.

8. Für den Stern überträgst du mit einem Folienstift zweimal die Form in passender Größe auf eine Plastikflasche. Nimm hier gern einen gebogenen Bereich der Flasche, das macht den Stern interessanter. Der Stern sollte zudem etwas kleiner als dein Drahtring sein. Schneide die Sterne aus und entferne die restlichen Spuren des Folienstiftes.

9. Mit einem Bleistift überträgst du vier weitere etwas kleinere Sterne auf die abgezogene Seite eines Getränkekarton-Teilstücks (braune Innenbeschichtung). Schneide sie aus.

10. Nun klebst du pro Ohrring jeweils den kleinen Stern mit Bastelkleber auf den großen. Fixiere sie mit Klammern. Nach dem Trocknen klebst du auf die Rückseite des Plastiksterns den zweiten Kartonstern – deckungsgleich zum ersten kleinen Stern.

Mit der Ahle oder Nadel stichst du jeweils ein Loch für den Spaltring in einen der Zacken des Plastiksterns.

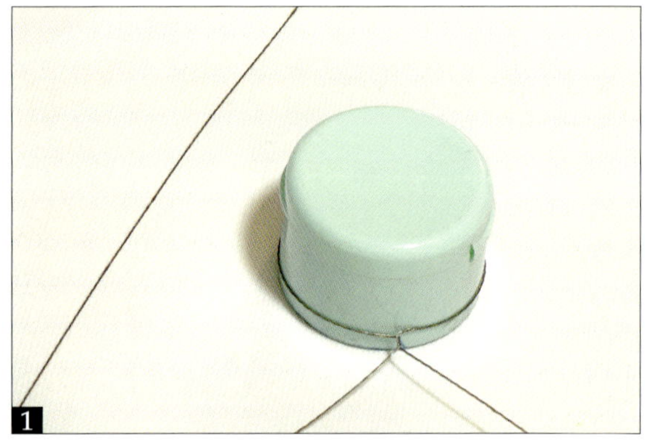
1

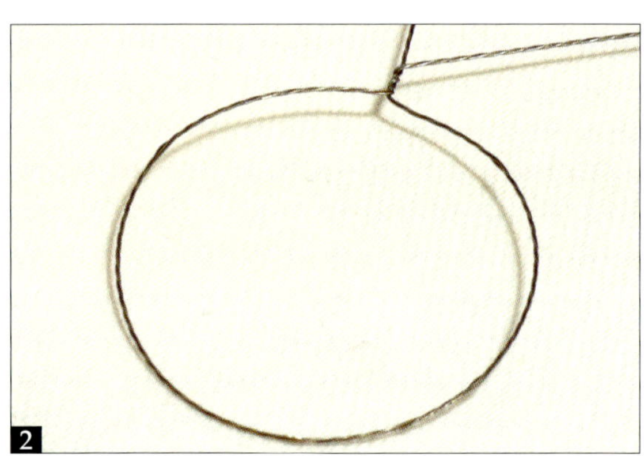
2

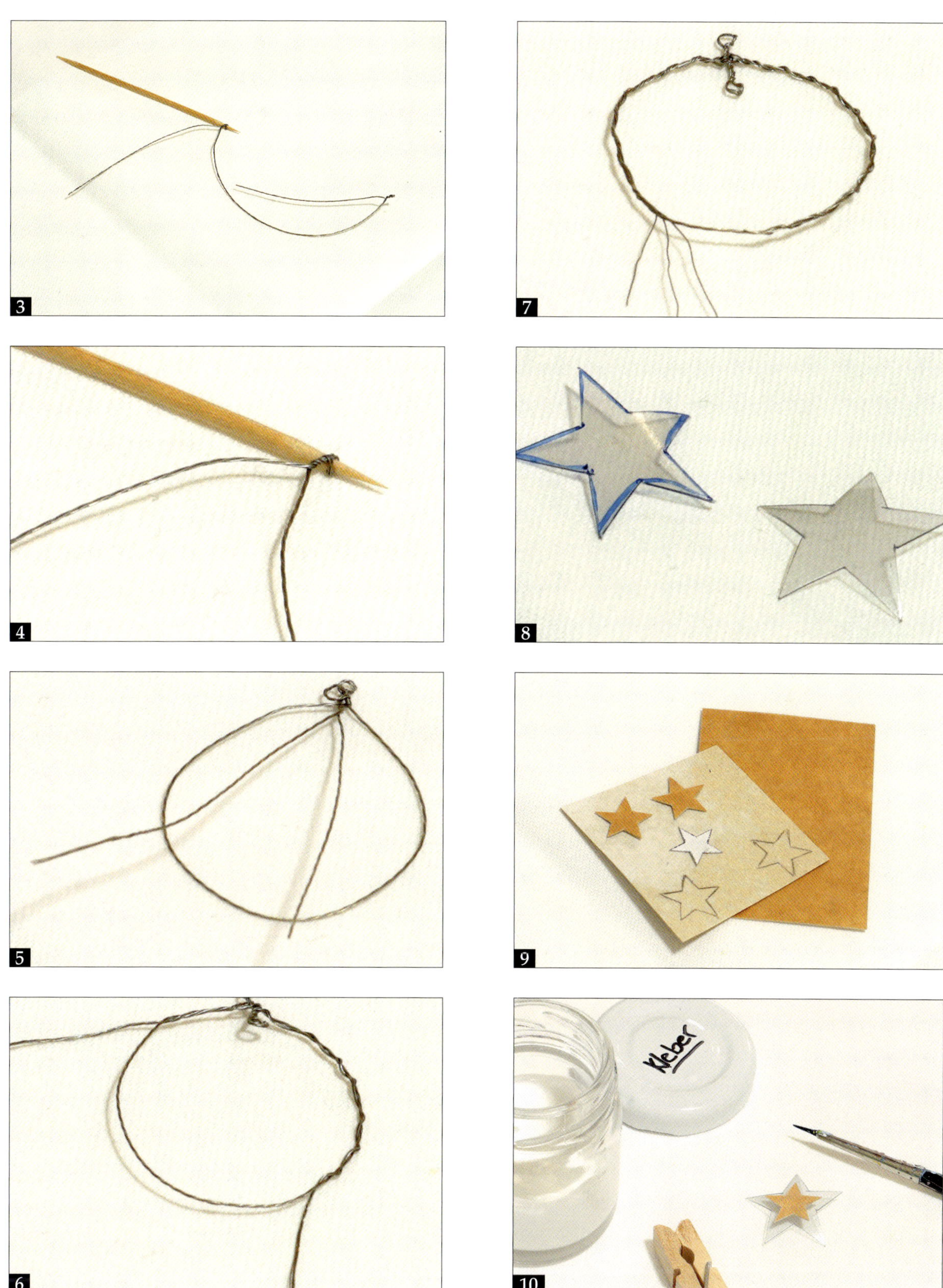
3
4
5
6
7
8
9
10
Kleber

11. + 12. Im letzten Schritt fügst du alle Teile zusammen. In die selbstgedrehten Ösen steckst du jeweils einen Spaltring. Die oberen verbindest du mit den Ohrhaken, die unteren mit dem Stern.

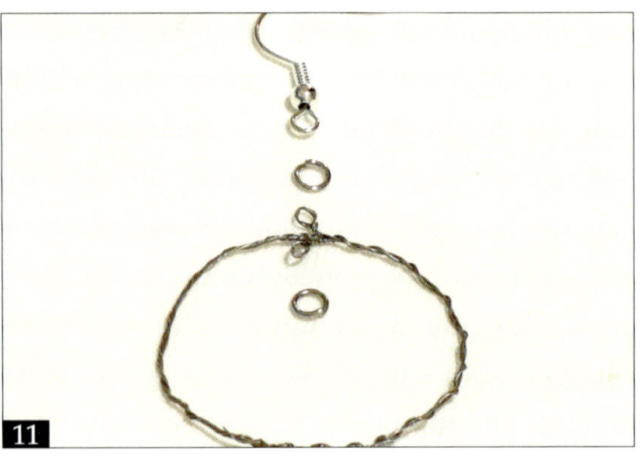

11

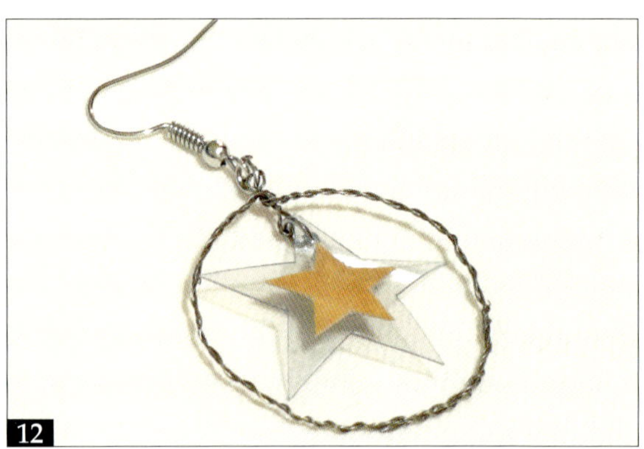

12

WIE ES GEHT

STERNE AM KLEINEN RING

1. Aus dreifach gedrilltem DIY-Draht formst du einen kleineren Ring als bei der obigen Ohrring-Version. Statt einem Deckel kannst du hier eine Stiftkappe nehmen, um gleich große Ringe zu erhalten. Dieses Mal bekommt der Ring keine Ösen.

2. + 3. Stanze oder schneide kleine Sterne aus abgezogenen Teilstücken eines Getränkekartons aus. Kombiniere Silber mit Braun. Die Sterne verklebst du an ihren abgezogenen Seiten miteinander. Mit einer Ahle oder starken Nadel stichst du das Loch für den Spaltring hinein.

4. Verbinde nun den Ohrstecker über einen Spaltring mit dem DIY-Drahtring und hänge auch die Sterne über ihre Spaltringe ein.

Für eine wetterfeste Version versiegle die Kartonsterne einfach mit Klarlack!

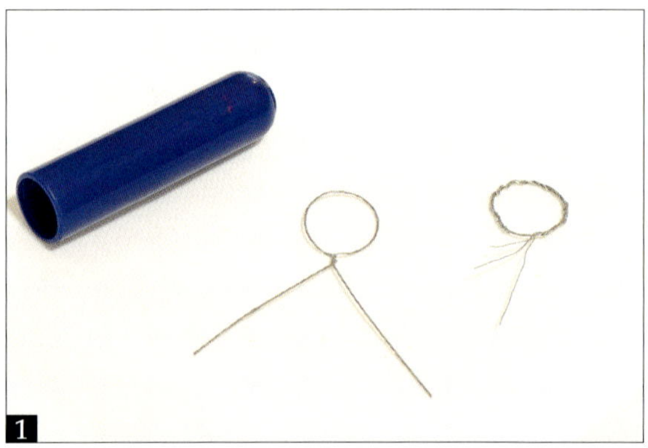

1

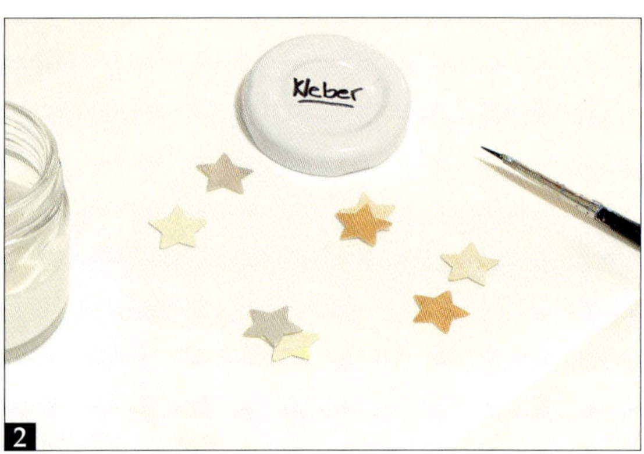

2

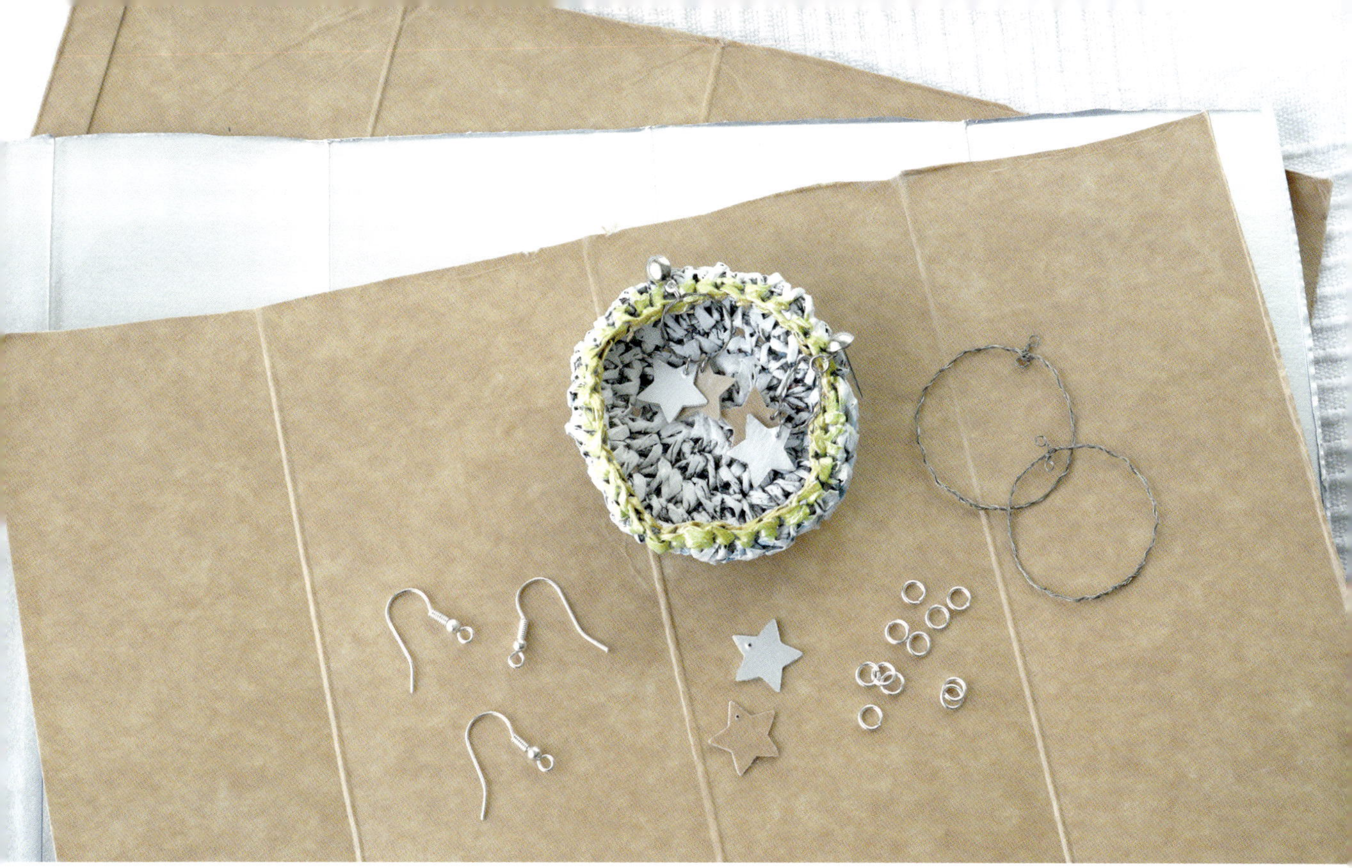

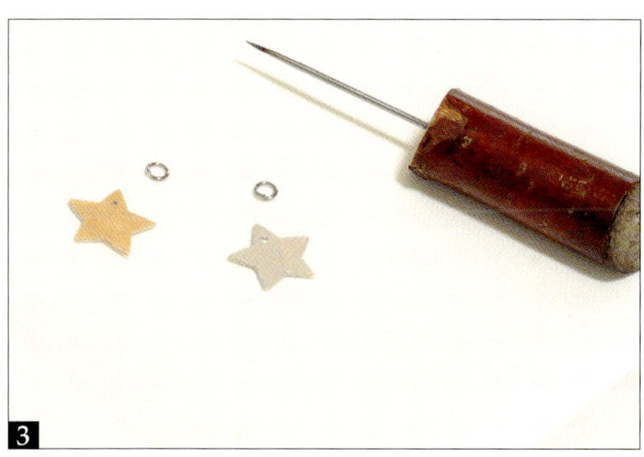

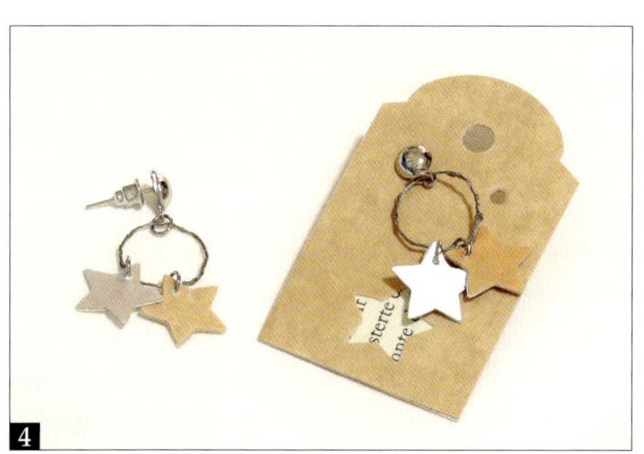

ON TOP: SCHRIFTZUG MIT MASKIERFLÜSSIGKEIT

Die Beschriftungen auf der Karte und dem Serviettenring aus abgezogenem Getränkekarton, die du im großen Bild (S. 115) siehst, wurden mit Rubbelkrepp (Maskierflüssigkeit) und schwarzer DIY-Farbe (siehe S. 25) gezaubert. Dafür bringst du mit der Maskierflüssigkeit (gibt's auch als Stift) einen Schriftzug nach Wahl auf den Karton und sprühst die Farbe auf. Nach dem vollständigen Trocknen entfernst du die nun gummiartige Flüssigkeit und der Schriftzug zeigt sich in seiner vollen Pracht. Ein weiteres Beispiel für diese Technik findest du auf Seite 66. Du kannst auch ganz ohne solche Tricks arbeiten und den Schriftzug nach dem Besprühen mit einer hellen, deckenden Farbe aufbringen.

VORLAGEN

VORLAGE (S. 10)

VORLAGEN TÜTENSTERNE (S. 26)

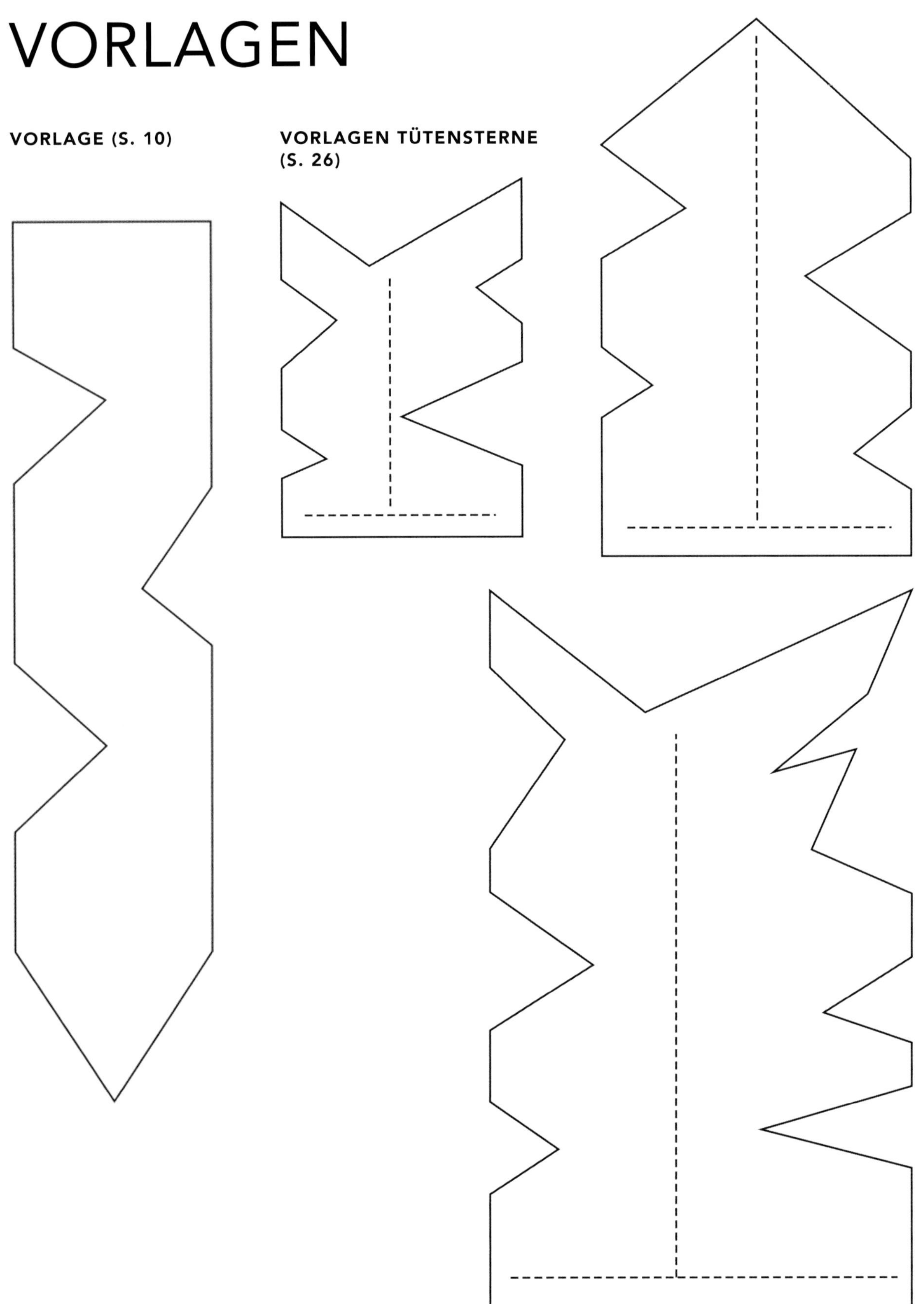

VORLAGE PAPIERPERLEN (S. 50)

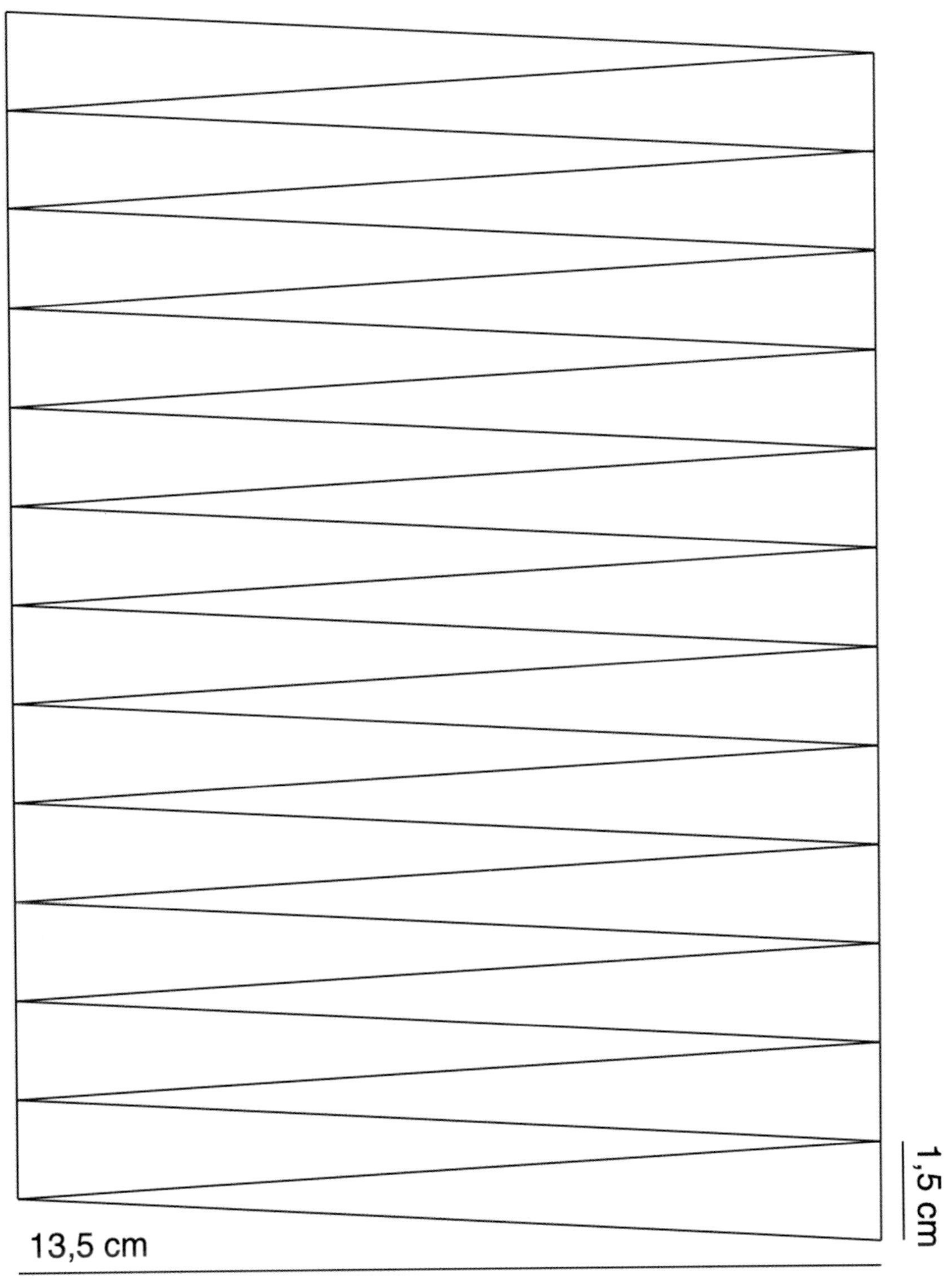

VORLAGEN STERNE

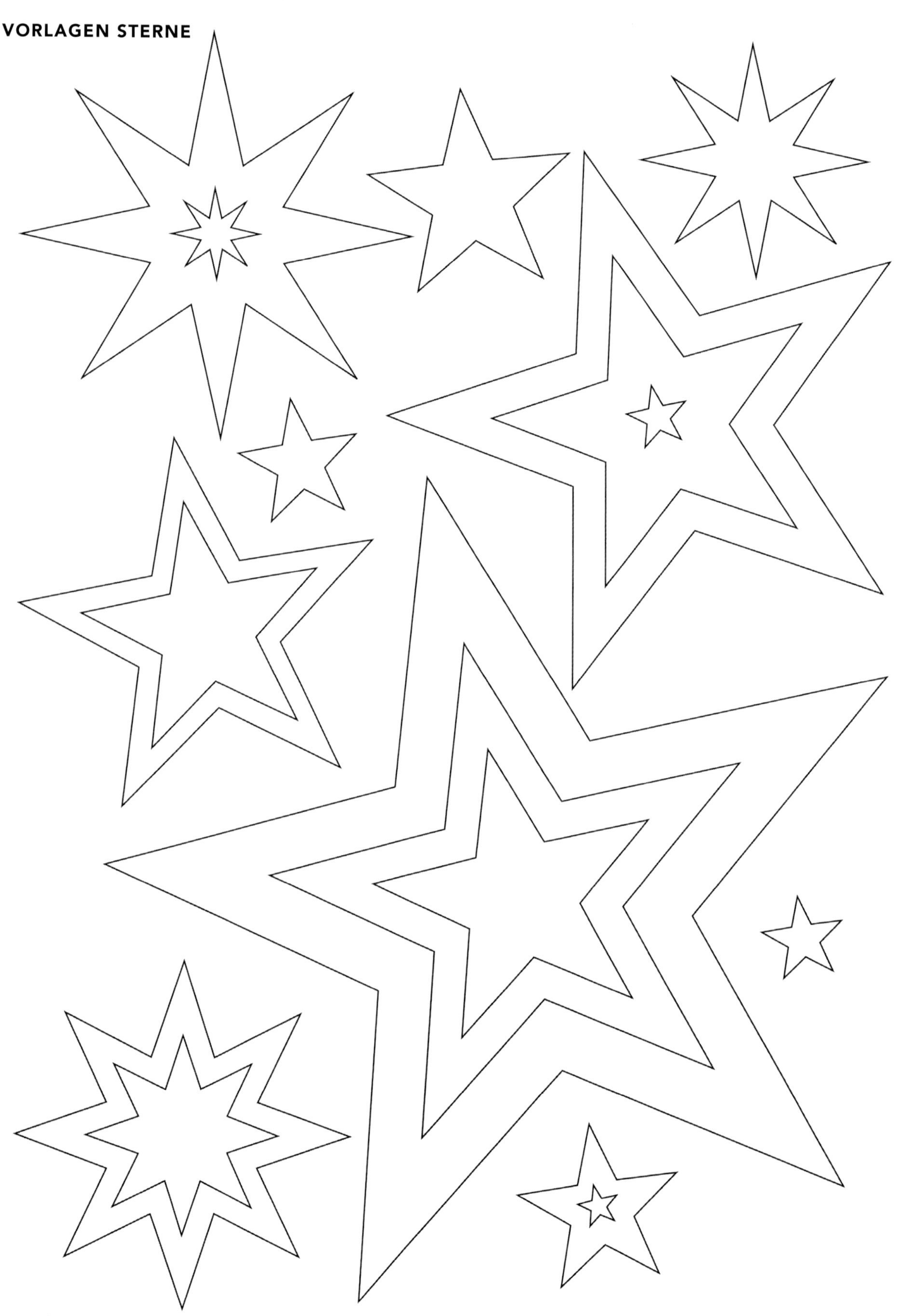

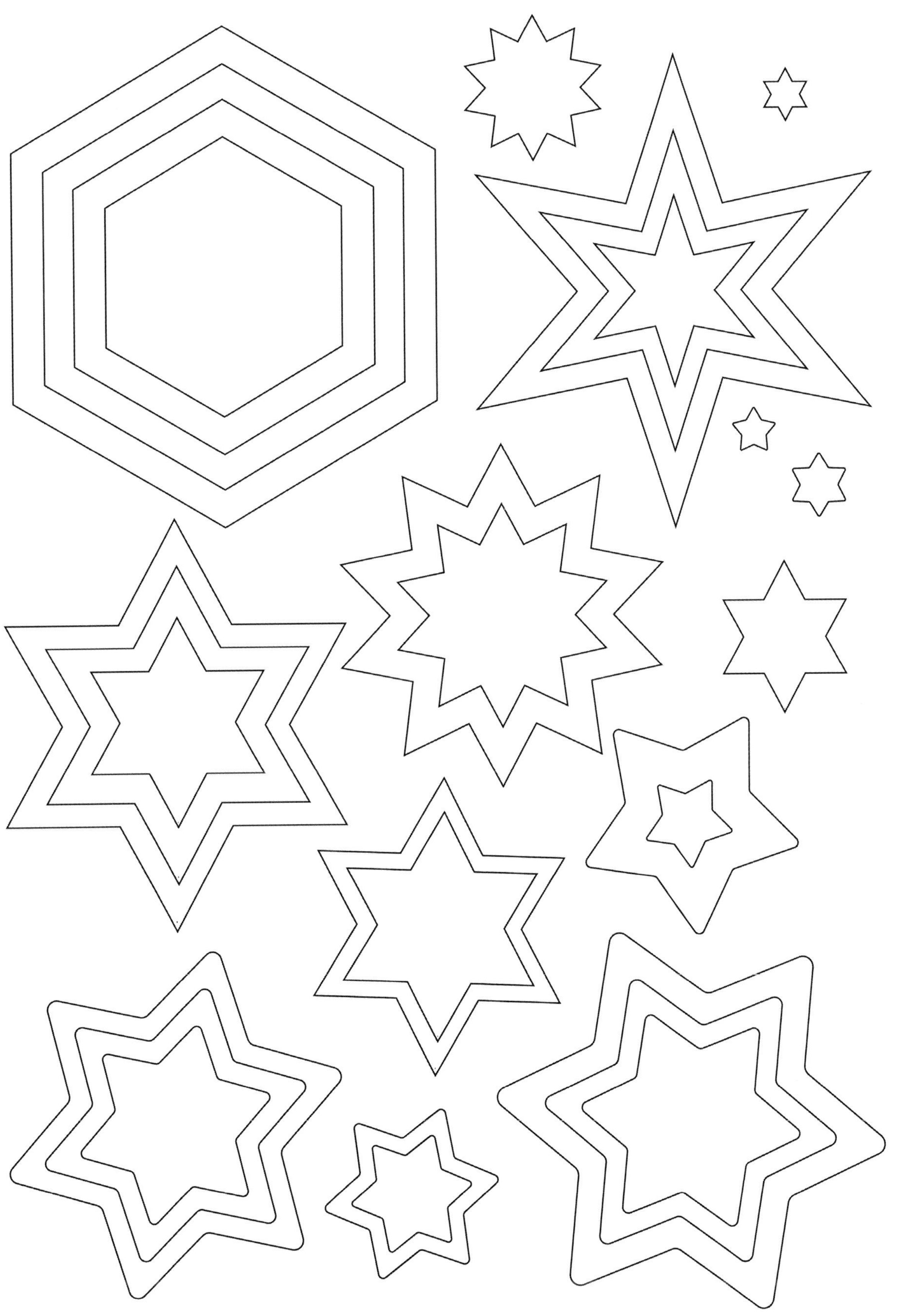

DANKE

Ich danke Siri für ihr unermüdliches und nie enden wollendes Aufräumen! So komme ich kontinuierlich an neues und ganz besonderes Bastelmaterial.

Dorothea von ***pirlipause.de*** möchte ich an dieser Stelle herzlich für ihren kreativen Input danken. Gerade was die Verarbeitung alter Zeitungen anbelangt, habe ich hier viel gelernt. Katja von ***honigkukuk.de*** danke ich für die Tomatenmark-Tuben-Inspiration, wie simpel kann es doch manches Mal sein!

Ein großer Dank geht zudem an die kreative Instagram-Community, die so viele Ideen miteinander teilt, die mich immer wieder anstachelt Neues auszuprobieren und auf meine eigene Weise zu interpretieren.

Ich danke Svenja Wiglinghaus für die Vorstellung des Projektes beim Verlag und Lena Denu für die herzliche Projekt-Rundumbetreuung. Elena Bruns danke ich für die super tollen Kommentare im Lektorat, ihre durchdachten Anregungen und ihr grandioses Lob! Allen anderen des Verlags, vor allem Silke Schüler für das Layout, danke ich für die Erarbeitung dieses Buches. Danke auch für die immer offenen Augen und Ohren zu meinen – manchmal massenhaft auftauchenden – Ideen!

Mein allergrößter Dank geht an die Familie: an meinen Mann, der mich immer unterstützt, sowie an meine zwei Kinder, die mich jeden Tag inspirieren und welche auf die verrücktesten, tollsten und kreativsten Ideen kommen. Danke!

DANKE

UPCYCLING STERNE

IMPRESSUM

Autorin: Nicole Hagen
Fotografie: Nicole Hagen
Produktmanagement: Lena Denu
Lektorat: Elena Bruns
Layout: Silke Schüler
Umschlaggestaltung: Andreas Kersten, BartosKersten Printmediendesign
Repro: LUDWIG:media
Herstellung: Kathleen Baumann
Printed in Slovenia by Florjancic

Sind Sie mit diesem Titel zufrieden? Dann würden wir uns über Ihre Weiterempfehlung freuen. Erzählen Sie es im Freundeskreis, berichten Sie Ihrem Buchhändler oder bewerten Sie bei Onlinekauf. Und wenn Sie Kritik, Korrekturen, Aktualisierungen haben, freuen wir uns über Ihre Nachricht an: Christophorus Verlag, Postfach 40 02 09, D-80702 München oder per E-Mail an lektorat@verlagshaus.de

Unser komplettes Programm finden Sie unter

 www.christophorus-verlag.de 

Die Deutsche Nationalbibliothek verzeichnet diese Publikation in der Deutschen Nationalbibliografie; detaillierte bibliografische Daten sind im Internet über www.dnb.de abrufbar.

ISBN 978-3-8388-3849-6

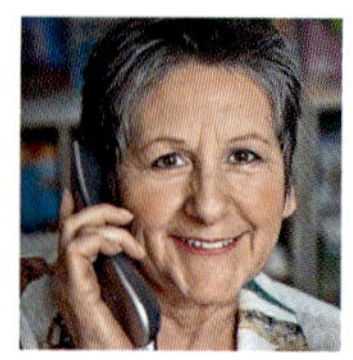

Kreativ-Service

Sie haben Fragen zu den Büchern und Materialien? Frau Erika Noll ist für Sie da und berät Sie rund um alle Kreativthemen. Rufen Sie an! Wir interessieren uns auch für Ihre eigenen Ideen und Anregungen. Sie erreichen Frau Noll per E-Mail: **kreativ-service@c-verlag.de** oder Tel.: **+49 (89) 1306 99-577.**

Besuchen Sie uns im Internet: **www.christophorus-verlag.de** & **www.selbstgemacht.de**

Ebenfalls erhältlich ...

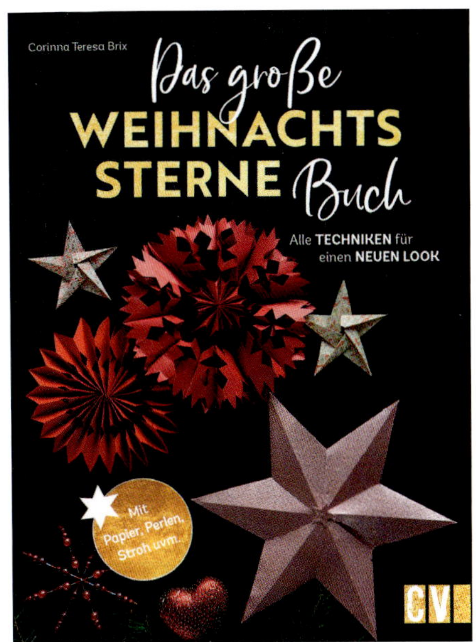

ISBN 978-3-8388-3796-3

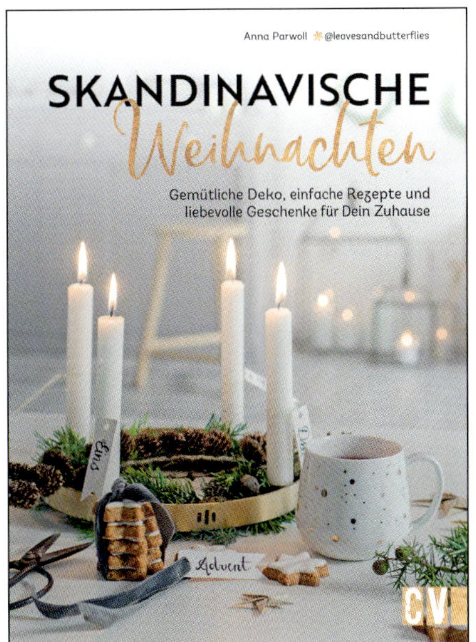

ISBN 978-3-8388-3798-7

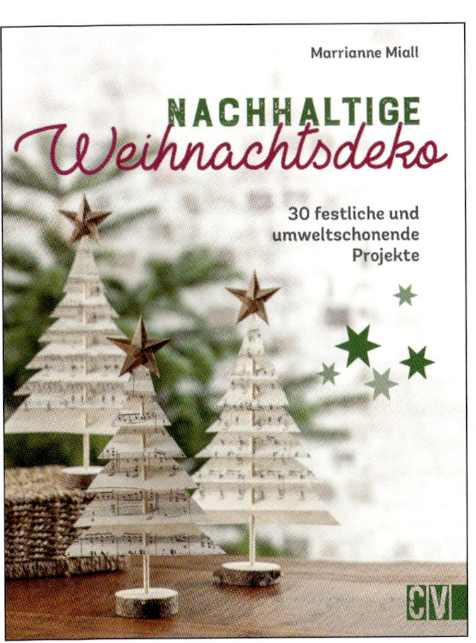

ISBN 978-3-8388-3824-3

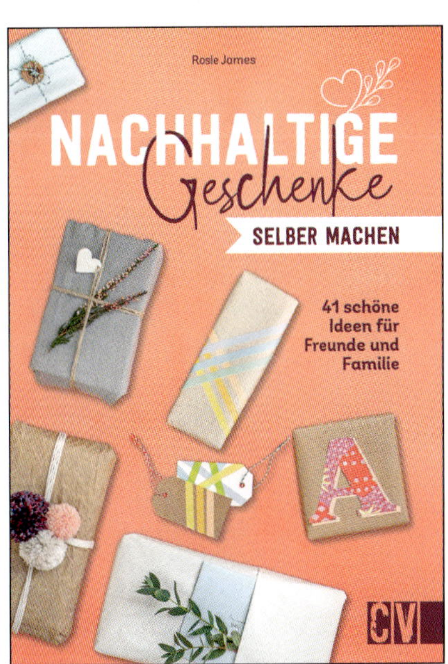

ISBN 978-3-8388-3799-4

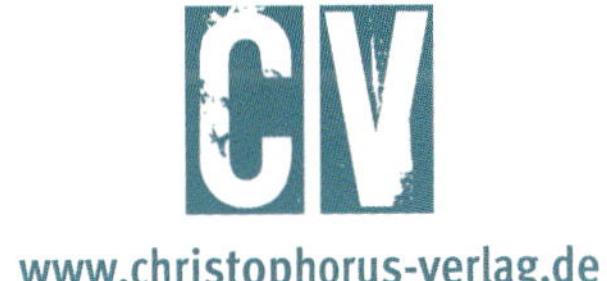

www.christophorus-verlag.de